D-1863 **शिक्षा : नये प्रयोग**

सत्य अज्ञात है और इसलिए जो ज्ञात है—सिद्धांत, शास्त्र,
शब्द—उन सबसे उस तक नहीं पहुंचा जा सकता है।
अज्ञात में प्रवेश के लिए तो ज्ञात को छोड़ ही देना पड़ता है।
ज्ञात से मुक्त होते ही वह सामने आ जाता है जो कि अज्ञात है।
धर्म का बीज तो प्रत्येक में है, क्योंकि सत्य प्रत्येक में है,
क्योंकि जीवन प्रत्येक में है। इस बीज के विकास के लिए
अवसर जुटाने हैं और उस विकास-पथ की बाधाएं
दूर करनी हैं। यह हो सके तो फिर बीज तो स्वयं अपनी
शक्ति से, अपनी जीवंतता से अंकुर बन जाता है।
उसे अंकुर बनाना थोड़े ही पड़ता है। और अंकुर पौधा
बन जाता है। और पौधा पत्तों से, फूलों से, फलों से भर
जाता है। हम सिर्फ अवसर जुटा देते हैं और फिर
शेष सब अपने आप हो जाता है।

ओशो

डायमंड पाकेट बुक्स में ओशो का अलौकिक साहित्य

संभोग से समाधि की ओर-1
संभोग से समाधि की ओर-2
संभोग से समाधि की ओर-3
संभोग से समाधि की ओर-4
रजनीश ध्यान योग
दुख के पार, जीवन-अमृत
मौलिक क्रांन्ति, मौन संगीत
सत्य की पहली किरण
सुमिरन मेरा हरि करैं
उड़ियो पंख पसार, पाथेय
शून्य का दर्शन
अमृत की दिशा
सम्भावनाओं की आहट
सहज जीवन के स्वर
सहज जीवन के सूत्र
जीवित मन्दिर जीवन क्रान्ति
चेति सकै तो चेति
मिट्टी के दीये
साधना सूत्र-1,
हेरत हेरत हे सखी
साधना सूत्र-2
आत्मा का कमल
साधना सूत्र-3, हृदय संगीत
आत्मपूजा उपनिषद
मुक्ति बोध
ध्यान और प्रेम
ध्यान की कला
हसिबा खेलिबा धरिबा ध्यानम
कहा कहूँ उस देस की
राम खुमारी
अभिनव धर्म
करुणा और क्रान्ति
एक ओंकार सतनाम
मैं मृत्यु सिखाता हूँ
शून्य समाधि
सम्बोधि के क्षण
बहुतेरे हैं घाट
मैं धार्मिकता सिखाता हूँ
धर्म नहीं
नये समाज की खोज
एक एक कदम
प्रार्थना के बीज

आकाश भर आनन्द
साधना के आयाम
सहजयोग : अभी और यहीं
सहज योग : प्रार्थना और आनन्द
सहजयोग : महाक्रान्ति
योग-सूत्र : अहंकार और समर्पण
योग-सूत्र : बुद्धों का मनोविज्ञान
योग-सूत्र : नींद, स्वप्न और बोध
योग सूत्र : समाधि के दो रूप
योग-सूत्र : एक वैज्ञानिक दृष्टि
योग-सूत्र : आंतरिक अनुष्ठान
योग-सूत्र : प्रज्ञा और समाधि
योग-सूत्र : सद्गुरु को समर्पण
ध्यान सूत्र : अन्तिम यात्रा
ध्यान सूत्र : एक अपूर्व अभियान
साधना पथ
प्रभु की पगडंडियाँ
शिक्षा : नये प्रयोग
शिक्षा और विद्रोह
शिक्षा और जागरण
शिक्षा में क्रान्ति
भारत के जलते प्रश्न
धर्म और राजनीति
स्वर्णिम भारत
प्रेम है द्वार सत्य का
दिया बले अगम का
शून्यता है महामुक्ति
मुक्त गगन के पंछी
जीवन संगीत
सतगुर मिले ते उबरे
उपनिषद-शून्य संवाद
एकमात्र उपाय : जागो

क्रान्ति सूत्र : साक्षी भाव
इक साधे सब सधै
भारत एक अनूठी संपदा
गीता : विज्ञान, कला, अध्यात्म
गीता : समस्त योगों का सार
गीता : मनोविज्ञान का परम शास्त्र
गीता : कृष्णा का योग विज्ञान
भक्ति : परम प्रेम रूपा
भक्ति : विराट का अनुग्रह
भक्ति : शून्य की झील में प्रेम का कमल
भक्ति : निराकार से एकाकार
भक्तिः जीवन रूपांतरण की कला
अस्वीकृति में उठा हाथ
नयी क्रान्ति की रूपरेखा
विचार क्रान्ति
गांधी पर पुनर्विचार
दिया अमृत पाया जहर
कुंडलिनी और तंत्र
कुंडलिनी जागरण और शक्तिपात
कुंडलिनी और सात शरीर
कुंडलिनी यात्रा
साक्षी कृष्ण और रासलीला
कृष्णाः साधना रहित सिद्धि
कृष्ण और हंसता हुआ धर्म
कृष्ण गुरु भी सखा भी
कृष्ण : जिज्ञासा खोज उपलब्धि
शिव साधना शिव दर्शन
अस्वीकृति में उठा हाथ
नयी क्रान्ति
गांधी पर पुनर्विचार
हरि ॐ तत्सत्
ॐ शान्ति शान्ति शान्ति
ॐ मणि पदम हुम
मनुष्य का स्वर्णिम भविष्य
ओशो गाथा
ओशो के संग कुछ अनमोल क्षण

ओशो

शिक्षा : नये प्रयोग

डायमंड पाकेट बुक्स

ISBN : 978-81-288-1446-4

संयोजन—स्वामी आनंद प्रेम / स्वामी प्रेम असंग

संपादन—स्वामी नरेन्द्र बोधिसत्व / स्वामी योग अमित

संकलन—मा प्रेम कल्पना / स्वामी प्रेम राजेन्द्र

प्रकाशक—डायमंड पाकेट बुक्स प्रा. लि.
2715, दरियागंज, दिल्ली 110002

संस्करण १९९४

मूल पुस्तक : शिक्षा में क्रांति

अनुक्रम

ओशो परम कल्याणमित्र हैं, अस्तित्व का माधुर्य हैं।
उनकी करुणा का सहारा पाकर मानवता धन्य हुई है।

ओशो जिनका न कभी जन्म हुआ, न कभी मृत्यु,
जो इस पृथ्वी ग्रह पर
11 दिसम्बर 1931 से 19 जनवरी 1990 तक
केवल एक आगंतुक रहे।

प्रस्तुत प्रवचन सम्मुख-उपस्थित श्रोताओं के प्रति
ओशो के सहज प्रतिसंवेदन हैं, जिनका मूल्य शाश्वत व संबंध
मानव-मानव से है।

1

नये मनुष्य के जन्म की दिशा

मेरे प्रिय!

मैं आपके बीच उपस्थित होकर अत्यंत आनंदित हूं। निश्चय ही इस अवसर पर मैं अपने हृदय की कुछ बातें आपसे कहना चाहूंगा। शिक्षा की स्थिति देखकर हृदय में बहुत पीड़ा होती है। शिक्षा के नाम पर जिन परतंत्रताओं का पोषण किया जाता है उनसे एक स्वतंत्र और स्वस्थ मनुष्य का जन्म संभव नहीं है। मनुष्य जाति जिस कुरूपता और अपंगता में फंसी है, उसके मूलभूत कारण शिक्षा में ही छिपे हैं। शिक्षा ने प्रकृति से तो मनुष्य को तोड़ दिया है लेकिन संस्कृति उससे पैदा नहीं हो सकी है, उल्टे पैदा हुई है—विकृति। इस विकृति को ही प्रत्येक पीढ़ी नयी पीढ़ियों पर थोपे चली जाती है। और फिर जब विकृति ही संस्कृति समझी जाती हो तो स्वभावतः थोपने का कार्य पुण्य की आभा भी ले लेता हो तो आश्चर्य नहीं है। और जब पाप पुण्य के वेश में प्रगट होता है, तो अत्यंत घातक हो ही जाता है।

इसलिए ही तो शोषण सेवा की आड़ में खड़ा होता है, और हिंसा अहिंसा के वस्त्र ओढ़ती है, और विकृतियां संस्कृति के मुखौटे पहन लेती हैं। अधर्म का धर्म के मंदिरों में आवास अकारण नहीं है। अधर्म सीधा और नग्न तो कभी उपस्थित ही नहीं होता है। इसलिए यह सदा ही उचित है कि मात्र वस्त्रों में विश्वास न किया जाए। वस्त्रों को उघाड़कर देख लेना अत्यंत ही आवश्यक है।

मैं भी शिक्षा के वस्त्रों को उघाड़कर ही देखना चाहूंगा। इसमें आप बुरा तो न मानेंगे ? विवशता है, इसलिए ऐसा करना आवश्यक है। शिक्षा की वास्तविक आत्मा को देखने के लिए उसके तथाकथित वस्त्रों को हटाना ही होगा। क्योंकि अत्याधिक सुंदर वस्त्रों में जरूर ही कोई अस्वस्थ और कुरूप आत्मा वास कर रही है; अन्यथा मनुष्य का जीवन इतनी घृणा, हिंसा और अधर्म का जीवन नहीं हो सकता था।

जीवन के वृक्ष पर कड़वे और विषाक्त फल देखकर क्या गलत बीजों के बोये जाने

का स्मरण नहीं आता है ? बीज गलत नहीं तो वृक्ष पर गलत फल कैसे आ सकते हैं ? वृक्ष का विषाक्त फलों से भरा होना बीज में प्रच्छन्न विष के अतिरिक्त और किस बात की खबर है ? मनुष्य गलत है तो निश्चय ही शिक्षा सम्यक नहीं है।

यह हो सकता है कि आप इस भांति न सोचते रहे हों, और मेरी बात का आपकी विचारणा से कोई मेल न हो। लेकिन मैं माने जाने का नहीं, मात्र सुने जाने का निवेदन करता हूं। उतना ही पर्याप्त भी है। सत्य को शांति से सुन लेना ही काफी है। असत्य ही माने जाने का आग्रह करता है। सत्य तो मात्र सुन लिए जाने पर ही परिणाम ले आता है।

सत्य का सम्यक श्रवण ही स्वीकृति है।

शिक्षाशास्त्र से भी मेरी दृष्टि भिन्न और विरोधी हो सकती है। मैं न तो शिक्षाशास्त्री ही हूं और न समाजशास्त्री करते हैं। और तब जीवन और उसकी समस्याओं के प्रति निष्पक्ष और निर्दोष दृष्टि नहीं रह जाती है। शास्त्र जिसके लिए महत्वपूर्ण हैं, उसके समक्ष समाधान समस्याओं से भी ज्यादा महत्वपूर्ण हो जाते हैं। वह समस्याओं के अनुरूप समाधान नहीं वरन समाधानों के अनुरूप ही समस्याओं को देखने लगता है ! इससे जो मूढ़तापूर्ण स्थिति पैदा होती है, उससे समाधानों से समस्याओं का अंत नहीं, अपितु और बढ़ती होती है। मनुष्य का पूरा इतिहास ही इसका प्रमाण है।

मनुष्य का विचार और आचार इतना भिन्न, स्वविरोधी क्यों है ? शास्त्रों और सिद्धांतों के आधार पर जीवन पर थोपे गये समाधानों का ही यह परिणाम है। समाधान समस्याओं से नहीं जन्मे हैं, उन्हें समस्याओं के ऊपर थोपा गया है। समाधान ऊपर हैं, समस्यायें भीतर हैं। समाधान बुद्धि में हैं, समस्यायें जीवन में हैं। और यह अंतर्द्वंद्व आत्मघाती हो गया है। सभ्यता के भीतर इस भांति जो विक्षिप्तता चलती रही है वह अब विस्फोट की स्थिति में आ गयी है। उसके विस्फोट की संभावना से पूरी मनुष्यता भयाक्रांत है। लेकिन मात्र भयभीत होने से क्या होगा ? भय की नहीं, वरन साहसपूर्वक पूरी स्थिति को जानने और पहचानने की जरूरत है।

मैं शास्त्रों को बीच में नहीं लूंगा, क्योंकि मैं समाधानों से अंधा नहीं होना चाहता। मैं तो आपसे कुछ ऐसी बातें करना चाहता हूं जो कि समस्याओं को सीधा देखने से पैदा होती हैं।

क्या यह संभव नहीं है कि हम जीवन को सीधा देख सकें ? क्या यह संभव नहीं है कि हम जीवन को वैसा देखें जैसे कि पहले आदमी ने उसे देखा होगा ? क्या हमारा

मन उतनी सरलता और स्वतंत्रता और सहजता से जीवन को नहीं देख सकता है ?

शिक्षा के समक्ष इसे मैं सबसे अहम् समस्या मानता हूं।

शिक्षा व्यक्ति के चित्त को इतना बोझिल जटिल और बूढ़ा कर दे कि उसका जीवन से सीधा संपर्क छिन्न-भिन्न हो जाए तो यह शुभ नहीं है। बोझिल और बूढ़ा चित्त जीवन के ज्ञान, आनंद और सौंदर्य सभी से वंचित रह जाता है। ज्ञान, आनंद और सौंदर्य की अनुभूति के लिए तो युवा चित्त चाहिए। शरीर तो बूढ़ा होने को आबद्ध है लेकिन चित्त नहीं। चित्त तो सदा युवा रह सकता है। मृत्यु के अंतिम क्षण तक चित्त युवा रह सकता है, और ऐसा चित्त ही जीवन और मृत्यु के रहस्यों को जान पाता है। ऐसा चित्त ही धार्मिक चित्त है।

लेकिन शिक्षा तो चित्त को बूढ़ा करती है। वह चित्त को जगाती नहीं; भरती है और भरने से चित्त बूढ़ा होता है। विचार भरने से चित्त थकता, बोझिल होता और बूढ़ा होता है। विचार देना, स्मृति को भरना है। वह विचार या विवेक का जागरण नहीं है। स्मृति विवेक नहीं है। स्मृति तो यांत्रिक है। विवेक है चैतन्य। विचार नहीं देना है, विचार को जगाना है। विचार जहां जागृत है, वहां चित्त सदा युवा है। और जहां चित्त युवा है, वहां जीवन का सतत संघर्ष है, वहां चेतना के द्वार खुले हैं और वहां सुबह की ताजी हवायें भी आती हैं, और नये उगते सूरज का प्रकाश भी आता है। व्यक्ति जब दूसरों के विचारों और शब्दों में ही कैद हो जाता है, तो सत्य के आकाश में उसकी स्वयं की उड़ने की क्षमता ही नष्ट हो जाती है। लेकिन शिक्षा क्या करती है ? क्या वह विचार करना सिखाती है, या कि मात्र मृत और उधार विचार देकर ही तृप्त हो जाती है ? विचार संजीवंत और शक्ति कौन-सी है ?

लेकिन मात्र दूसरों के विचारों को सीख लेने से जड़, और मृत भी कोई दूसरी जड़ता नहीं है। विचार संग्रह जड़ता लाता है। विचार संग्रह से विचार और विवेक का जन्म नहीं होता है।

विचार और विवेक के आविर्भाव के लिए यांत्रिक स्मृति पर अत्याधिक बल घातक है। उसके लिए तो विचार और विवेक के समुचित अवसर होने आवश्यक हैं। उसके लिए तो श्रद्धा की जगह संदेह सिखाना अनिवार्य है।

श्रद्धा और विश्वास बांधते हैं। संदेह मुक्त करता है।

लेकिन संदेह से मेरा अर्थ अविश्वास नहीं है, क्योंकि अविश्वास तो विश्वास का ही नकारात्मक रूप है—न विश्वास, न अविश्वास वरन संदेह—विश्वास और अविश्वास

दोनों ही संदेह की मृत्यु हैं। और जहां संदेह की मुक्तिदायी तीव्रता नहीं है वहां न सत्य की खोज है, न प्राप्ति है।

संदेह की तीव्रता खोज बनती है। संदेह है प्यास, संदेह है अभीप्सा। संदेह की अग्नि में ही प्राणों का मंथन होता है और विचार का जन्म होता है। संदेह की पीड़ा विचार के जन्म की प्रसव पीड़ा है। और जो उस पीड़ा से पलायन करता है, वह सदा के लिए विचार के जागरण से वंचित रह जाता है।

क्या हममें संदेह है ? क्या हममें जीवन के मूलभूत अर्थों और मूल्यों के प्रति संदेह है ? यदि नहीं, तो निश्चय ही हमारी शिक्षा गलत हुई है। सम्यक शिक्षा का सम्यक संदेह के अतिरिक्त और कोई आधार ही नहीं है। संदेह नहीं तो खोज कैसे होगी ? संदेह नहीं तो असंतोष कैसे होगा ? संदेह नहीं तो प्राण सत्य को जानने और पाने को आकुल कैसे होंगे ? इसलिए तो हम सब अत्यंत छिछली तृप्ति के डबरे बन गये हैं, और हमारी आत्माएं सतत सागर की खोज में बहनेवाली सरिताएं नहीं हैं।

यह जड़ता किसने पैदा की है ? निश्चित ही शिक्षा ने और शिक्षक ने। शिक्षक के माध्यम से मनुष्य के चित्त को परतंत्रताओं की अत्यंत सूक्ष्म जंजीरों में बांधा जाता रहा है। यह सूक्ष्म शोषण बहुत पुराना है। शोषण के अनेक कारण हैं—धर्म हैं, धार्मिक गुरु हैं, राजतंत्र हैं, समाज के न्यस्त स्वार्थ हैं, धनपति हैं, सत्ताधिकारी हैं।

सत्ताधिकारी ने कभी भी नहीं चाहा है कि मनुष्य में विचार हो, क्योंकि जहां विचार है, वहां विद्रोह का बीज है। विचार मूलतः विद्रोह है। क्योंकि विचार अंधा नहीं है, विचार के पास अपनी आंखें हैं। उसे हर कहीं नहीं ले जाया जा सकता। उसे हर कुछ करने और मानने को राजी नहीं किया जा सकता है। उसे अंधानुयायी नहीं बनाया जा सकता है। इसलिए सत्ताधिकारी विचार के पक्ष में नहीं हैं, वे विश्वास के पक्ष में हैं। क्योंकि विश्वास अंधा है। और मनुष्य अंधा हो तो ही उसका शोषण हो सकता है। और मनुष्य अंधा हो तो ही उसे स्वयं उसके ही अमंगल में संलग्न किया जा सकता है।

मनुष्य का अंधापन उसे सब भांति के शोषण की भूमि बना देता है। इसलिए विश्वास सिखाया जाता है, आस्था सिखायी जाती है, श्रद्धा सिखायी जाती है। धर्मों ने यही किया है। राजनीतिज्ञों ने यही किया है। विचार से सभी भांति के सत्ताधिकारियों को भय है। विचार जागृत होगा तो न तो वर्ण हो सकते हैं, न वर्ग हो सकते हैं। धन का शोषण भी नहीं हो सकता है। और शोषण को पिछले जन्मों के पाप-पुण्यों के आधार पर भी नहीं समझाया और बचाया जा सकता है।

विचार के साथ आएगी क्रांति—सब तलों पर और सब संबंधों में—राजनीतिज्ञ भी उसमें नहीं बचेंगे और राष्ट्रों की सीमायें भी नहीं बचेंगी। मनुष्य को मनुष्य से तोड़नेवाली कोई दीवार नहीं बच सकती है। इससे विचार से भय है, पूंजीवादी राजनीतिज्ञों को भी, साम्यवादी राजनीतिज्ञों को भी। और इस भय से सुरक्षा के लिए शिक्षा के ढांचे की ईजाद हुई है। यह तथाकथित शिक्षा सैकड़ों वर्षों से चल रहे एक बड़े षड्यंत्र का हिस्सा है। धर्म पुरोहित पहले इस पर हावी थे, अब राज्य हावी है।

विचार के अभाव में व्यक्ति निर्मित ही नहीं हो पाता है। क्योंकि व्यक्तित्व की मूल आधारशिला ही उसमें अनुपस्थित होती है। व्यक्तित्व की मूल आधारशिला क्या है ? क्या विचार की स्वतंत्र क्षमता ही नहीं ? लेकिन स्वतंत्र विचार की तो जन्म के पूर्व ही हत्या कर दी जाती है। गीता सिखायी जाती है, कुरान और बाइबिल सिखाये जाते हैं, केपिटल और कम्युनिस्ट मेनीफेस्टो सिखाये जाते हैं—उनके आधार पर, उनके ढांचे में विचार करना भी सिखाया जाता है ! ऐसे विचार से ज्यादा मिथ्या और क्या हो सकता है ? ऐसे अंधी पुनरुक्ति सिखायी जाती है और उसे ही विचार करना कहा जाता है !

जहां आधार है, ढांचा है, विश्वास और श्रद्धा है, वहां विचार असंभव है। विचार के लिए तो समस्त ढांचों से मुक्त चित्त चाहिए। शिक्षा मन को ढांचे दे और पटरियां दे तो उचित नहीं है। उसे तो ढांचों में मन न ढल पाये ऐसी सावधानी और सजगता देनी चाहिए। उसे तो ऐसा बोध देना चाहिए कि संस्कारों में चित्त परतंत्र न हो पावे और व्यक्ति की स्वतंत्र चिंतन धारा का आविर्भाव भी हो सके।

ध्यान दिया जाए तो यह अवश्य ही हो सकता है। स्वतंत्र चिंतन के बीज तो प्रत्येक व्यक्ति में हैं। अनुकूल सुविधाओं में वे विकसित भी हो सकते हैं। स्वतंत्रता कौन नहीं चाहता है ? स्वयं का विवेक और विचार कौन नहीं चाहता है ? लेकिन यदि शिक्षा का पूरा यंत्र ही मनुष्य की स्वतंत्रता की जगह परतंत्रता के लिए तैयारी करता हो तो बात ही दूसरी है। तब तो वे थोड़े से व्यक्ति ही आश्चर्य का कारण हैं जो कि इस यंत्र से गुजरकर भी यंत्र बनने से स्वयं को बचा लेते हैं।

शिक्षालयों से गुजरकर स्वयं की प्रतिभा को बचा लेने से अधिक दुरूह कार्य और कोई भी नहीं है। विश्वविद्यालयों ने मौलिक प्रतिभाओं को नष्ट करने में अपनी कुशलता का चरम बिंदु तो बहुत पहले ही उपलब्ध कर लिया है।

मनुष्य की परतंत्रता के लिए ही अनुशासन पर अत्याधिक बल दिया जाता है।

विवेक के अभाव की पूर्ति अनुशासन से करने की कोशिश की जाती है। विवेक हो तो व्यक्ति में और उसके जीवन में एक स्वतः स्फूर्त अनुशासन अपने आप ही पैदा होता है। उसे लाना नहीं पड़ता है। वह तो अपने आप ही आता है। लेकिन जहां विवेक सिखाया ही न जाता हो, वहां तो ऊपर से थोपे अनुशासन पर ही निर्भर होना पड़ता है। यह अनुशासन मिथ्या तो होगा ही। क्योंकि वह व्यक्ति के अंतस से नहीं जागता है और उसकी जड़ें उसके स्वयं के विवेक में नहीं होती हैं। व्यक्ति का अंतःकरण तो सदा भीतर ही भीतर उसके विरोध में सुलगता रहता है।

ऐसे अनुशासन की प्रतिक्रिया में ही स्वच्छंदता पैदा होती है! स्वच्छंदता सदा ही परतंत्रता की प्रतिक्रिया है। वह उसकी ही अनिवार्य प्रतिध्वनि है। स्वतंत्रता से भरी चेतना कभी भी स्वच्छंद नहीं होती है। मनुष्य को स्वच्छंदता के रोग से बचाना हो तो उसकी आत्मा को परिपूर्ण स्वतंत्रता का वायुमंडल मिलना चाहिए। लेकिन हम तो दो ही विकल्प जानते हैं—परतंत्रता या स्वच्छंदता। स्वतंत्रता के लिए तो हम अब तक तैयार ही नहीं हो सके हैं। अनुशासन—दूसरों से आया हुआ अनुशासन भी परतंत्रता है। ऐसा अनुशासन जगह-जगह टूट रहा है तो बहुत चिंता व्याप्त हो गई है। यह अनुशासन तो टूटेगा ही। यह तो टूटना ही चाहिए। उसके होने के कारण ही गलत हैं। उसकी मृत्यु तो उसमें ही छिपी हुई है। वह तो अराजकता को बलपूर्वक स्वयं में ही छिपाये हुए है। और बलपूर्वक जो भी दमन किया जाता है, एक न एक दिन उसका विस्फोट अवश्यंभावी है।

ऐसा अनुशासन हो तो व्यक्ति चेतना की सारी सहजता और आनंद छीन लेता है; और टूटे तो भी व्यक्ति को खंडहर कर जाता है। बाहर से आया हुआ अनुशासन सब भांति मनुष्य के अहित में है। शिक्षा बाह्यानुशासन से मुक्त होनी चाहिए। उसे तो व्यक्ति में प्रसुप्त विवेक को जगाना चाहिए।

फिर वह विवेक ही आत्मानुशासन बन जाता है। वैसी चर्या में न दमन होता है, न दबाव होता है। वैसी चर्या तो फूलों जैसी सहज और सरल होती है। और जीवन जब स्व-विवेक के प्रकाश में गति करता है तो अराजकता और स्वच्छंदता की संभावनायें ही समाप्त हो जाती हैं। जहां दमन ही नहीं है, वहां अराजकता और स्वच्छंदता के विस्फोट भी असंभव हैं।

मैं पूछता हूं कि क्या हम मनुष्य को स्वतंत्र नहीं बना सकते हैं? स्वतंत्रता में स्वच्छंदता का भय मालूम होता है। क्योंकि हमने मनुष्य को परतंत्रताओं से दबा रखा

है, और उसकी आत्मा सदा से ही उन परतंत्रताओं से छूटने को तड़फड़ाती रही है। और जब भी संभव हुआ है, उसने बंधन तोड़े हैं। लेकिन बंधन तोड़ने के प्रयास में वह जिस कटुता, कठोरता और विरोध से भर जाती है, उसके ही कारण स्वतंत्र तो नहीं होती, स्वच्छंद हो जाती है। स्वतंत्रता सृजनात्मक है, स्वच्छंदता विध्वंसात्मक। लेकिन यदि स्वच्छंदता से बचना हो तो स्वतंत्रता के अतिरिक्त कोई मार्ग नहीं है।

शिक्षा निश्चय ही ऐसे आधार रख सकती है जो कि मनुष्य को स्वतंत्र बनाये। अनुशासित व्यक्ति अब नहीं चाहिए। स्वतंत्र और स्वयं के विवेक को उपलब्ध व्यक्ति चाहिए। उनमें ही आशा है और उनमें ही भविष्य है।

अनुशासन की प्रणालियों ने क्या किया है ? मनुष्य में जड़ता और बुद्धिहीनता लाई है। अनुशासित व्यक्ति जड़ तो होगा ही। असल में जो जितना जड़ है उतना ही अनुशासित हो जाएगा। देखें, यंत्र कितने अनुशासित हैं ? विवेक सदा ही 'हां' नहीं कह सकता है। उसे 'नहीं' कहना भी आना ही चाहिए। उसके 'हां' में भी तभी मूल्य और अर्थ है अब, जब वह 'नहीं' कहना भी जानता हो। लेकिन अनुशासन 'नहीं' कहना नहीं सिखाता है। वह तो सदा 'हां' ही की अपेक्षा करता है। कहा जाए—गोली चलाओ तो गोली चलायेगा। ऐसी जड़ता की शिक्षा के कारण ही तो दुनिया में युद्ध और हिंसा और भांति-भांति की मूर्खतायें चलती रही हैं और चल रही हैं।

क्या इस दुष्ट-चक्र को अब भी नहीं तोड़ना है ? क्या अणु युद्ध के बाद ही अनुशासन लानेवाली शिक्षा बंद होगी ? लेकिन तब तो बंद करने की कोई जरूरत ही नहीं होगी। क्योंकि तब न तो अनुशास्ता ही बचेंगे और न अनुशासित ही। मनुष्य के भविष्य के लिए अनुशासित बुद्धि के लोगों से जितना खतरा है, उतना किसी और से नहीं। क्योंकि वे केवल आज्ञायें मानना ही जानते हैं। अणु अस्त्रों को चलाने के लिए भी वे आज्ञाशील व्यक्ति सदा तैयार और तत्पर हैं ! काश ! अनुशासन की जगह विवेक सिखाया गया होता, आज्ञाकारिता की जगह विचार सिखाया गया होता ! तो निश्चय ही दुनिया बिलकुल दूसरी ही हो सकती थी।

शिक्षा अनुशासन देने को नहीं, आत्म विवेक देने को है। उससे ही जो अनुशासन फलित होगा, वही शुभ और मंगलदायी हो सकता है। क्योंकि उस अनुशासन का फिर शोषण नहीं किया जा सकता। धर्म पुरोहितों और राजनीतिज्ञों के हाथ में हिंसा और युद्ध के लिए उसे उपकरण नहीं बनाया जा सकता। उसके आधार पर हिंदू को मुसलमान से नहीं लड़ाया जा सकता है। और न राष्ट्रों की झूठी और कल्पित सीमाओं

पर ही रक्तपात के तांडव नृत्य किये जा सकते हैं। अनुशासन और आज्ञाकारिता के नाम पर मनुष्य से क्या नहीं कराया गया है ?

समाज, शिक्षक के द्वारा नयी पीढ़ी को इसी भांति अनुशाासत करने का काम लेता रहा है। शिक्षक बहुत से शोषणों का औजार रहा है। वह बहुत से रोगों को संक्रमित करनेवाला उपकरण है। और शायद उसे इसका पता भी नहीं है। क्योंकि वह स्वयं भी ऐसी ही शिक्षा का शिकार है ! प्रत्येक पीढ़ी अपनी ईर्ष्यायें, अपने द्वेष, अपने वैमनस्य, अपनी शत्रुतायें, अपनी मूढ़तायें, सभी शिक्षक के द्वारा नयी पीढ़ी को वसीयत में दे जाती है। अपने अनुभवों और ज्ञान के साथ ही साथ वे अपने रोग और जड़तायें भी सौंप जाती है। और ज्ञान और अनुभव से भी ज्यादा आग्रह और सचेतता वे अपने रोगों को देने में बरतती हैं। क्योंकि उनकी शत्रुतायें और उनके अंधविश्वास उनके अहंकार ही होते हैं। हिंदू बाप अपने बच्चों को हिंदू होना सिखा जाता है, और जैन अपने बच्चों को जैन, और मुसलमान अपने बच्चों को मुसलमान। और मनुष्य विरोधी जिन संप्रदायों में वह पला था, उसी विष को वह अपने बच्चों को भी सौंप जाना चाहता है।

शिक्षा के अनेक-अनेक माध्यमों से यह विष फैलाया जाता है। और ऐसी विषाक्त सिखावन के कारण मनुष्यता एक नहीं हो पाती है। और उस धर्म के प्रति भी हमारी आंखें नहीं उठ पाती हैं जो कि एक है, और एक हो सकता है।

ऐसे ही राष्ट्रीयतायें सिखाई जाती हैं। और राष्ट्रीय अहंकारों को गौरवान्वित किया जाता है। एक देश को दूसरे देशों के विरोध में पाला-पोसा और खड़ा किया जाता है। परिणाम में हिंसा फलती-फूलती है और युद्धों की अग्नि जलती है।

जहां अहंकार हैं—वहां हिंसा है, वहां युद्ध हैं। ऐसे ही और भी बहुत से रोग हैं जिनके कीटाणु शिक्षक अबोध बच्चों में संक्रमित करते रहते हैं। मनुष्य के साथ किये जानेवाले जघन्य से जघन्य अपराधों में से एक यह है। शिक्षक अत्यंत जागरूक हो तो ही इस लांछना से वह बच सकता है।

समाज में जो सत्ताधिकारी हैं, वे समाज के ढांचे को कभी भी बदलना नहीं चाहते हैं। क्योंकि उनकी सत्ता, स्वार्थ और शोषण उस ढांचे पर ही निर्भर होता है। इस ढांचे को भी शिक्षक नये बच्चों के मनों में बैठाता रहता है। वह उन्हें गतानुगतिक बनाता रहता है और मृत परंपराओं से बांधता रहता है। वह उन्हें विद्रोह नहीं सिखाता है। और जहां विद्रोह नहीं है, वहां विकास नहीं है। शिक्षक का कर्तव्य क्या है ? उसका कर्तव्य है विद्रोह सिखाना—जिस दिन भी शिक्षा विद्रोह होगी, उसी दिन एक बिलकुल ही

नयी मनुष्यता का जन्म हो सकता है।

विद्रोह से क्या अर्थ है ?

विद्रोह से अर्थ है—मूल्यों में क्रांति ! निश्चय ही जीवन मूल्य गलत हैं अन्यथा मनुष्य के जीवन में यह अशांति, यह अर्थहीनता, यह विभ्रांति क्यों होती ? यह कुरूपता, यह हिंसा, यह ईर्ष्या, यह अधर्म—यह सब क्या अकारण हैं ? नहीं, जीवन मूल्य गलत हैं और उसका ही यह सहज परिणाम है !

जीवन मूल्य बदलने होंगे। मनुष्य के लिए नये मूल्य चाहिए। और उसके लिए एक बड़े विद्रोह की तैयारी आवश्यक है।

शिक्षक को निद्रा से जागना ही होगा। उसके अतिरिक्त और कोई भगीरथ नहीं है जो कि विद्रोह की गंगा को पृथ्वी पर ला सके। लेकिन शिक्षक बड़े भ्रमों में है। समाज उसे भूखा भले मारे लेकिन उसके प्रति आदर खूब दिखाता है। शिक्षक को सदा से ही आदर और सम्मान दिया गया है। वह गुरु है, सम्माननीय है, ऐसे उसके अहंकार को पोषित किया जाता है, और उसे भ्रम में डाला जाता है। और फिर उसके द्वारा नयी पीढ़ियों को पुराने ढांचों में ढालने का कार्य लिया जाता है। ऐसे बड़े आदरपूर्वक शिक्षक का शोषण होता है। समाज शिक्षक को व्यर्थ ही आदर नहीं देता है। इस आदर के बदले बड़े सस्ते में वह बहुत महंगा काम उससे लेता है। मैं पूछता हूं कि क्या शिक्षकों को इसका बोध है?

मनुष्य का इतिहास मूर्खताओं से भरा है। अंध विश्वासों और अज्ञानों ने सब कहीं डेरे डाल रखे हैं। लेकिन शिक्षक उस शृंखला से नयी पीढ़ियों को अलग नहीं होने देता है। वह उसी शृंखला से ये नये आगन्तुकों को बांधता चला जाता है। वह अतीत का चाकर है और इस भांति भविष्य का दुश्मन सिद्ध होता है। क्या यह उचित नहीं है कि अतीत का भार हमारे सिर पर न हो? वह पैरों के तले की भूमि बने यह तो ठीक, लेकिन सिर का बोझ बने यह तो ठीक नहीं है। भविष्य के निर्माण के लिए अतीत से मुक्त चित्त चाहिए।

अतीत के अनुभव मनुष्य के ज्ञान को बढ़ायें लेकिन वे उसे बांधें नहीं। क्योंकि उसे उनसे भी आगे जाना है। अतीत उसकी यात्रा का प्रारंभ है, अंत नहीं। विगत पीढ़ी ने जहां उसे छोड़ा है, उसे उससे आगे जाना है। हर पीढ़ी को, पिछली पीढ़ी को, सब भांति पीछे छोड़ देना है। भौतिक दृष्टि से ही नहीं, मानसिक और आत्मिक दृष्टि से भी। निश्चय ही विदा होती पीढ़ी के अहंकार को इससे चोट लगती है। और इसी अहंकार के कारण

वह अपने से आगे कोई भी यात्रा और विकास नहीं देखना चाहती है।

शायद प्रत्येक व्यक्ति में जो अहंता और ईर्ष्या होती है वही अहंता और ईर्ष्या पूरी पीढ़ी को भी पकड़ लेती है। पहले धर्मगुरु, आगे और धर्म संस्थापकों के जन्म मना ही कर गये हैं। प्रत्येक पैगंबर अपने आपको अंतिम बता गया है। और प्रत्येक ने स्वयं के सर्वज्ञ होने की भी घोषणा कर रखी है, और इस भांति ज्ञान के आगे और विकास के सब द्वार अवरुद्ध कर दिये हैं। स्वर्णयुग तो पीछे थे! आगे तो सब पतन और ह्रास है। मनुष्य को अतीत के खूंटों से बांधना अत्यंत अकल्याणकर है। लेकिन पुरानी पीढ़ी तो अपने शास्त्र, अपने सिद्धांत, अपने गुरु सभी नयी पीढ़ी पर थोप जाना चाहती है। सैकड़ों वर्षों से यह होता ही रहा है। और परिणाम में मनुष्य की आत्मा जितनी विकसित हो सकती थी वह नहीं हो पाई। उसे जो प्रौढ़ता मिल सकती थी वह नहीं मिल पाई। वह अतीत के पाषाणों के नीचे दबी है, और अतीत से इतनी भारग्रस्त है कि उसका सभी ऊर्ध्वगमन बंद हो गया है।

शिक्षा को मनुष्य की आत्मा को निर्भार करना है। क्योंकि निर्भार आत्मायें ही परमात्मा के शिखरों तक गति कर सकती हैं। जड़ संस्कारों का भार चेतना के बीज को अंकुरित ही नहीं होने देता,और वह भूमि में दबा-दबा ही नष्ट होता रहता है। अतीत से निर्भार हुए बिना व्यक्ति के स्वयं के व्यक्तित्व का अंकुरण हो ही नहीं सकता है। अतीत की जकड़ ढीली हो तो ही मनुष्य में विकास होता है। अतीत तो सीढ़ी है जिस पर से गुजर जाना है। उसे सिर पर लिए फिरना समझदारी नहीं है।

संसार में भौतिक समृद्धि तो बढ़ती है, क्योंकि हर पीढ़ी उसे पिछली पीढ़ी से आगे ले जाती है। लेकिन आत्मिक समृद्धि नहीं बढ़ती, क्योंकि हमारे मन उस दिशा में अतीत से अत्याधिक बंधे हुए हैं। पिता ने जो मकान बनाया था, उसे और बनाने में पुत्र संकोच नहीं करता है। लेकिन राम, कृष्ण या बुद्ध या महावीर या क्राइस्ट जो वसीयत छोड़ गये हैं, उसके आगे बढ़ाने में कोई बहुत-बहुत गहरा भय हमारे प्राणों को रोक लेता है। यह सिखाया हुआ है, यह भय आरोपित किया हुआ है।

गीता पर टीका लिखी जा सकती है.। लेकिन गीता से आगे विचार नहीं किया जा सकता। कुरान से आगे कुछ है ही नहीं। इससे मनुष्यजाति अत्याधिक पंगु और आत्मिक दृष्टि से दीन हीन हो गई है। बाप से बेटा आगे जाये इसमें उसका असम्मान या अपमान नहीं है। वस्तुतः इसमें ही उसका सम्मान है। यही उसका गौरव है।

प्रत्येक पीढ़ी को, हर नयी पीढ़ी को इस भांति तैयार करना चाहिए कि वह उसे सब

भांति पीछे छोड़ दे। वह उससे ही बंधी रहे और उसके दायरे में ही घूमती रहे यह इच्छा रुग्ण है और उससे स्वस्थ मन की सूचना नहीं मिलती है। यह विचार करना जरूरी है कि क्या शिक्षा इन रुग्ण लक्ष्मण रेखाओं को खींचने में सहयोगी नहीं रही है?

मैं तो इस पागलपन को समझ ही नहीं पाता हूं। मेरा प्रेम तो यही कहता है कि जो मेरे पीछे जगत में आ रहे हैं, वे सब भांति मेरे आगे बढ़ें। वे एक ऐसी दुनिया बनायें जिसकी कि हम कल्पना भी नहीं कर सकते थे। उनकी आत्मा हम से उज्ज्वल हो, उनके विचार हमसे निर्मल हों। उनकी आंखें उन सत्यों का साक्षात्कार करें जो हम नहीं कर सके, और उनके चरण उन अज्ञात पथों का स्पर्श करें जो कि हमें स्वप्न में भी ज्ञात नहीं थे। प्रेम तो ऐसी ही प्रार्थनायें कर सकता है। मैं न तो बच्चों को अपने ज्ञान से बांधना चाहूंगा और न अपने अनुभवों से ही। मैं तो उन्हें मुक्त करना चाहूंगा। प्रेम तो सदा मुक्त करता है। जो बांधता है, वह प्रेम ही नहीं है—वह तो हिंसा ही है।

शिक्षा भविष्योन्मुख होनी चाहिए, अतीतोन्मुख नहीं, तभी विकास हो सकता है। कोई भी सृजनात्मक प्रक्रिया भविष्योन्मुख ही हो सकती है। क्या यह उचित नहीं है कि हम भविष्य के लिए प्रेम और आदर सिखायें? अतीत की अर्थहीन पूजा बहुत हो चुकी। क्या अब यह उचित नहीं है कि भविष्य के सूर्योदयों के लिए हमारे हृदयों में प्रार्थनायें हों? लेकिन हम तो अतीत से बंधे हैं। अतीत यानी जो बीत गया है और अब सिवाय स्मृति के और कहीं भी नहीं है। हमारे सारे सिद्धांत, सारी धारणायें, सारे आदर्श अतीत से ही लिए हुए हैं। इस भांति मृत का जीवित पर शासन है। मृत के प्रति सम्मान एक बात है, उसका शासन बिलकुल ही दूसरी बात है। बल्कि शासन के कारण ही स्वस्थ सम्मान भी संभव नहीं हो पाता है। शासन के प्रति तो भीतर ही भीतर प्रतिरोध भी संग्रहीत होता रहता है। अतीत के प्रति हार्दिक सम्मान तो तभी होगा जबकि अतीत का कोई भी शासन न हो; वह सम्मान अत्यंत आत्मिक होगा। और उस सम्मान में अनुग्रह होगा और कृतज्ञता होगी। वह कृतज्ञता हमें बांधेगी नहीं बल्कि और निर्भार और हल्का करेगी। हृदय उनके प्रति सहज ही कृतज्ञता से भर उठता है जो मुक्त करते हैं।

जो बांधते हैं, उनके प्रति कृतज्ञता अस्वाभाविक है और असंभव है।

शिक्षा को ज्ञान का प्रसार कहा जाता है। निश्चय ही उसे ज्ञान का प्रसारक होना चाहिए। लेकिन जो बंधनों को भी प्रसारित करती हो वह ज्ञान की प्रसारक नहीं हो सकती है। ज्ञान तो वहां है, जहां मन मुक्त है। मन जहां बंधनों में है, वहां ज्ञान कहां?

ज्ञान तो स्वयं ही मुक्ति है।

शिक्षा भय सिखाती है। शिक्षा प्रलोभन सिखाती है। शिक्षा ईर्ष्या और प्रतिस्पर्धा सिखाती है। शिक्षा महत्वाकांक्षा के ज्वर में दीक्षा देती है। ऐसी शिक्षा ज्ञान की प्रसारक कैसे होगी ? ऐसी शिक्षा मुक्तिदायी कैसे होगी ? ऐसे मनुष्य स्वस्थ कैसे होगा ? यह तो घातक रोगों का प्रसार है। मित्र, यह ज्ञान प्रसार तो नहीं है, यह तो अज्ञान का ही प्रसार है।

मैं देखता हूं तो पाता हूं कि भय से अधिक भयानक और कोई बीमारी नहीं है। जीवन में भय से अधिक भयभीत होने को और क्या है ? भय तो प्राणों को लकवा ही मार देता है। भय तो विद्रोह की समस्त क्षमता को ही नष्ट कर देता है। भय तो परिवर्तन को असंभव हीबना देता है। भय ज्ञात से बांध देता है और अज्ञात की सब यात्रा बंद हो जाती है। जबकि जीवन में जो भी जांनने और पाने योग्य है वह सब अज्ञात है।

परमात्मा अज्ञात है। सत्य अज्ञात है। सौंदर्य अज्ञात है। प्रेम अज्ञात है। किंतु भयभीत चित्त तो भय के कारण ज्ञात से ही चिपटा रहता है। वह तो लीक को कभी छोड़ता ही नहीं। वह तो परिचित पटरियों पर ही दौड़ता रहता है। वह तो यंत्रवत हो जाता है और उसकी गति कोल्हू के बैल से भिन्न नहीं होती है। धर्म भय सिखाते हैं—नर्कों का भय, पापों का भय, दंडों का भय। समाज भय सिखाता है—असम्मान का भय। शिक्षा भी भय सिखाती है—असफ़लता का भय।

और साथ ही प्रलोभन हैं—स्वर्ग का प्रलोभन, पुण्य फलों का प्रलोभन, सम्मान, पद का प्रलोभन, प्रतिष्ठा का प्रलोभन, सफलताओं, पुरस्कारों का प्रलोभन। प्रलोभन भी भय के सिक्के के ही दूसरे पहलू हैं। इस भांति व्यक्ति- चेतना, भय से और लोभ से भर-भर जाती है। ईर्ष्या और प्रतिस्पर्धा की अग्नि जलाई जाती है, महत्वाकांक्षा का ज्वर जगाया जाता है। फिर इन सब विवर्तों में जीवन नष्ट हो जाता हो तो कोई आश्चर्य नहीं है !

ऐसी शिक्षा खतरनाक है। ऐसे धर्म खतरनाक हैं। शिक्षा तो वह है जो अभय सिखाये, अलोभ में प्रतिष्ठा दे, साहस दे और विद्रोह की शक्ति दे—अज्ञात की चुनौती को मानने की हिम्मत दे। ईर्ष्या, प्रतिस्पर्धा नहीं, प्रेम सिखाये। महत्वाकांक्षा की ज्वरग्रस्त गति नहीं, वरन सहज, स्व-स्फूर्त विकास दे।

लेकिन यह तो तभी होगा जब हम प्रत्येक व्यक्ति की निजता की अद्वितीयता को स्वीकार करेंगे। किसी की किसी से तुलना आधारभूत भूल है। तुलना से स्पर्धा पैदा

होती है। न कोई किसी से आगे है, न पीछे; न कोई किसी से ऊपर है, न नीचे। प्रत्येक वही है जो वह है और प्रत्येक को वही होना है। आदर्शों की सिखावन यह नहीं होने देती है। बच्चों को कहा जाता है, राम जैसे बनो, बुद्ध जैसे बनो, गांधी जैसे बनो। इससे भूल भरी बात और क्या होगी ? क्या कोई किसी और जैसा बन सकता है या कि कभी बन सका है ?

राम तो बनना असंभव है। हां, रामलीला के राम जरूर बन सकते हैं। इसी कारण तो संसार में इतना पाखंड है। पाखंड आदर्श की छाया है। जब तक आदर्श थोपे जायेंगे तब तक पाखंड भी रहेंगे। पाखंड को मिटाना है तो आदर्शों को छोड़ना आश्यक है।

वस्तुतः कोई भी मनुष्य किसी दूसरे जैसा होने को पैदा नहीं हुआ है। प्रत्येक को स्वयं जैसा ही होना है। प्रत्येक को, उस बीज को ही वृक्ष तक पहुंचाना है जो कि उसमें ही छिपा है, और मौजूद है।

शिक्षा जिस दिन भी व्यक्ति की अद्वितीय और बेजोड़ निजता के सत्य को स्वीकार करेगी, उस दिन ही एक बड़ी क्रांति का सूत्रपात हो जाएगा। फिर हम किसी के ऊपर किसी और के ढांचे को नहीं थोपेंगे। वरन उस व्यक्ति के बीज में ही जो प्रसुप्त है उसके जागरण के लिए ही चेष्टारत होंगे। आदर्शों के कारण बहुत हिंसा होती रही है और व्यक्ति को वही होने का अवसर नहीं दिया जा सका है जो कि वह हो सकता है। और अन्य होने के प्रयास में अन्य तो कोई हो ही नहीं पाता है। हां, वह होने से जरूर वंचित रह जाता है जो कि वह हो सकता था।

मैं अत्यंत विनम्रता से यह निवेदन करना चाहता हूं कि मनुष्य को वही होने दें, जो कि होने को वह पैदा हुआ है। गुलाब गुलाब है, और चमेली चमेली, और जुही जुही। और कोई किसी से न छोटा है, न बड़ा है। गुलाब को चमेली नहीं होना है और चमेली को जुही नहीं होना है। यह छोटे-बड़े और ऊंचे-नीचे का मूल्यांकन एकदम झूठा और बेहूदा है। इस मूल्यांकन को नष्ट करें। कवि चमार से बड़ा नहीं है और न राजनेता ही किसी से बड़ा है।

एक अध्यापक राष्ट्रपति होने से बड़ा नहीं हो जाता है। जीवन एक सहयोग है। उसमें सबका अपना-अपना स्थान है और सबकी आवश्यकता है और अनिवार्यता है। कार्यों के साथ पद और प्रतिष्ठा जोड़ने से सारी दुनिया जिस महत्वाकांक्षा की विक्षिप्तता में पड़ गई है, क्या यह आपको दिखाई नहीं पड़ रही है ?

यह मूर्खतापूर्ण है कि गुलाब को जुही होने का उपदेश दिया जावे या कि घास के फूल को कमल होने के लिए उकसाया जावे। अर्थपूर्ण बात इतनी ही है कि गुलाब पूरा विकसित हो और घास का फूल भी पूरा विकसित हो। उनकी पंखुड़ियां अविकसित न रह जायें और उनकी सुवास उनमें ही बंद न रह जावे। स्वयं की संभावनायें पूरी विकसित हों, इसके अतिरिक्त जीवन का और कोई आनंद नहीं है। और शिक्षा के कार्य की सम्यक दिशा यही है।

आदर्श सिखाने की आवश्यकता नहीं है और न ही किसी का अनुसरण सिखाने की जरूरत है। व्यक्ति का निज व्यक्तित्व पूर्णता को कैसे प्राप्त हो, इस ओर ही सारे प्रयास केंद्रित होने चाहिए। और तब ही महत्वाकांक्षा से मुक्ति होगी और ईर्ष्या के ज्वर से छुटकारा होगा। और एक ऐसा समाज निर्मित हो सकेगा जो कि समता और शांति को उपलब्ध हो सके। महत्वाकांक्षा से मुक्त समाज ही वर्गहीन और शोषणशून्य हो सकता है।

क्या ऐसी शिक्षा नहीं हो सकती है जो कि महत्वाकांक्षा पर आधारित न हो ? क्या गणित या संगीत इसलिए सीखा जा सकता है कि उन्हें सीखनेवाले दूसरे साथियों से आगे निकलना है ? क्या गणित के प्रेम से ही गणित और संगीत के आनंद से ही संगीत नहीं सीखा जा सकता है ? मैं तो देखता हूं कि वस्तुतः संगीत तभी सीखा जा सकता है और उसकी गहराइयां तभी स्पर्श की जा सकती हैं, जब संगीत से ही प्रेम हो और किसी अन्य से प्रतिस्पर्धा नहीं।

प्रतिस्पर्धापूर्ण मन क्या संगीत को जानेगा ? प्रतिस्पर्धा तो विसंगीत ही है उन्होंने ही संगीत को जाना है जो संगीत में डूबे हैं, प्रतिस्पर्धा में दौड़े नहीं। दौड़ने और डूबने में विरोध है। दौड़ना तनाव है, डूबना विश्रांति है। दौड़ ज्वर है, वह स्वयं के बाहर ले जाती है। डूबना स्वास्थ्य है, क्योंकि डूबकर व्यक्ति स्वयं की ही आत्यंतिक गहराइयों में प्रतिष्ठा पाता है। विद्या तो डूबने की कला है। और जो दौड़ना ही सिखाती है, उसे मैं अविद्या कहता हूं।

एक दिन शिक्षकों की सभा में गया था। शिक्षक दिवस का समारोह था। वहां मैंने उनसे कहा—एक शिक्षक राष्ट्रपति हो जाए तो इसमें शिक्षक का सम्मान क्या है ? क्या शिक्षक नीचे और राष्ट्रपति ऊपर है ? यदि ऐसा है तब तो यह शिक्षक या शिक्षा की प्रतिष्ठा नहीं, राजपद और राजनीति की ही प्रतिष्ठा है। हां, एक राष्ट्रपति अपना पद छोड़ शिक्षक हो तब शायद शिक्षक के लिए सम्मान की बात हो भी सकती है।

राजपदों को हम जब तक ऊपर रखते हैं, तब तक हम बच्चों को जाने-अनजाने राजनीति ही सिखाते हैं। हालांकि राजनीतिज्ञ कहते हैं कि शिक्षकों और विद्यार्थियों को राजनीति से कोई वास्ता नहीं रखना चाहिए। राजपदों की प्रतिष्ठा दूसरों में भी आकांक्षा को जगाती है। और यदि दूसरे शिक्षक होना छोड़ शिक्षा मंत्री और उपराष्ट्रपति और राष्ट्रपति होने के सपने देखते हों, उन स्वप्नों को पूरा करने के लिए दौड़-धूप करते हों तो आश्चर्य कैसा ? यह तो स्वाभाविक ही है। और अन्य शिक्षक भी यदि शिक्षक जाति को सम्मानित कराने में लगे हों तो कुछ बुरा तो नहीं है !

शिक्षा को महत्वाकांक्षा से मुक्त होना ही चाहिए। महत्वाकांक्षा ही तो राजनीति है। महत्वाकांक्षा के कारण ही तो राजनीति सबके ऊपर, सिंहासन पर विराजमान हो गयी है। सम्मान वहां है, जहां पद है। पद वहां है, जहां शक्ति है। शक्ति वहां है, जहां राज्य है।

इस दौड़ से जीवन में हिंसा पैदा होती है। महत्वाकांक्षी चित्त हिंसक चित्त है। अहिंसा के पाठ पढ़ाये जाते हैं। साथ ही महत्वाकांक्षा भी सिखायी जाती है। इससे ज्यादा मूढ़ता और क्या हो सकती है ?

अहिंसा प्रेम है। महत्वाकांक्षा प्रतिस्पर्धा है। प्रेम सदा पीछे रहना चाहता है। प्रतिस्पर्धा आगे होना चाहती है। क्राइस्ट ने कहा है—'धन्य हैं वे, जो पीछे होने में समर्थ हैं।' मैं जिसे प्रेम करूंगा, उसे आगे देखना चाहूंगा और यदि मैं सभी को प्रेम करूंगा तो स्वयं को सबसे पीछे खड़ाकर आनंदित हो उठूंगा। लेकिन प्रतिस्पर्धा प्रेम से बिलकुल उलटी है। वह तो ईर्ष्या है। वह तो घृणा है। वह तो हिंसा है। वह तो सब भांति सबसे आगे होना चाहती है।

इस आगे होने की होड़ की शुरुआत शिक्षालयों में ही होती है और फिर कब्रिस्तान तक चलती है। व्यक्तियों में यही दौड़ है। राष्ट्रों में भी यही दौड़ है। युद्ध इस दौड़ के ही तो अंतिम फल हैं। यह दौड़ क्यों है ? इस दौड़ के मूल में क्या है ? मूल में है—अहंकार ! अहंकार सिखाया जाता है, अहंकार का पोषण किया जाता है।

छोटे-छोटे बच्चों में अहंकार को जगाया और जलाया जाता है। उनके निर्दोष और सरल चित्त अहंकार से विषाक्त किये जाते हैं। उन्हें भी प्रथम होने के लिए प्रोत्साहित किया जाता है। स्वर्ण पदक और सम्मान और पुरस्कार बांटे जाते हैं। फिर यही अहंकार जीवनभर प्रेत की भांति उनका पीछा करता है और उन्हें मरते दम तक चैन नहीं लेने देता।

विनय के उपदेश दिये जाते हैं और सिखाया अहंकार जाता है। क्या वह दिन मनुष्य जाति के इतिहास में सबसे बड़े सौभाग्य का दिन नहीं होगा जिस दिन हम बच्चों को अहंकार सिखाना बंद कर देंगे? अहंकार नहीं, प्रेम सिखाना है। और प्रेम वहीं होता है, जहां अहंकार नहीं है।

इसके लिए शिक्षण की आमूल पद्धति ही बदलनी होगी। प्रथम और अंतिम की कोटियां तोड़नी होंगी। परीक्षाओं को समाप्त करना होगा। और इन सबकी जगह जीवन के उन मूल्यों की स्थापना करनी होगी जो कि अहंशून्य और प्रेमपूर्ण जीवन को सर्वोच्च जीवन दर्शन मानने से पैदा होते हैं।

प्रेम जब प्रतिस्पर्धा की जगह लेता है तब सहज ही सफलता की जगह सत्य की प्रतिष्ठा हो जाती है। सफलता ही जिस जीवन व्यवस्था में एकमात्र मूल्य है, वहां सत्य नहीं हो सकता है। सफलता की केंद्रीय महत्ता ने सफलता के प्राण ही ले लिए हैं। नहीं, सफल हो जाना ही सब कुछ नहीं है। मात्र सफलता कोई मूल्य ही नहीं है। एक बुरे काम में सफल होने की बजाय एक शुभ कार्य में असफल होना भी ज्यादा मूल्य की और गौरव की बात है। प्रतिस्पर्धा में सफल होने की बजाय प्रेम में असफल होना ही कहीं ज्यादा शुभ है। धन में सफल होने की बजाय धर्म में असफल होना भी क्या ज्यादा मूल्यवान नहीं है?

मैं जीवन का मूल्य, मात्र सफलता में ही नहीं देखता हूं। मैं उसे देखता हूं सत्य में, शिवत्व में, सौंदर्य में; लेकिन सफलता ही जब तक हर बात का मापदंड है तब तक सत्य की, शिव की और सौंदर्य की और मनुष्य की आत्मा गतिमान नहीं हो सकती है। सत्य के लिए, शिवत्व के लिए, सौंदर्य के लिए, असफलता को भी सीखा जाना चाहिए। उस दिशा में असफलता भी गौरव है, यही दृष्टि पैदा होनी चाहिए। सत्य के लिए हार जाना भी जीत है। क्योंकि उसके लिए हारने के साहस में ही आत्मा सबल होती है और उन शिखरों को छू पाती है, जो कि परमात्मा के प्रकाश से आलोकित हैं।

विजय और पराजय अर्थहीन हैं। अर्थ है—मोर्चे का, किस मोर्चे पर विजय या पराजय?—सत्य के या असत्य के, प्रेम के या घृणा के, मनुष्यता के या दानवता के?

और मैं कहता हूं कि धन्य हैं वे लोग जो कि असत्य की विजय को छोड़ते हैं और सत्य के साथ पराजय को आलिंगन करते हैं, क्योंकि इस भांति हारकर भी वे जीत जाते हैं और मिटकर भी उसे पा लेते हैं जो कि अमृत है। लेकिन यह सब तभी संभव है जब शिक्षा में आमूल क्रांति हो और मात्र सफलता और विजय के वे मूल्य अपदस्थ हों

जिन्होंने कि सदियों से मनुष्य को पीड़ित कर रखा है।

सत्य की दिशा में सबसे बड़ा अपराध तो तब हो जाता है, जब हम सत्य के संबंध में रूढ़ धारणाओं को बच्चों के ऊपर थोपने का आग्रह करते हैं। यह आग्रह अत्यंत घातक दुराग्रह है।

परमात्मा और आत्मा के संबंध में विश्वास या अविश्वास बच्चों पर थोपे जाते हैं। गीता, कुरान, कृष्ण, महावीर उन पर थोपे जाते हैं। इस भांति सत्य के संबंध में उनकी जिज्ञासा पैदा ही नहीं हो पाती है। वे स्वयं के प्रश्नों को ही उपलब्ध नहीं हो पाते हैं, और तब स्वयं के समाधानों को खोज लेने का तो सवाल ही नहीं है।

बने बनाये तैयार समाधानों को ही वे फिर जीवनभर दुहराते रहते हैं। उनकी स्थिति तोतों के जैसी हो जाती है। पुनरुक्ति चिंतन नहीं है। पुनरुक्ति तो जड़ता है। सत्य किसी और से नहीं पाया जा सकता है, उसे तो स्वयं ही खोजना और पाना होता है।

क्या यह उचित नहीं है कि बच्चों की जिज्ञासा जगाई जाए लेकिन उन्हें समाधानों से न जकड़ा जाए ? उनमें प्रश्न पैदा किये जायें, लेकिन उन्हें उधार उत्तरों से न भरा जाए ? शिक्षा यदि उन्हें जीवन सत्य के अनुसंधान की महत यात्रा पर ही भेज सके तो उसका कार्य पूरा हो जाता है।

मेरी दृष्टि में शिक्षक वही है जो प्रसुप्त समस्याओं को जगा देता है, और जिज्ञासा को जाग्रत कर देता है, और बच्चों को उनके स्वयं के अनुसंधान के लिए साहस और अभय से भर देता है। लेकिन कोई भी व्यक्ति इस अर्थ में शिक्षक तभी हो सकता है, जब वह स्वयं आग्रहों और पक्षपातों से मुक्त हो।

इसलिए शिक्षक होना बड़ी साधना है। शिक्षक होने के लिए अत्यंत विद्रोही, सजग और सचेत आत्मा चाहिए। जिस शिक्षक में विद्रोह की अग्नि नहीं है, वह जाने या अनजाने किसी स्वार्थ, किसी नीति, किसी धर्म, या किसी राजनीति का दलाल हो ही जाएगा। क्योंकि तब वह उन पक्षपातों को और उन धारणाओं को बच्चों पर अरोपित करेगा जिनमें कि वह स्वयं ही कैद है।

शिक्षक स्वयं स्वतंत्र हो तभी वह विद्यार्थी के लिए भी स्वतंत्रता का संदेशवाहक हो सकता है। इसलिए मैंने कहा कि शिक्षक होना बड़ी साधना है। वह बड़ा विद्रोह है। शिक्षक के भीतर-भीतर एक ज्वलंत अग्नि होनी चाहिए—चिंतन की, विचार की, विद्रोह की। उसे बहुत कुछ विध्वंस भी करना है ताकि वह सृजन कर सके। उसे बहुत कुछ मिटाना है ताकि वह कुछ बना सके। उसे परंपराओं से छोड़ा गया बहुत-सा

कूड़ा-करकट जलाना है और व्यर्थ के घासपात से मनुष्य के मन की भूमि को साफ करना है, ताकि उस पर प्रेम के और सौंदर्य के फूलों की खेती हो सके।

यह बहुत बड़ा उत्तरदायित्व है। यदि शिक्षक इसे पूरा कर सकेगा तो ही एक नये मनुष्य का और एक नयी मनुष्यता का जन्म हो सकता है।

2

धर्म और विज्ञान

मेरे प्रिय!

एक अमावस की गहरी अंधेरी रात्रि की बात है और एक छोटे से गांव की घटना। आधी रात्रि बीत गयी थी और सारा गांव नींद में डूबा हुआ था। कुत्ते भी भोंक-भोंककर सो गये थे कि अचानक एक झोपड़े से उठ रही रोने और चिल्लाने की आवाज ने सभी को जगा दिया। अर्धनिद्रित लोग उस झोपड़े की ओर भागने लगे, बूढ़े और बच्चे--- सभी। उस सोये गांव में एक विक्षिप्त-सी गति आ गयी। किसी को कुछ भी समझ में नहीं आ रहा था। फिर भी लोग उस झोपड़े के आसपास इकट्ठे हो रहे थे। झोपड़े के भीतर से आवाज आ रही थी, 'आग लगी है, मैं जल रही हूं, मेरा घर जल रहा है।' कुछ लोग तो पानी भरी बाल्टियां ले-लेकर भी आ गये थे। लेकिन झोपड़े के आसपास आग लगे होने का कोई भी चिन्ह नहीं था। आग तो दूर, उस झोपड़े में एक दीया भी नहीं था।

वह एक गरीब बूढ़ी स्त्री की झोपड़ी थी। लोगों ने दरवाजे धकाये तो पाया कि खुले ही हुए हैं। कोई भागकर लालटेन ले आया तो भीड़ भीतर गयी। बूढ़ी स्त्री जोर-जोर से रो रही थी और छाती पीट रही थी, और साथ ही वह चिल्लाती भी जाती थी। आग लगी है, मेरे घर में आग लगी है। गांव के लोग यह दृश्य देखकर बहुत हैरान हुए, उन्होंने कहा, क्या तुम पागल हो गयी हो? आग कहां है? हम जरूर उसे बुझायेंगे, लेकिन वह है कहां? यह सुन वह बूढ़ी रोना बंद कर जोर-जोर से हंसने लगी और बोली, मैं पागल नहीं हूं, पागल हो तुम, आग तुम्हारे घरों में लगी है और उसे बुझाने तुम यहां आये हो? जाओ और अपने घरों में आग को खोजो? मेरे भीतर भी आग लगी है, लेकिन उसे तुम कैसे देख सकोगे? और उसे तुम बुझाओगे भी कैसे? उसे तो मुझे ही बुझाना पड़ेगा। भीतर की आग स्वयं ही बुझानी पड़ती है। आग बाहर होती तो तुम जरूर उसे बुझा देते लेकिन आग तो भीतर है। यह कह बूढ़ी फिर रोने

लगी और चिल्लाने लगी, मेरे घर में आग लगी है, मैं जल रही हूं...!

मैं भी उस रात्रि उस गांव में उपस्थित था। और क्या आप भी उपस्थित नहीं थे? शायद आप उस घटना को भूल गये हों, लेकिन मैं नहीं भूला हूं। मैंने आपको देखा था कि आप व्यर्थ ही नींद तोड़े जाने के कारण उस बूढ़ी स्त्री पर नाराज होते हुए वापस जाकर सो गये थे। और सुबह जब आप उठे थे तो उस घटना को भूल गये थे। वह पूरा गांव ही भूल गया था, पूरी पृथ्वी ही भूल गयी है। उस छोटे से गांव में ही तो सारी मनुष्यता का आवास है।

आप तो सो गये थे लेकिन मैं फिर नहीं सो सका। उस बूढ़ी औरत ने सदा के लिए ही मेरी नींद तोड़ दी, क्योंकि मैंने जब आग खोजने के लिए भीतर झांका तो पाया कि आग तो नहीं थी, नींद थी और वह नींद ही आग थी। जीवन नींद में ही जल रहा है, वह निद्रा ही है दुख, वही है पीड़ा, वही है अग्नि, लेकिन आप उसे नहीं देख पाये, क्योंकि आप पुनः सो गये और सपने देखने लगे।

सपने नींद के साथी हैं, वे नींद को नहीं टूटने देते, वे तो अग्नि में घृत की भांति हैं। दुखद सपने जरूर थोड़ा-सा धुआं पैदा करते हैं और करवट लेने को मजबूर कर देते हैं, लेकिन सुखद सपनों की आशा में उन्हें सह लिया जाता है। और वे न हों तो सुखद सपने भी नहीं हो सकते हैं। क्योंकि उन्हीं की काली पृष्ठभूमि में तो सुखद सपनों की शुभ्र रेखायें उभर पाती हैं। ऐसे सुख और दुख के सपने दो बैलों की जोड़ी की भांति नींद की गाड़ी को चलाये जाते हैं। और नींद में जीवन खोता है क्योंकि जो सोया है वह जीवित ही कहां है?

और जीवन के दुख की यह कथा है बहुत पुरानी। मनुष्य जितनी ही पुरानी है यह कथा, लेकिन जो कहता है, जीवन जल रहा है, वह पागल प्रतीत होता है और हम उससे पूछते हैं—कहां है आग? और हम पानी भरी बाल्टियां लेकर दौड़ते हैं कि आग को बुझा दें। लेकिन आग बाहर नहीं है, इसलिए बाहर ही देखनेवाली आंखें नहीं देख पाती हैं। और आग बाहर नहीं है, इसलिए बाहर का पानी भी उसे कैसे बुझा सकता है?

लेकिन आग चाहे दिखायी पड़ती हो या न पड़ती हो लेकिन जीवन में उसकी जलन तो सभी को अनुभव होती है।

वह है तो जलायेगी ही! चाहे हम उसे देखें या न देखें। उसका जलाना हमारे देखने पर निर्भर नहीं है। वस्तुतः तो हम उसे नहीं देखते हैं इसलिए वह हमें जला पाती है। हमारा न देखना ही उसका होना है। हमारे अंधेपन में ही तो उसके प्राण हैं। और जब

वह जलाती है और मनुष्य उस अदृश्य और अज्ञात अग्नि से झुलसता और पीड़ित होता है, तो बजाय यह खोजने के कि उस अदृश्य अग्नि का मूलस्रोत कहां है, वह पानी की खोज में दौड़ता है। यह पानी की खोज ही संसार है।

हम सब पानी की खोज में दौड़ रहे हैं। वह पानी चाहे धन का हो, चाहे यश का, चाहे मोक्ष का। पानी की दौड़ का एक अनिवार्य लक्षण है कि वह सदा बाहर होता है, और दूसरा अनिवार्य लक्षण है कि उसे पाने के लिए दौड़ना पड़ता है। क्योंकि जो बाहर है वह अनिवार्यतः दौड़ता है। और सबसे बड़ा मजा यह है कि जो पानी के लिए दौड़ता है उसके भीतर की आग और जोर पकड़ती जाती है। क्योंकि दौड़ से वह और उत्तप्त होता है, और दौड़ से उसका ज्वर और तीव्र होता है। और फिर जितना वह दौड़ता है उतनी आग तीव्र होती है। और जितनी आग तीव्र होती है वह उतना ही और दौड़ता है। ऐसे एक दुष्चक्र पैदा हो जाता है। क्या इस चक्र का नाम ही संसार नहीं है?

और एक तो पानी मिलता नहीं है, क्योंकि अधिक सरोवर मृगमरीचिका सिद्ध होते हैं। और यदि पानी मिल भी जाये तो भी व्यर्थ सिद्ध होता है, क्योंकि बाहर का पानी भीतर की आग को कैसे मिटा सकता है? अर्थात जिन्हें पानी मिल जाता है वे, और जिन्हें पानी नहीं मिलता वे, अंततः समान ही असफल सिद्ध होते हैं।

संसार और सफलता का कहीं भी मिलन नहीं है क्योंकि संसार का दुष्चक्र असफल होने को आबद्ध ही है। संसार की असफलता उसकी आंतरिक अनिवार्यता है।

महान सिकंदर की मृत्यु हुई। लाखों लोग उसे देखने आये। उसके दोनों हाथ अर्थी के बाहर थे जो कि रिवाज के एकदम प्रतिकूल था। हाथ सदा सभी देशों में अर्थी के भीतर ही होते हैं। लोग इसका कारण पूछने लगे तो ज्ञात हुआ कि सिकंदर ने चाहा था कि उसके दोनों हाथ अर्थी के बाहर ही रखे जायें, ताकि लोग भलीभांति देख सकें कि उसके हाथ भी खाली ही हैं। वह भी संसार से खाली हाथ ही जा रहा है। काश ! सभी मृतकों के हाथ अर्थियों के बाहर रखे जा सकें, ताकि यह सत्य रोज-रोज प्रत्येक को दिखायी पड़ने लगे कि संसार और भरे हाथों का कोई भी संबंध नहीं है।

मनुष्य के भीतर जो आग है, वह बाहर के किन्हीं भी उपायों से नहीं बुझ सकती है।

मनुष्य के भीतर जो दुख है, वह बाहर के किन्हीं भी सुखों से नहीं मिट सकता है।

मनुष्य के भीतर जो अंधकार है, बाहर के कोई भी सूर्य उसे नष्ट करने में असमर्थ हैं।

लेकिन अब तक यही हुआ है, आग भीतर है और बुझाने की कोशिश बाहर है।

विज्ञान का जन्म इसी कोशिश से हुआ है।

मैं विज्ञान के विरोध में नहीं हूं, मैं तो विज्ञान का मित्र हूं। लेकिन यह जरूर कहना चाहूंगा कि, वह अकेला मनुष्य के जीवन को शांति, आनंद और अर्थ देने में समर्थ नहीं है और न कभी समर्थ हो ही सकेगा। वह सुविधा दे सकता है और सुविधायें ज्यादा से ज्यादा दुख के विस्मरण में क्षणिक रूप से सहयोगी हो सकती हैं। लेकिन थोड़े ही समय में सुविधायें स्वीकृत आदतें हो जाती हैं और दुख अपनी जगह वापस लौट आता है। सुविधाओं से दुख मिटता नहीं, बस केवल छिपता है। इसीलिए सुविधाएं और सुविधाओं की मांग लाती हैं और एक ऐसी दौड़ पैदा होती है जिसका कि कोई अंत नहीं है। और यह दौड़ ही एक तनाव और अशांति तथा दुख बन जाती है। यह अंतहीन दौड़ ही विक्षिप्तता बन जाती है।

शरीर के तल पर विज्ञान का अर्थ और प्रयोजन है। शरीर के तल पर कष्टों के निवारण में उसकी महती उपादेयता है। क्योंकि कष्ट बाहर हैं इसलिए बाहर का पानी उन्हें बुझा भी सकता है। मनुष्य के संताप का केंद्र कष्ट नहीं है। निश्चय ही वे संताप की परिधि हैं, किंतु केंद्र तो आंतरिक दुख ही है। और परिधि पर लाये गये सभी सुख इस दुख की विस्मृति में भले ही सहयोगी होते हों, लेकिन वे इसे मिटा नहीं पाते हैं। वरन उनके घिराव में इस आंतरिक पीड़ा का बोझ और प्रखर होकर वापस लौटने लगता है। यही तो कारण है कि बाह्य समृद्धि के उठते शिखरों के नीचे आंतरिक दरिद्रता और दैन्य की खाइयां अनिवार्यतः और भी मुंह बाकर खड़ी हो जाती हैं।

महावीर और बुद्ध को बाह्य सुखों के मध्य में यह दुख पूर्ण स्पष्ट होकर दिखा हो तो आश्चर्य नहीं है। लेकिन विज्ञान से आई समृद्धि के कारण क्रमशः पूरी मनुष्यता ही उस बोध के निकट पहुंच रही है। विज्ञान की प्रगति के साथ एक बड़ा भ्रम भी भंग हो गया है, कि बाह्य समृद्धि आंतरिक संगीत और शांति को जन्म दे सकती है। विज्ञान के विकास ने ही विज्ञान की सामर्थ्य और असामर्थ्य को सुस्पष्ट कर दिया है। विज्ञान की सीमा और शक्ति का बोध अब अस्पष्ट नहीं है। विज्ञान न तो उस अर्थ में व्यर्थ है जैसा कि अंधे धार्मिक लोग सोचते थे, और न उस अर्थ में पूर्ण जैसा कि अंधे विज्ञान प्रेमियों की धारणा थी।

असल में अंधापन चाहे वह किसी भी प्रकार का हो, कभी भी तथ्यों को वैसा ही नहीं देख पाता है जैसे कि वे होते हैं। अंधापन सदा ही तथ्यों पर सिद्धांतों को लादता है। वस्तुतः तथ्यों पर सिद्धांतों को लादना ही तथ्यों को न देखना है। तथ्यों को सीधा

देखने से आंखें खुलती हैं और जो ज्ञान उपलब्ध होता है, वह जीवन को बांधता नहीं बल्कि मुक्त करता है।

जीवन को पूर्व निर्धारित सिद्धांतों के ढांचे में देखने के कारण ही मनुष्य आज तक खंडित और पंगु रहा है। वह पूरे और समग्र जीवन को नहीं देख पाता है। उसने जीवन को बिना चुनाव के नहीं देखा है, इसलिए जीवन जैसा है—अपनी पूर्णता, समग्रता और अखंडता में, वह उसे जानने और जीने से वंचित रहा है।

धर्म के प्रभाव में बाह्य को अस्वीकृत किया गया था और फिर उसके विरोध और प्रतिक्रिया में आंतरिक को अस्वीकृत कर दिया गया था। यह दूसरा अस्वीकार विज्ञान के ईर्द-गिर्द इकट्ठा हुआ था। धर्म और विज्ञान ऐसे एक दूसरे के विरोध में खड़े हो गये थे। यह विरोध धर्म और विज्ञान का नहीं, वरन मनुष्य के चित्त में एक अति के विरोध में पैदा हुई दूसरी अति का विरोध था। मनुष्य का चित्त अतियों में डोलता है। घड़ी के पैन्डुलम की भांति उसकी गति है। एक अति दूसरी अति को जन्म दे देती है। और अतियों में सत्य कभी नहीं होता है। अति सदा ही अधूरी होती है नहीं तो वह अति ही नहीं हो सकती है। सत्य तो मध्य में है। सत्य तो है वहां जहां दोनों अतियां शून्य और शांत हैं। अतियों के अतिक्रमण में ही सत्य है।

जीवन न तो एकांततः बाह्य है और न एकांततः आंतरिक ही। जीवन तो दोनों ही हैं या दोनों ही नहीं हैं। जीवन को मात्र आंतरिक में देखने से केंद्र ही रह जाता है और परिधि खो जाती है। जबकि बिना परिधि के कोई केंद्र कैसे हो सकता है? परिधि है तो ही केंद्र है। और जीवन को मात्र बाह्य में देखने से केंद्र खो जाता है और मात्र परिधि रह जाती है। जबकि बिना केंद्र के परिधि हो ही कैसे सकती है? जीवन तो दोनों में है और इसलिए जीवन किसी एक में ही नहीं है।

विज्ञान बाह्य की खोज है—परिधि की। धर्म आंतरिक की खोज है—केंद्र की। विज्ञान पदार्थ में प्रवेश है, धर्म परमात्मा में। बाह्य रूप से वे एक आंतरिक विरोध में दिखाई पड़ते हैं, किंतु वस्तुतः वे किसी एक ही सत्य के पहलू हैं। उनका विरोधाभास मनुष्य के शब्दों में ही है। मनुष्य की खंडित दृष्टि ने सभी कुछ खंडित कर डाला है, जबकि जीवन तो एक है और अखंड है।

जीवन आंतरिक और बाह्य की अखंडता है। जो श्वास भीतर आती है, वही बाहर जाती है। भीतर और बाहर उसकी ही यात्रा के दो बिंदु हैं। स्वयं श्वास क्या है? वह आंतरिक है या बाह्य? वह दोनों है और वह दोनों नहीं है। अंतर के बिंदु से देखने पर

वह आंतरिक है और बाह्य के बिंदु से देखने पर बाह्य। और श्वास के स्वरूप में ही देखने पर वह दोनों है और दोनों नहीं है। ऐसा ही जीवन भी है, वह एक बिंदु से बाह्य है, एक बिंदु से आंतरिक। और स्वरूप से दोनों है और दोनों नहीं है।

बाह्य बिंदु विज्ञान है, अंतर बिंदु धर्म।

और फिर है जीवन का स्वरूप, उसे तो वही जान पाता है, जो अंतर बाह्य से शून्य होता है। क्योंकि सब कोणों से, दृष्टियों से, बिंदुओं से जो शून्य हो जाता है, वही जीवन की समग्रता में प्रतिष्ठा पाता है। जब तक दृष्टि है, कोण है, बिंदु है, तब तक खंड है। क्योंकि तब तक मैं कहीं हूं और इसलिए सब कहीं नहीं हो सकता हूं। जहां दृष्टि नहीं है, कोण नहीं है, बिंदु नहीं है, वहां मैं भी नहीं हूं और तब जो है, बस वही है। वही है सत्य।

सत्य कोई दृष्टि नहीं है, वह तो वहां है, जहां सब दृष्टियां शून्य हो जाती हैं। दृष्टियां जहां नहीं हैं वहीं उसका दर्शन है, जो कि सत्य है। और सत्य का अनुभव ही वह जल है जो कि जीवन में लगी अग्नि को बुझा सकता है।

लेकिन मनुष्य जहां स्वयं को सदा पाता है, वह चित्त दशा अंतर और बाहर में विभाजित है। इस विभाजन पर ही मनुष्य स्वयं को पाता है। उसका अहं बोध ही इस विभाजन के पीछे है। वह है इसलिए वह विभाजन है। यह विभाजन है इसलिए वह है। इसी अग्नि में तो हम सब खड़े हैं और जल रहे हैं। फिर बाह्य की ओर जो जाता है, वह पाता है कि विभाजन और तनाव बढ़ता जा रहा है, क्योंकि उसकी परिधि बढ़ती जाती है और केंद्र दूर से दूर होता जाता है। इसीलिए विज्ञान का आरंभ तो है लेकिन अंत नहीं। इसलिए विज्ञान एक यात्रा भर है, वह साधन मात्र है, साध्य वह नहीं है। वह चलता है लेकिन कहीं पहुंचता नहीं है।

धर्म है अंतर की दिशा। शायद वह दिशा नहीं, अदिशा है। क्योंकि दिशायें तो सब बाहर की ओर ही होती हैं। धर्म है अंतर की ओर गति। लेकिन नहीं, शायद वह गति नहीं, अगति है। क्योंकि गतियां तो सब स्वयं से दूर ही ले जाती हैं। धर्म है केंद्र की ओर दृष्टि। लेकिन नहीं, दृष्टा और दृष्टि और दृश्य का भेद तो है परिधि पर—केंद्र पर तो ऐसा कोई भेद ही नहीं है!

विज्ञान तो परिभाष्य है, लेकिन फिर धर्म क्या है?

धर्म परिभाष्य नहीं है। जो बाह्य है उसकी ही परिभाषा हो सकती है। जो आंतरिक है उसकी परिभाषा नहीं हो सकती है। वस्तुतः जहां से परिभाषा शुरू होती है वहीं से

विज्ञान शुरू हो जाता है, क्योंकि वहीं से बाह्य शुरू हो जाता है। विज्ञान है शब्द में, धर्म है शून्य में। क्योंकि परिधि है अभिव्यक्ति और केंद्र है अज्ञात और अदृश्य और अप्रगट। वृक्ष और बीज की भांति ही वे हैं। विज्ञान वृक्ष है, धर्म बीज है। विज्ञान को जाना जा सकता है, धर्म को जाना नहीं जा सकता, लेकिन धर्म में हुआ जा सकता है और धर्म में जिया जा सकता है। विज्ञान ज्ञान है, धर्म जीवन है। इसलिए विज्ञान की शिक्षा हो सकती है, धर्म की कोई शिक्षा नहीं हो सकती है।

विज्ञान है ज्ञात और ज्ञेय की खोज। धर्म है अज्ञात और अज्ञेय में निमज्जन। विज्ञान है पाना, धर्म है मिटना। इसलिए विज्ञान बहुत हैं, लेकिन धर्म एक ही है। इसलिए ही विज्ञान है विकासशील, किंतु धर्म शाश्वत है।

जीवन की परिधि की ओर जाने से तो केंद्र से दूर निकल जाते हैं। लेकिन एक बड़ा आश्चर्य है कि जो केंद्र की ओर जाता है वह परिधि से दूर नहीं निकलता है, उल्टे परिधि और निकट आती जाती है। और ठीक केंद्र पर पहुंचने पर तो परिधि विलीन ही हो जाती है, क्योंकि केंद्र भी विलीन हो जाता है। परिधि पर परिधि भी है और केंद्र भी है। केंद्र पर न केंद्र है, न परिधि है। आंतरिक तो अंततः उसका द्वार बन जाता है जो कि न आंतरिक है, न बाह्य है।

इसलिए मैं कहता हूं कि विज्ञान का तो धर्म से विरोध हो भी सकता है, लेकिन धर्म का विज्ञान से विरोध असंभव है। बाह्य का आंतरिक से विरोध हो सकता है, लेकिन आंतरिक के लिए तो बाह्य है ही नहीं। पुत्र का मां से विरोध हो सकता है, लेकिन मां के लिए तो पुत्र का होना उसका स्वयं का होना ही है।

धर्म विज्ञान के विरोध में नहीं हो सकता है, और जो हो वह धर्म नहीं है। धर्म संसार के विरोध में भी नहीं है। संसार धर्म के विरोध में हो सकता है, लेकिन धर्म संसार के विरोध में नहीं हो सकता है। धर्म सर्व अविरोध है और इसलिए तो धर्म मुक्ति है। जहां विरोध है, वहां बंधन है। और जहां विरोध है, वहां अशांति है, वहां अग्नि है। वह बूढ़ी स्त्री सही तो चिल्लाती थी—'मेरा घर जल रहा है, मेरे जीवन में आग लगी है'।

और लोग पहुंचे थे विज्ञान की बाल्टियां लेकर, बाह्य का जल लेकर, तो वह हंसने लगी थी। वह आज भी हंस रही है, क्योंकि जीवन में आग आज भी लगी है, रात्रि आज भी अमावस की है। गांव आज भी सोते से जाग पड़ा है, पड़ोसी आज भी दौड़े चले आये हैं, लेकिन फिर वे ही बातें पूछ रहे हैं। वे पूछते हैं, आग कहां है? दिखायी तो नहीं देती, बताओ, हम उसे बुझा दें, हम पानी की बाल्टियां ले आये हैं। हर रात्रि यही हो

रहा है वही बात हर रात दुहरती है।

लेकिन आग है भीतर और पानी है बाहर का। अब आग बुझे कैसे? आग और बढ़ती ही जाती है और आदमी उसमें झुलसता ही जा रहा है। यह भी हो सकता है कि आग तो न बुझे और आदमी को ही बुझना पड़े। और यह भी हो सकता है कि आग के चरम उत्ताप में आदमी परिवर्तित हो जाये और उसकी नींद टूट जाये। और इस आग से वह और भी निखरा हुआ स्वर्ण होकर बाहर निकले। यह स्मरण रहे कि विज्ञान आग को नहीं बुझा सका है, उल्टे विज्ञान की सभी खोजें आग को और प्रज्वलित करने में ही सहयोगी हो गयी हैं।

विज्ञान के लिए मनुष्य ने कितना श्रम नहीं किया है? अथक खोज से विज्ञान खड़ा हुआ है। लेकिन आग जहां थी, वहीं है, उसकी लपटें जरूर उसी मात्रा में विशाल हो गई हैं जिस मात्रा में विज्ञान ने मनुष्य के हाथों में शक्ति दे दी है। यह शक्ति उस अग्नि का ईंधन बन गई है।

अज्ञान के हाथों में शक्ति आत्मघाती हो उठे तो इसमें आश्चर्य ही क्या है? मुझे तो पिछले दो महायुद्ध मनुष्यता द्वारा सार्वलौकिक आत्मघात की पूर्ण तैयारियां ही मालूम पड़ते हैं। दो महायुद्धों में शायद दस करोड़ लोगों की हत्या हुई है और तैयारी आगे भी जारी है। तीसरा महायुद्ध होगा अंतिम।

इसलिए नहीं कि फिर मनुष्य युद्ध नहीं करेगा, वरन इसलिए कि फिर मनुष्य युद्ध करने को बचेगा ही नहीं।

स्वयं को नष्ट करने की मनुष्यता की आतुरता अकारण भी नहीं है। शायद बाह्य की एकांगी खोज से जो विफलता हाथ आई है, उसके विवाद में ही आत्मघात का यह विराट आयोजन चल रहा है। मनुष्य के हाथ सारी दौड़-धूप के बाद भी खाली के खाली हैं। जीवन ही रिक्त, अर्थहीन और खाली है। सिकंदर ने मरते समय ही जाना कि उसके हाथ खाली हैं, इसलिए मरने की जिम्मेदारी उसने स्वयं अपने ऊपर नहीं ली। शायद अब मनुष्य ने जीते जी जो यह जान लिया है, इसलिए वह स्वयं ही अपने को मारने को तैयार है। वह मृत्यु के लिए परमात्मा को भी कष्ट नहीं देना चाहता है। जब हाथ खाली हैं, और आत्मा ही खाली है तो जीने का प्रयोजन ही क्या है...अर्थ ही क्या है...अभिप्राय ही क्या है?

जीवन है अर्थहीन, क्योंकि जीवन से मनुष्य परिचित ही नहीं है। और जिसे उसने जीवन जाना है वह निश्चित ही अर्थहीन है, क्योंकि वह जीवन ही नहीं है। जीवन

आंतरिक को खोकर बाह्य की ही दौड़ हो तो निश्चित ही अर्थहीन हो जाता है। क्योंकि तब बच जाती है वस्तुयें और वस्तुयें। आत्मा को बेचकर जो इन वस्तुओं को इकट्ठा कर लेता है, वह अपने ही हाथों अपनी मृत्यु जुटा लेता है।

और बाह्य के विरोध और शत्रुता में जो आंतरिक की ओर चलता है, वह भी पंगु हो जाता है। क्योंकि उसका जीवन भी अंतर्द्वन्द्व में शांति और संगीत को खो देता है।

और आत्मा तो केवल उन्हें ही मिलती है जो संगीत में और सौंदर्य में जीते हैं। बाह्य की शत्रुता एक भांति की कुरूपता पैदा करती है। और बाह्य का विरोध एक भांति की जड़ता ले आता है। अंतर्द्वन्द्व अहंकार को तो पुष्ट करता है लेकिन इससे आत्मा उपलब्ध नहीं होती है।

जीवन है, बाह्य और अंतर के मिलने में। जीवन है बाह्य और अंतर के संगीत में। जीवन है बाह्य और अंतर के मध्य में। विरोध से, तनाव से, द्वंद्व और दमन से वह उपलब्ध नहीं होता है। वह तो उपलब्ध होता है शांति से, सरलता से, सहजता से। और शांति, सरलता और सहजता आती है सजगता से—सजगता, जीवन के प्रति सजगता,—जो है 'उसके प्रति सजगता —सजगता यानी अमूर्च्छा, सजगता यानी जागृत-चित्तता। सजगता के आलोक में क्रमशः बाह्य से अंतर की ओर गति होती है। और फिर अंतर से उसकी ओर गति होती है जो न बाह्य है, न अंतर है, जो कि बस है।

इसलिए मैं कहता हूं कि निद्रा ही, मूर्च्छा ही, तंद्रा ही वह अग्नि है, जिसमें जीवन जलता और पीड़ित होता है। और सजगता, और अमूर्च्छा, होश ही वह आलोक है, जिसमें जीवन परम-जीवन में परिवर्तित होता है। वह शक्ति ही जो कि निद्रा में जलानेवाली अग्नि है, जागरण में जीवनदायी आलोक बन जाती है।

मनुष्य सजग हो तो उसके हाथों में सारी शक्तियां ही मंगलदायी हैं। क्योंकि मूर्च्छा और बेहोशी के अतिरिक्त और कोई अमंगल नहीं है। शक्तियां तो सदा ही तटस्थ हैं, और निष्पक्ष हैं। उनसे क्या होगा यह उन पर नहीं, उनके उपयोग करनेवाले मनुष्य पर ही पूर्णतः निर्भर है।

धर्म में प्रतिष्ठित मानवीय चेतना के लिए विज्ञान की अग्नि भी आत्मविनाशी नर्क नहीं, वरन आत्मसृजन, स्वर्ग बन सकती है। धर्म से संयुक्त होकर विज्ञान एक बिलकुल ही अभिनव मनुष्यता का जन्म बन सकता है।

एक बादशाह ने किसी वृद्ध फकीर से पूछा था, 'मैं सुनता हूं कि बहुत सोना बुरा है लेकिन मुझे नींद बहुत आती है। आपकी राय क्या है?' वह वृद्ध फकीर बोला था,

'अच्छे लोगों का सोना बुरा होता है लेकिन बुरे लोगों का सोना ही अच्छा होता है। क्योंकि वे जितने देर जागे हैं, संसार को उतना नर्क बनाने के लिए श्रमरत रहते हैं।'

शांति के केंद्र पर शक्ति की परिधि शुभ होती है। किंतु अशांति के केंद्र पर तो अशक्ति ही शुभ है। धर्म के हाथों में विज्ञान शुभ है। किंतु अधर्म के हाथों में उसे कैसे शुभ माना जा सकता है? ज्ञान के साथ शक्ति शुभ है। लेकिन अज्ञान और शक्ति का मिलन तो दुर्घटना बनेगी ही! मनुष्य ऐसी ही दुर्घटना में फंस गया है। विज्ञान ने दी है शक्ति, लेकिन वह शांति कहां है, जो उसका सम्यक उपयोग कर सके? शांति नहीं होगी तो होगा विनाश। और शांति होगी तो जीवन के और सृजन के अभूतपूर्व मार्ग प्रशस्त हो सकते हैं। मनुष्य के बाहर है शक्ति और भीतर है अशांति। गणित बिलकुल सीधा और साफ है? यह संयोग ही संकट है।

अशांत और दुखी चित्त दूसरों को भी दुखी और अशांत करने में सुख का अनुभव करता है। दुखी चित्त के लिए इसके अतिरिक्त और कोई सुख होता ही नहीं है। वस्तुतः जो हमारे पास होता है उसे ही तो हम दूसरों को दे सकते हैं?

जो दुखी है, वह दूसरों को सुख में देखकर और दुख में पड़ जाता है। उसका सुख तो यही होता है कि कोई सुख में न हो। यही हो रहा है, यही होता रहा है। और दुखी, अशांत और अंधकार से भरे मनुष्य के हाथों में विज्ञान ने ऐसी शक्ति रख दी है, जो कि समग्र जीवन का विनाश भी बन सकती है।

मनुष्यता को आत्मघात के लिए पूर्ण उपकरण उपलब्ध हो गये हैं। और अब जो महामृत्यु के लिए समारोहपूर्वक तैयारी चल रही है, उसे आकस्मिक नहीं कहा जा सकता है। हम सब किस कार्य में संलग्न हैं? यह विराट श्रम किस दिशा में हो रहा है? हम किसलिए जी रहे हैं और मर रहे हैं? मृत्यु को लाने के लिए! महामृत्यु को लाने के लिए!

पहले तथाकथित धार्मिक लोग जीवन से छुटकारे के लिए व्यक्तिगत रूप से श्रम और साधना करते थे। अब विज्ञान ने सामूहिक और सार्वजनिक रूप से जीवन से छुटकारे के लिए द्वार खोल दिये हैं। इस बहती गंगा में कौन हाथ न धो लेना चाहेगा? मृत्यु के इस अदभुत समारोह में हम सभी एक दूसरे के लिए सहयोगी और साथी हैं। जीवन के लिए जो साथी और सहयोगी नहीं हैं, वे भी एक दूसरे को मृत्यु में भेजने के लिए स्वयं को मिटाने के लिए भी सहर्ष तैयार हैं। अदभुत है बलिदान की यह भावना, त्याग की यह वृत्ति! जीवन में जो शत्रु हैं, मृत्यु के महायज्ञ में वे सब संगी-साथी हो गये

हैं।

क्या मैं कहूं कि मनुष्य विक्षिप्त हो गया है? शायद यह कहना ठीक नहीं है। क्योंकि इससे यह भ्रम पैदा होता है कि जैसे वह पहले स्वस्थ था! मनुष्य तो वैसा ही है, जैसा सदा से था। सिर्फ वे शक्तियां जो पहले उसके हाथ में नहीं थीं अब उसके हाथ में आ गई हैं, और उसने ही उसकी छिपी विक्षिप्तता प्रगट कर दी है। शक्ति और सामर्थ्य पाकर कोई पागल नहीं होता है। बस शक्ति की सुविधा पाकर जो पागलपन अप्रगट होता है वही प्रगट हो जाता है।

मनुष्य की विक्षिप्तता पूरी तरह प्रगट हो गई है। ऐसे इस उदघाटन के लिए विज्ञान के प्रति कृतज्ञ होना अत्यंत आवश्यक है। मनुष्य के सारे वस्त्र छिन गये हैं और वह बिलकुल नग्न खड़ा है। इस नग्नता में वह नष्ट भी हो सकता है और एक बिलकुल नये रूप में जन्म भी पा सकता है। स्वयं के समक्ष इस भांति नग्न खड़ा होना चेतना के नये आरोहण के लिए बिलकुल अपरिहार्य जो है! मनुष्य के ऊपर झूठे वस्त्र खतरनाक थे। झूठे वस्त्रों से तो सच्ची नग्नता बेहतर है। क्योंकि झूठे वस्त्र दूसरों को तो धोखा देते ही हैं, स्वयं को भी धोखा देते हैं।

इस आत्मवंचना के कारण ही तो आज तक मनुष्य में कोई मौलिक क्रांति नहीं हो पाई है। लेकिन अब वह क्षण आ गया है कि हम मनुष्य की विक्षिप्तता को उसके प्रगट रूप में देख सकते हैं। और जो रुग्णता प्रगट हो निश्चय ही उससे मुक्त होने के लिए कुछ किया जा सकता है।

मनुष्य जाति के तीन हजार वर्षों के छोटे से इतिहास में अनुमानतः पंद्रह हजार युद्ध हुए हैं। प्रतिवर्ष पांच युद्ध! यह विक्षिप्तता नहीं है तो और क्या है? और ये सब युद्ध भी हुए हैं शांति के लिए! यह विक्षिप्तता नहीं है तो और क्या है? पृथ्वी ने मनुष्य के आगमन के बाद दो ही प्रकार के कालखंड जाने हैं—युद्ध के कालखंड और युद्ध की तैयारी के कालखंड। शांति का कालखंड तो आज तक जाना ही नहीं गया है क्योंकि दो युद्धों के बीच का जो समय है, वह शांति का नहीं, युद्ध की तैयारी का ही समय होता है। यह विक्षिप्तता नहीं है तो और क्या है? क्या मनुष्य लड़ने के लिए ही जी रहा है? विज्ञान ने जरूर इस रोग को उस चरम स्थिति पर पहुंचा दिया है जहां कि या तो रोगी ही नहीं बचेगा। या, यदि उसे बचना हो तो फिर रोग को छोड़ना ही होगा—चाहे रोग कितना ही पुराना और प्यारा क्यों न हो। रोग भी पुराने होने से प्यारे हो जाते हैं और परंपरागत होने से उन्हें भी एक आदृत स्थान प्राप्त हो जाता है।

किसी भी चीज का पुराना होना उसके बने रहने के लिए दलील हो जाती है। और यह युद्ध की बीमारी तो सबसे ज्यादा पुरानी धरोहर है। यह तो मनुष्य की सबसे ज्यादा गहरी संस्कृति है!

एक कहानी कहना चाहता हूं। कहानी बिलकुल ही झूठी है। लेकिन जो वह कहती है वह एकदम सत्य है, सौ प्रतिशत सत्य है। दूसरे महायुद्ध के बाद की बात है। परमात्मा ने युद्ध में मनुष्य को मनुष्य के साथ जो करते देखा था उससे वह बहुत चिंतित था। लेकिन चिंता उस दिन उसकी परम हो गई थी जिस दिन उसके दूतों ने बताया कि मनुष्य जाति अब तीसरे महायुद्ध की तैयारी में संलग्न है। परमात्मा की आंखों में मनुष्य की इस विक्षिप्तता से आंसू आ गये थे और उसने तीन बड़े राष्ट्रों के प्रतिनिधियों को अपने पास बुलवाया था। इंग्लैंड, रूस और अमरीका के प्रतिनिधि बुलाये गये थे। परमात्मा ने उनसे कहा, मैं यह सुन रहा हूं कि तुम अब तीसरे महायुद्ध की तैयारी में लग गये हो? क्या दूसरे महायुद्ध से तुमने कोई पाठ नहीं सीखा है?

मैं वहां होता तो कहता कि मनुष्य जाति सदा ही पाठ सिखाती रही है। पहले महायुद्ध से दूसरे महायुद्ध के लिए पाठ सीखा था! अब दूसरे से तीसरे के लिए ज्ञान पाया है! लेकिन मैं वहां नहीं था और इसलिए जो परमात्मा से नहीं कह सका, वह आपसे कहे देता हूं।

परमात्मा ने अपनी सदैव की आदत के अनुसार फिर उनसे कहा, मैं तुम्हें एक-एक मनचाहा वरदान दे सकता हूं, यदि तुम यह आश्वासन दो कि इस आत्मघाती वृत्ति से बचोगे। दूसरा महायुद्ध ही काफी है। मैं मनुष्य को बनाकर बहुत पछता लिया हूं, अब बुढ़ापे में मुझे और मत सताओ। क्या तुम्हें पता नहीं है कि मनुष्य को बनाकर मैं इतने कष्टों में पड़ गया कि फिर उसके बाद मैंने कुछ भी निर्मित नहीं किया है?

मैं वहां होता तो कहता, 'हे परमात्मा! यह बिलकुल ही ठीक है। दूध का जला छाछ भी फूंक-फूंककर पीता है।' लेकिन मैं वहां नहीं था!

अमरीका के प्रतिनिधि ने कहा, 'हे परमपिता! हमारी कोई बड़ी आकांक्षा नहीं है।' एक छोटी-सी हमारी कामना है। वह पूरी हो जावे तो तीसरे महायुद्ध की आवश्यकता ही नहीं है।'

परमात्मा क्षणभर को प्रसन्न दिखाई पड़ा था। लेकिन जब अमरीका के प्रतिनिधि ने कहा, पृथ्वी तो हो लेकिन पृथ्वी पर रूस का कोई नामो निशान न रह जाये—बस छोटी-सी और एकमात्र यही हमारी कामना है। तो वह पुनः ऐसा उदास हो गया था

जैसा कि मनुष्य को बनाकर भी उदास न हुआ होगा। निश्चय ही मनुष्य अपने बनाये जाने का पूरा-पूरा बदला ले रहा था!

फिर परमात्मा ने रूस की तरफ देखा। रूस के प्रतिनिधि ने कहा, कामरेड! पहली बात तो यह कि हम मानते नहीं कि आप हैं। बरसों हुए हमने अपने महान देश से आपको सदा के लिए विदा कर दिया है। वह भ्रम हमने तोड़ दिया है जो कि आप थे। लेकिन नहीं, हम पुनः आपकी पूजा कर सकते हैं, और उजड़े और वीरान पड़े चर्चों और मंदिरों तथा मस्जिदों में फिर आपको रहने की भी आज्ञा दे सकते हैं। पर एक छोटा-सा काम आप भी हमारा कर दो। दुनिया के नक्शे पर हम अमरीका के लिए कोई रंग नहीं चाहते हैं। ऐसे यदि यह आपसे न हो सके तो चिंतित होने की भी कोई बात नहीं। देर-अबेर हम स्वयं बिना आपकी सहायता के भी यह कर ही लेंगे। हम बचें या न बचें लेकिन यह कार्य तो हमें करना ही है। यह तो एक ऐतिहासिक अनिवार्यता है जिसे कि सर्वहारा के हित में हमें करना ही पड़ेगा। मनुष्य का भविष्य अमरीका की मृत्यु में ही निहित है।

और फिर आंसुओं में डूबी आंखों से परमात्मा ने इंग्लैंड की ओर देखा। और इंगलैंड के प्रतिनिधि ने क्या कहा? क्या आप कल्पना भी कर सकते हैं? नहीं। नहीं, उसकी कल्पना कोई नहीं कर सकता है। क्योंकि वह बात ही ऐसी अद्वितीय है।

इंग्लैंड के प्रतिनिधि ने कहा, 'हे महाप्रभु! हमारी अपनी कोई आकांक्षा नहीं है। बस दोनों मित्रों की आकांक्षायें एक ही साथ पूरी कर दी जावें तो हमारी आकांक्षा अपने आप ही पूरी हो जाती है।'

ऐसी स्थिति है। क्या यह कहानी झूठी है? लेकिन इससे सच्ची कहानी और क्या हो सकती है? और यह किसी एक राष्ट्र की बात नहीं है, सभी राष्ट्रो की बात है। राष्ट्रीयता जहां भी है, वहां युद्ध है। वह ज्वर ही तो अंततः युद्ध लाता है।

और यह राष्ट्रों की ही बात नहीं है। व्यक्ति-व्यक्ति की भी यही बात है। क्योंकि जो ज्वर व्यक्ति-व्यक्ति में न हो, वह राष्ट्रों में भी कैसे हो सकता है ? व्यक्ति ही तो है इकाई, उस सबकी, जो कि मनुष्य के जगत में कहीं भी घटित होता है। गंगा चाहे प्रेम की हो, चाहे घृणा की; गंगोत्री तो सदा व्यक्ति ही है। और चाहे जीवन के विराट आकाश में घृणा के ऐसे बादल घिरे हों कि सारी पृथ्वी ही उनसे ढंक गई हो, तो भी व्यक्ति के छोटे-से हृदय में ही खोजना होगा उस मूल उत्स को जहां से क्रोध, घृणा, वैमनस्य, महत्वाकांक्षा, दुख, चिंता और संताप के छोटे-छोटे वाष्प खंड धीरे-धीरे उठकर सारे

आकाश को घेर लेते हैं। और एक व्यक्ति से दूसरे व्यक्ति की, घृणा और हिंसा की जब मुठभेड़ होती है तो उनमें जोड़ नहीं, गुणन हो जाता है। यह गुणन फैलता ही जाता है और फिर मृत्यु के जो बादल आकाश में छा जाते हैं, वे सब व्यक्तियों की हिंसा के जोड़ से बहुत ज्यादा होते हैं। लेकिन यह गुणन प्रक्रिया कोई चिंता की बात नहीं है, क्योंकि जो घृणा के संबंध में हुआ है, वही प्रेम के संबंध में भी हो सकता है। पृथ्वी पर ऐसा प्रेम हो सकता है जो कि सभी व्यक्तियों के प्रेम के जोड़ से अनंत गुना ज्यादा हो। उस प्रेम का नाम ही परमात्मा है। लेकिन अभी जो है वह है घृणा का दैत्य—चाहें तो कहें कि यही शैतान है, लेकिन एक बात स्मरण रहे कि न परमात्मा इससे भिन्न है और न शैतान। वे मनुष्य के ही सृजन हैं।

मनुष्य में जो शुभ है, वह प्रभु है। जो सुंदर है, वह स्वर्ग है। जो अशुभ है, वह नर्क है। मनुष्य स्वयं को जैसा बनाता है, वैसा ही वह जगत को भी निर्मित करता है। मैं जो हूं, वही जगत को मेरा दान है। उस दान से ही मैं जगत को भी निर्मित करता हूं। ऐसे प्रत्येक व्यक्ति सृष्टा है।

यह जानना अत्यंत आवश्यक है कि यह जो कुरूप जगत है—हिंसा, क्रोध, घृणा और युद्ध का यह जो तांडव चल रहा है, उसमें प्रत्येक व्यक्ति साझीदार है। इसका उत्तरदायित्व प्रत्येक पर है। प्रत्येक इसके लिए उत्तरदायी है। बड़े से बड़े युद्ध के लिए छोटे से छोटा व्यक्ति भी उत्तरदायी है। क्योंकि व्यक्ति ही तो फैलकर समाज बन जाता है। समाज और कहां है? व्यक्ति ही तो समाज है!

और व्यक्ति है महत्वाकांक्षा के ज्वर से ग्रस्त। प्रत्येक कुछ होना चाहता है ! और इस कुछ होने की दौड़ में वह भूल ही जाता है उसे जो कि वह है ! और आश्चर्यों का आश्चर्य तो यह है कि प्रत्येक केवल वही हो सकता है जो वह है। स्वयं के अतिरिक्त और अन्यथा होना असंभव है। क्योंकि जो बीज में नहीं है वह वृक्ष में कैसे हो सकता है? लेकिन प्रत्येक वही होने की दौड़ में है जो वह नहीं है। इससे एक ज्वरग्रस्त जीवन पैदा होता है जो कि अनिवार्यतः हिंसा और विध्वंस में ले जाता है। व्यक्ति जो बीजतः होता है, उसके विकास में न तो दौड़ होती है और न ज्वर होता है और न विक्षिप्तता होती है। उसमें तो एक शांत और मौन और अदृश्य विकास होता है। उसमें तो जो गति होती है उसकी पगध्वनियां भी नहीं सुनाई पड़ती हैं। लेकिन व्यक्ति जो नहीं है उसके होने में शोरगुल तो बहुत होता है और होता कुछ भी नहीं है। यह शोरगुल, यह संघर्ष, यह तनाव, यह अशांति पैदा होती है प्रतिस्पर्धा से।

व्यक्ति जो है, वही होने में कोई प्रतिस्पर्धा नहीं होती है। वह होता है बस अपने में, अन्य की तुलना में नहीं। वैसे विकास में अन्य की कोई प्रतिभा ही नहीं होती है। इसलिए चित्त कलह से मुक्त शांत गति करता है। शक्ति का संघर्ष में, स्पर्धा में होनेवाला अपव्यय बचता है और व्यक्ति शक्ति का संरक्षित सरोवर बन जाता है। शक्ति का, ऊर्जा का यह शांत संचय जीवन को एक ऐसा गत्यात्मक रूप देता है, जिसमें कि गति तो होती है पूर्ण लेकिन घर्षण शून्य होता है। लेकिन जहां व्यक्ति अन्य की तुलना में जीता है, वहां तो वह जीता ही नहीं है।

जीवन तो है स्वयं में, वह अन्य में नहीं है। अन्य की तुलना में है ईर्ष्या, क्रोध, हिंसा—और वे जीवन नहीं हैं, वे तो हैं मृत्युयें। इन मृत्युओं में व्यक्ति जीता हो तो जगत जैसा कुरूप हो गया है, वैसा होना अनिवार्य ही है। और फिर जब सब भांति की महत्त्वाकांक्षाओं और प्रतिस्पर्द्धाओं में जीने के बाद भी आनंद के द्वार नहीं खुलते हैं और दुख का नर्क और गहरे से गहरा होता जाता है तो व्यक्ति इस विफलता और विषाद में सारे जगत से ही प्रतिशोध लेने लगता है। वह हो जाता है विध्वंसक। वह, जो स्वयं को सृजन नहीं कर पाया है, उसके प्रतिशोध में अन्यों का विध्वंस करने लगता है। आत्मसृजन का अभाव विध्वंस और हिंसा बन जाता है। इसलिए मैं कहता हूं कि महत्त्वाकांक्षा के आधार पर खड़ा जगत कभी भी अहिंसक नहीं हो सकता है, फिर चाहे यह महत्त्वाकांक्षा संसार की हो या मोक्ष की। जहां महत्त्वाकांक्षा है, वहां हिंसा है। वस्तुतः तो महत्त्वाकांक्षा ही हिंसा है। और विज्ञान ने मत्त्वाकांक्षी मनुष्य के हाथों में असीम शक्ति दे दी है। अब यदि धर्म ने मनुष्य के चित्त से महत्त्वाकांक्षा न छीनी तो विनाश सुनिश्चित है।

यह महत्त्वाकांक्षा पैदा ही क्यों होती है और कहां से होती है? महत्त्वाकांक्षा पैदा होती है हीनता के भाव से। व्यक्ति है स्वयं के अंतस में अत्यंत दीन-हीन। वहां है सब रिक्त और शून्य। वहां कुछ भी नहीं है। वहां है सब अभाव, सब भांति का खालीपन। इस अभाव, इस रिक्तता से ही वह भागता है। और इस पलायन के लिए ही वह महत्त्वाकांक्षा के लक्ष्य निर्मित करता है ताकि वे उसे दौड़ने के लिए ज्वर और त्वरा दे सकें। मूलतः वह किसी स्थान के लिए नहीं भागता है, वरन किसी स्थान से भागता है।

लेकिन मात्र किसी स्थान से भागे जाना बिना किसी स्थान के लिए एकदम असंभव है, इसलिए वह लक्ष्य और गतव्य निर्धारित करता है। अभाव से पलायन है मूल में, लेकिन प्रगटतः दिखाई पड़ता है कि प्रत्येक व्यक्ति कहीं पहुंचने के लिए दौड़ रहा है।

वस्तुतः हम भाग रहे हैं स्वयं से बचने के लिए। लेकिन इस तथ्य को देखना भी दौड़ की हत्या करना है। इसलिए कहीं पहुंचने की, किन्हीं मंजिलों की, किन्हीं आदर्शों की, किन्हीं मोक्षों की हम बातें कर रहे हैं, यह आत्मवंचना बहुत गहरी है। और जो इस आत्मवंचना को तोड़ने का साहस नहीं करता है वह महत्त्वाकांक्षा के ज्वर से कभी स्वस्थ नहीं हो सकता है। उसकी एक महत्त्वाकांक्षा व्यर्थ सिद्ध होगी तो वह दूसरी निर्मित कर लेगा।

संसार की महत्त्वाकांक्षायें व्यर्थ होंगी तो वह मोक्ष की, ब्रह्म को पाने की महत्त्वाकांक्षाओं को बना लेगा। संसारी संसार से छूट भी नहीं पाता है कि संन्यासी हो जाता है। और ऐसे महत्त्वाकांक्षा नये वस्त्रों में पुनः वापिस लौट आती है। और क्या महत्त्वाकांक्षा ही संसार नहीं है?

धर्म का जीवन में अवतरण उसी क्षण से होता है, जबसे व्यक्ति अपनी दौड़ के मूल कारण को देखना और पहचानना शुरू करता है। यह सत्य दिखाई पड़ जाना कि महत्त्वाकांक्षा का मूल आंतरिक अभाव से पलायन है, जीवन में एक नयी ही दिशा का उदघाटन बन जाता है।

स्वयं की आंतरिक रिक्तता से भागना संसार है। और स्वयं की आंतरिक रिक्तता और शून्य में जागना धर्म। भागना संसार है, जागना धर्म है। और जो भागता है वह पाता है कि शून्य बढ़ता ही जाता है। और जो जागता है वह पाता है कि शून्य है ही नहीं। निद्रा में जो शून्य प्रतीत होता था, जागृति में वही पूर्ण हो जाता है। मित्र, भागने से शून्य बढ़ता है क्योंकि हम स्वयं से जितने दूर होते हैं उतने ही रिक्त और शून्य हो जाते हैं। हमारी स्वयं की सत्ता से जो दूरी होती है, वही दूरी हमारी रिक्तता का अनुपात भी है। यह स्मरण रहे कि मनुष्य में जितना बड़ा सिकंदर छिपा होता है, उसके हाथ उतने ही खाली होते हैं।

और स्वयं से भागने से शून्य इसलिए भी बढ़ता है कि भागने का मूल है भय। भागना भय की स्वीकृति है। पलायन भय को गले लगा लेना है। और जिसे हम स्वीकार करते हैं और जिसे हम गले लगा लेते हैं, वह बढ़ता ही जाता है। भय भागने से घटता नहीं, बढ़ता है। और भय जितना बढ़ता है स्वयं का होना उतना ही घटता है। और ऐसे स्वयं की रिक्तता और भी बढ़ जाती और पीड़ादायी हो जाती है।

किंतु जो स्वयं से भागता नहीं, वरन स्वयं के प्रति जागता है, वह जीवन के एक बिल्कुल दूसरे ही अनुभव को उपलब्ध होता है। उसके हाथ खाली नहीं रह जाते हैं।

उसके प्राण खाली नहीं रह जाते हैं। उसका समग्र जीवन ही एक अनूठी संपदा से भर जाता है।

क्योंकि जो स्वयं के प्रति जागता है, वह पाता है कि वहां तो कोई अभाव ही नहीं है। वहां तो स्वयं परमात्मा है। अभाव स्वयं में नहीं, स्वयं के प्रति मूर्च्छा में है। मैं सोया हूं—यही है अभाव। मैं जाग जाऊं तो अभाव वैसे ही नहीं पाया जाता है जैसे कि सूर्य के निकलते ही अंधकार नहीं पाया जाता है।

क्या आपको ज्ञात है कि एक बार अंधकार ने सूर्य को पत्र लिखा था और शिकायत की थी कि आप अकारण ही मेरे पीछे क्यों पड़े हुए हैं। सूर्य अंधकार के इस पत्र को पाकर बहुत हैरान हुआ था। और उसने खबर भिजवाई थी कि मित्र, मैं तो आपको जानता भी नहीं हूं। कभी आवें और मेरा आतिथ्य स्वीकार करें। अनजाने में कोई भूल मुझसे हो गई हो तो मैं प्रत्यक्ष सेवा से क्षमा मांगना चाहता हूं। किंतु इस आमंत्रण को दिये गये अनगिनत सदियां बीत गई हैं। और अंधकार आज तक भी सूर्य से मिलने नहीं आ सका है। और अब तो सूर्य को संदेह भी होने लगा है कि अंधकार कहीं है भी या नहीं? वह पत्र जाली भी तो हो सकता था!

मैं जैसे ही जागता हूं, वैसे ही कोई अभाव नहीं है। मैं जैसे ही सूर्य बनता हूं, वैसे ही कोई अंधकार नहीं है। और यह मैं जागकर कह रहा हूं। मैं यह सूर्य बनकर कह रहा हूं। मैं यह सब भांति भरा हुआ होकर कह रहा हूं, आओ! और मेरे हाथ देखो! क्या वे भरे हुए नहीं हैं?

और स्मरण रहे कि सूर्य आप भी हो और हाथ आपके भी भरे हुए हैं। लेकिन आप आंखें बंद किये हो और सो रहे हो, और इस निद्रा के कारण भरे हुए हाथ दिखाई नहीं पड़ रहे हैं। और तब उन्हें भरने के लिए हजार-हजार सपने देखे जा रहे हैं।

लेकिन मित्र, क्या वे हाथ कभी भरे जा सकते हैं जो कि खाली ही नहीं हैं? और क्या उस आंतरिक अभाव को भरा जा सकता है जो कि है ही नहीं? इसलिए ही तो मनुष्य की सब दौड़ अनिवार्यतः असफल हो जाती है। और यह अनिवार्य असफलता ही तो मनुष्य का संताप है।

और फिर जो संताप में है वह दूसरों को भी संताप देता है। जो दुख में है वह दुख बांटता है। मनुष्य जो है, उसे ही बांटने को आबद्ध है और समर्थ है। क्योंकि स्वयं को बांटे बिना जिया ही नहीं जा सकता है। फूल सुगंध बांटते हैं क्योंकि वे सुगंध हैं। तारों से प्रकाश बंटता है क्योंकि वे प्रकाश हैं। मनुष्य दुख बांटता है क्योंकि वह दुख है।

लेकिन, मनुष्य आनंद भी बांट सकता है क्योंकि वह आनंद भी हो सकता है।

धर्म आनंद का द्वार है। क्योंकि धर्म स्वयं के प्रति जागरण है। जो स्वयं के प्रति जागता है वह पाता है कि वहां अभाव नहीं है, और यह साक्षात आनंद से भर देता है क्योंकि फिर कुछ पाने को नहीं रह जाता है। वह सब जो भी पाने जैसा है, पाया जाता है, कि पाया ही हुआ है।

अभाव स्वरूप नहीं है, स्वरूप है आनंद। और इसलिए स्वयं के प्रति सचेत होना ही आनंद को पा लेना है। और आनंद मिलते ही आनंद वितरित होने लगता है। आनंद की किरणों को बिखेरता चित्त ही धर्म में प्रतिष्ठित चित्त है। और ऐसे चित्त के हाथों में विज्ञान की शक्ति स्वर्ण में सुगंध है। विज्ञान और धर्म का ऐसा मिलन चिरप्रतीक्षित है।

मेरे मित्रो ! क्या आप वह सेतु बनोगे जो कि इस सम्मिलन को ला सके? मनुष्य को ही तो सेतु बनना है। प्रत्येक को ही तो सेतु बनना है। क्योंकि ऐसे सेतु से ही धरा पर प्रतीक्षित स्वर्ण-युग का अवतरण होगा जो कि अतीत में आकर चला नहीं गया है, वरन भविष्य में हैं और अभी आने को है।

3

शिक्षा और धर्म

मेरे प्रिय!

एक फकीर बहुत अकेला था। स्वप्न में उसे परमात्मा के दर्शन हुए तो उसने पाया कि परमात्मा तो उससे भी अकेला है। निश्चय ही वह बहुत हैरान हुआ और उसने भगवान से पूछा, क्या आप भी इतने अकेले हैं ? लेकिन आपके तो इतने भक्त हैं, वे सब कहां हैं ? यह सुनकर भगवान ने उससे कहा था, मैं तो सदा से अकेला ही हूं और इसलिए ही जो नितांत अकेले हो जाते हैं वे ही केवल मेरा अनुभव कर पाते हैं। रही भक्तों और तथाकथित धार्मिकों की बात, सो वे मेरे साथ कब थे ? उनमें से कोई राम के साथ है, कोई कृष्ण के, कोई मुहम्मद के और कोई महावीर के। उनमें से मेरे साथ तो कोई भी नहीं है। मैं तो सदा का ही अकेला हूं। और इसलिए जो किसी के भी साथ नहीं है, बस अकेला ही है वही केवल मेरे साथ है।

वह फकीर आधी रात ही घबराहट में जाग गया था और भागा हुआ मेरे पास आया था। आते ही उसने मुझे उठाया और कहा, मेरे इस स्वप्न का क्या अर्थ है? मैंने कहा—स्वप्न होता तो मैं अर्थ भी करता, लेकिन यह तो सत्य ही है। और सत्य का भी क्या अर्थ करना होगा ? आंखें खोलो और देखो। धर्म के नाम पर जो हिंदू है, मुसलमान है, बौद्ध है, या ईसाई, वह धार्मिक ही नहीं है। क्योंकि धर्म तो एक ही है—या जो एक है, वही धर्म है। धार्मिक चित्त के लिए मनुष्य निर्मित सीमायें सत्य नहीं हैं। सत्य के अनुभव में संप्रदाय कहां, शास्त्र कहां, संगठन कहां? उस असीम में सीमा कहां? उस निःशब्द में सिद्धांत कहां? उस शून्य में मंदिर कहां, मस्जिद कहां? और फिर जो शेष रह जाता है, वही तो परमात्मा है।

और, इसके पहले कि मैं शिक्षा और धर्म पर आपसे कुछ कहूं, यह कह देना अत्यंत आवश्यक है कि धर्म से मेरा अर्थ धर्मों से नहीं। धार्मिक होना हिंदू और मुसलमान होने से बहुत अलग बात है। सांप्रदायिक होना धार्मिक होना तो है ही नहीं,

उल्टे, वही धार्मिक होने में सबसे बड़ी बाधा है। जब तक कोई हिंदू है या मुसलमान है, तब तक उसका धार्मिक होना असंभव है। और जितने लोग धर्म और शिक्षा के लिए विचार करते हैं और जो शिक्षा से धर्म को जोड़ना चाहते हैं, धर्म से उनका अर्थ या तो हिंदू होता है या मुसलमान होता है या ईसाई। ऐसी धार्मिक शिक्षा धर्म को तो नहीं लाएगी, वह मनुष्य को और अधिक अधार्मिक जरूर बना सकती है। इस तरह की शिक्षा तो कोई चार-पांच हजार वर्ष से मनुष्य को दी जाती रही है। लेकिन उससे कोई बेहतर मनुष्य पैदा नहीं हुआ, उससे कोई अच्छा समाज पैदा नहीं हुआ। लेकिन हिंदू, मुसलमान और ईसाई के नामों पर जितना अधर्म, जितनी हिंसा और जितना रक्तपात हुआ है उतना किसी और बात से नहीं हुआ है।

यह जानकर बहुत हैरानी होती है कि नास्तिकों के ऊपर, उनके ऊपर जो धर्म के विश्वासी नहीं हैं, बड़े पापों का कोई जिम्मा नहीं है। बड़े पाप उन लोगों के नाम पर हैं जो आस्तिक हैं। नास्तिकों ने न तो कोई मंदिर जलाये हैं और न लोगों की हत्याएं की हैं। हत्याएं की हैं उन लोगों ने जो आस्तिक हैं। मनुष्य को मनुष्य से विभाजित भी उन लोगों ने किया है जो आस्तिक हैं। जो अपने को धार्मिक समझते हैं उन्होंने ही मनुष्य और मनुष्य के बीच दीवारें खड़ी की हैं। शब्दों, सिद्धांतों और शास्त्रों ने मनुष्य को मनुष्य का शत्रु बना दिया है। वादों और पक्षों ने अलंघ्य खाइयां खोद दी हैं और मनुष्य जाति को अपने ही हाथों से निर्मित छोटे-छोटे द्वीपों पर कैद कर दिया है।

धर्म के नाम पर ऐसी शिक्षा आगे भी दिये चले जाना अत्यंत खतरनाक है। यह शिक्षा न धार्मिक है, न कभी धार्मिक रही है और न आगे ही हो सकती है। क्योंकि ये बातें जिन लोगों को सिखायी गयीं, वे लोग कोई अच्छे मनुष्य सिद्ध नहीं हुए। और इन बातों के नाम पर जो संघर्ष खड़े हुए उन्होंने मनुष्य के पूरे चित्त को रक्तपात और हिंसा, क्रोध और घृणा से भर दिया है। इसलिए सबसे पहली बात तो मैं यह कहना चाहता हूं कि धर्म की शिक्षा से मेरा प्रयोजन किसी संप्रदाय, उसकी धारणाओं, उसके सिद्धांतों की शिक्षा से नहीं है। यदि हम चाहते हैं कि शिक्षा और धर्म संबंधित हों तो हमें चाहना होगा कि हिंदू, मुसलमान और ईसाई शब्दों से धर्म का संबंध टूट जाये, तो ही शिक्षा और धर्म संबंधित हो सकते हैं। लेकिन धर्म के नाम पर संप्रदायों का संबंध तो शिक्षा से कभी भी न होना चाहिए। उससे तो अधार्मिक होना ही बेहतर है। क्योंकि अधार्मिक के धार्मिक होने की संभावना तो सदा ही जीवंत होती है। जबकि तथाकथित धार्मिक व्यक्ति के चित्त के द्वार तो सदा के लिए ही बंद हो जाते हैं। और जिसके चित्त के द्वार

बंद हैं वह तो धार्मिक कभी हो ही नहीं सकता है। सत्य की खोज में चित्त का मुक्त और खुला हुआ होना तो अत्यंत अनिवार्य है।

यदि एक धार्मिक सभ्यता पैदा करना हो तो वह सभ्यता हिंदू नहीं होगी, वह सभ्यता मुसलमान भी नहीं हो सकती, वह सभ्यता पूर्व की भी नहीं होगी और वह सभ्यता पश्चिम की भी नहीं होगी। वह सभ्यता अखंड मनुष्य की होगी, सबकी होगी और समग्र की होगी। इसलिए एक अंश और एक खंड की वह सभ्यता नहीं हो सकती, क्योंकि जब तक हम मनुष्यता को खंडित करेंगे, तब तक हम द्वंद्व और युद्ध से मुक्त नहीं हो सकते। जब तक मैं और आपके बीच की दीवार होगी तब तक उसके निर्माण में बहुत कठिनाई है।

मनुष्य को मनुष्य से तोड़नेवाली भित्तियों के रहते हम एक ऐसे समाज को कैसे निर्मित कर सकेंगे जो प्रेम और आनंद में जिये? अभी तक हमने जो समाज निर्मित किया है वह तो प्रेम का समाज नहीं है। तीन हजार वर्षों में पंद्रह हजार युद्ध जमीन पर हुए हैं। तीन हजार वर्षों में पंद्रह हजार युद्ध! यह कल्पना भी कितनी अप्रीतिकर है! और केवल तीन हजार वर्षों में पंद्रह हजार युद्ध अकारण ही नहीं हो सकते हैं? प्रतिवर्ष पांच युद्ध हो रहे हों तो इसका क्या अर्थ है? तीन हजार वर्षों के इतिहास में केवल तीन सौ वर्ष का एक छोटा-सा टुकड़ा है, जब युद्ध नहीं हुए हैं। वह भी तीन सौ वर्ष इकट्ठे नहीं—कभी एक दिन, कभी दो दिन, कभी दस दिन, जमीन पर युद्ध बंद रहा है। ऐसे सब मिलाकर शांति के तीन सौ वर्ष बीते हैं।

तीन सौ वर्ष शांति और तीन हजार वर्ष युद्ध! निश्चय ही ऐसी शांति भी सच्ची नहीं हो सकती है। वह भी नाममात्र की ही शांति है। अभी भी जो शांति चलती है वह भी झूठी है। वस्तुतः जिन्हें हम शांति के क्षण कहते हैं वे शांति के क्षण नहीं हैं बल्कि नये युद्ध की तैयारी के दिन हैं।

मैं तो मनुष्य के आज तक के इतिहास को दो हिस्सों में बांटता हूं—युद्ध का काल और युद्ध की तैयारी का काल। अभी तक शांति का कोई काल हमने नहीं जाना है। और ऐसी जो मनुष्य जाति की स्थिति है, उसमें उसके खंड-खंड में विभाजित होने का आधारभूत हाथ है। और किसने मनुष्य विभाजित किया है?...किसने? क्या धर्मों ने नहीं? क्या आइडियोलॉजी, विचारवाद, सिद्धांत और संप्रदायों ने नहीं? क्या राष्ट्रों, राष्ट्रीयताओं और सीमित बनानेवाली धारणाओं ने ही नहीं? मनुष्यता को खंड-खंड में तोड़नेवाले धर्म ही हैं।

समस्त द्वंद्व और कलह के पीछे वाद हैं। फिर चाहे वे वाद धर्म के हों या राजनीति के, वाद-विवाद पैदा करते हैं और विवाद अंततः युद्धों में ले जाते हैं। आज भी सोवियत साम्यवाद और अमरीकी लोकतंत्र, दो धर्म बनकर खंड हो गये हैं। उनकी भी लड़ाई दो धर्मों की लड़ाई हो गयी है। लेकिन मैं पूछता हूं कि क्या यह नहीं हो सकता कि हम विचार के आधार पर मनुष्य के विभाजन को समाप्त कर दें ? क्या यह उचित है कि विचार जैसी बहुत हवाई चीज के लिए हम मनुष्य की हत्या करें ? क्या यह उचित है कि मेरा विचार और आपका विचार, मेरे हृदय और आपके हृदय को शत्रु बना दें ?

लेकिन अब तक यही हुआ है। और अब तक धर्मों के या राष्ट्रों के नाम पर खड़े हुए संगठन हमारे प्रेम के संगठन नहीं हैं। बल्कि वे हमारी घृणा के संगठन हैं। और इसलिए आपको ज्ञात होगा कि घृणा का जहर जोर से फैला दिया जाए तो किसी को भी संगठित किया जा सकता है। संभवतः एडोल्फ हिटलर ने कहीं कहा है कि यदि किसी कौम को संगठित करना हो तो किसी दूसरी कौम के प्रति घृणा पैदा कर देना आवश्यक है। उसने यह कहा ही हो सो नहीं, उसने यह किया भी और इसे कारगर भी पाया।

पृथ्वी को विषाक्त करने वाले सारे उपद्रवी लोग इसे सदा से ही कारगर पाते रहे हैं। इस्लाम खतरे में है, ऐसा नारा देकर मुसलमानों को इकट्ठा किया जा सकता है, हिंदू धर्म खतरे में बताया जाए तो हिंदू इकट्ठे हो जाते हैं। खतरा भय पैदा करता है। और जिससे भय है उसके प्रति घृणा पैदा हो जाती है। ऐसे सारे संगठन और एकताएं भय और घृणा पर ही खड़ी होती हैं। इसलिए सारे धर्म प्रेम की बातें तो जरूर करते हैं, लेकिन चूंकि उन्हें संगठन चाहिए इसलिए अंततः वे घृणा का ही सहारा लेते हैं। और तब प्रेम कोरी बातचीत रह जाती है और घृणा उनका आधार बन जाती है।

इसीलिए जिस धर्म की मैं बात कर रहा हूं वह संगठन नहीं है। वह है साधना। वह है व्यक्ति-व्यक्ति की अनुभूति। भीड़ इकट्ठा करने से उसे प्रयोजन नहीं है। मूलतः धर्मानुभूति तो अत्यंत वैयक्तिक है। और हमारे ये सारे संगठन जिनको हम धर्म कहते हैं किसी की घृणा पर खड़े हुए हैं। और घृणा का धर्म से क्या संबंध हो सकता है? मेरे और आपके बीच जो चीज घृणा लाती है वह धर्म नहीं हो सकती है। मेरे और आपके बीच जो प्रेम लाती है वही धर्म हो सकती है।

यह स्मरण रखें कि जो चीज मनुष्य को मनुष्य से तोड़ देती है वह मनुष्य को परमात्मा से कैसे जोड़ सकेगी? मनुष्य को मनुष्य से तोड़ देनेवाली कोई बात मनुष्य को परमात्मा से जोड़नेवाली बात कभी भी नहीं बन सकती है। लेकिन जिन्हें हम धर्म कहते हैं वे हमें

तोड़ देते हैं। यद्यपि वे सभी प्रेम की बातें करते हैं कि हम सबके बीच एकता, भ्रातृत्व और ब्रदरहुड हो, लेकिन हैरानी की बात है, उनकी सारी बातें, बातें ही रह जाती हैं। और वे जो भी काम करते हैं उससे घृणा फैलती है और शत्रुता फैलती है। क्रिश्चयनिटी बातें करती है प्रेम की, लेकिन जितनी हत्या ईसाइयों ने की है उतनी हत्या शायद ही किसी ने की हो। इस्लाम शांति का धर्म है लेकिन अशांति लाने का उससे ज्यादा सफल प्रयोग किसने किया है?

शायद अच्छी बातें केवल बुरे कामों को छिपाने का मार्ग बन जाती हैं। यदि लोगों को मारना हो तो प्रेम के नाम पर मारना बहुत आसान है। अगर हिंसा करनी हो तो अहिंसा की रक्षा के लिए हिंसा करना बहुत आसान है। और अगर मुझे आपकी जान लेनी हो तो आपके ही हित में ऐसा करना आसान होगा, क्योंकि तब आप मरेंगे भी और मैं दोषी भी नहीं होऊंगा! तब आप मरेंगे भी, मारे भी जायेंगे और शिकायत भी नहीं कर सकेंगे।

कहते हैं कि मनुष्य बुद्धिवाला प्राणी है, इसलिए स्वभावतः वह हर कार्य के लिए कोई न कोई बुद्धिमत्ता का मार्ग खोज ही लेता है। संभवतः शैतान ने मनुष्य को बहुत पहले यह समझा दिया है कि अगर कोई बुरा काम करना हो तो नारा अच्छा चुनना। जितना बुरा काम हो उतना अच्छा नारा होना चाहिए तो बुरा काम छिप जाता है। यह जो धर्मों के नाम पर संगठन हैं, न तो उनका परमात्मा से कोई संबंध है और न प्रेम से, न प्रार्थना से, न धर्म से। हमारे भीतर वह जो घृणा है, ईर्ष्या है, सब उसी का संगठन है। अन्यथा यह कैसे हो सकता है कि मस्जिदें तोड़ी जायें, मंदिर जलाये जायें, मूर्तियां तोड़ी जायें, और आदमी मारा जाये? यह सब कैसे हो सकता है? लेकिन यह हुआ है, होता है और हो रहा है! यह सब धर्म है तो मैं पूछता हूं कि फिर अधर्म क्या है?

सांप्रदायिक चित्तता धर्म नहीं है। वह तो अधर्म का ही प्रच्छन्न रूप है।

इसीलिए धार्मिक शिक्षा के लिए पहली शर्त हैं धर्म की संप्रदायों से पूर्ण मुक्ति। लेकिन तथाकथित धार्मिक लोग बच्चों को जो कुछ पिलाना चाहते हैं, वह धर्म की आड़ में सांप्रदायिक विष ही है। और ऐसा वे क्यों करना चाहते हैं? धर्म में उनकी इतनी उत्सुकता क्यों है? क्या वस्तुतः वे धर्म में उत्सुक हैं? नहीं, बिलकुल नहीं, धर्म में नहीं... उनकी उत्सुकता 'उनके' धर्म में है। और यह उत्सुकता ही अधार्मिक है। क्योंकि धर्म जहां 'मेरा' और 'तेरा' है वहीं वह धर्म नहीं है। धर्म तो वहां है जहां न 'मेरा' है न 'तेरा' है। वहीं वह प्रारंभ है जो कि परमात्मा का है।

धार्मिक कहे जानेवाले लोगों का धर्म की शिक्षा में, उत्सुकता में, कुछ और ही स्वार्थ है। उस स्वार्थ की गहरी और पुरानी जड़ें हैं। उन पर ही बहुत प्रकार का शोषण निर्भर है। क्योंकि यदि नई पीढ़ियां उन घेरों के बाहर हो गईं जिनमें कि अब तक मनुष्य को कैद रखा गया है, तो समाज के जीवन में एक आमूल क्रांति संभावित है। उस क्रांति के चतुर्मुखी परिणाम होंगे। उसमें सभी प्रकार के न्यस्त स्वार्थों को चोट पहुंचेगी और जो केवल मनुष्य को मनुष्य से लड़ाकर जीते हैं, उनकी तो आजीविका ही छिन जाएगी। और वे सारे लोग भी बेकार हो जायेंगे जिन्होंने कि धर्मों के जाल को ही अपना व्यवसाय बनाया हुआ है। फिर वर्गीय शोषण और स्वार्थ भी असुरक्षित हो जायेंगे क्योंकि तथाकथित धर्मों ने अनेक रूपों में उन्हें सुरक्षा दी है।

धर्म-शिक्षा की आड़ में पुरानी पीढ़ी अपने अज्ञान, अपने अंधविश्वास, अपनी जड़ता, अपने रोग और शत्रुताएं, सभी नई पीढ़ियों को दे जाना चाहती है। ऐसे उसके अहंकार की तृप्ति होती है। यही अहंकार रुग्ण घेरों से मनुष्य को मुक्त नहीं होने देता है। विकास के मार्ग में इससे बड़ी और कोई बाधा नहीं है। क्योंकि विकास तो वहीं है जहां विद्रोह है। और विद्रोह को पुरानी पीढ़ी का अहंकार स्वीकार नहीं कर पाता है, वह तो चाहता है—विश्वास, आज्ञानुपालन और अनुशासन। इसी में वह नयी पीढ़ी को दीक्षित करता है। और उसके भीतर से उन सभी संभावनाओं को नष्ट कर देना चाहता है जो कि उसे, पुराने के त्याग और नये के अनुसंधान में प्रवृत्त कर सकती है। लेकिन यह भ्रूण हत्या अत्यंत ही अप्रगट और परोक्ष रूप से की जाती है। शायद करनेवाले भी उसकी संपूर्णता से परिचित नहीं होते हैं। यह एक अचेतन प्रक्रिया ही है, क्योंकि उनके पिता और गुरु की पीढ़ी ने भी उनके साथ यही किया था। और अनजाने ही वे भी अपने बेटों और शिष्यों के साथ यही करते रहते हैं। यह दुष्चक्र बहुत पुराना है। लेकिन इसे तोड़ना है, क्योंकि यही जीवन को धर्म के सत्य से संयुक्त नहीं होने दे रहा है। इस दुष्चक्र का केंद्र क्या है? केंद्र है—विचार के जागरण के पूर्व ही विश्वास के बीज नन्हें बच्चों में डाल देना, क्योंकि विश्वासी चित्त फिर विचार करने में असमर्थ हो जाता है।

विश्वास और विचार की दिशायें विरोधी हैं। विश्वास है अंधापन, और विचार है स्वयं की आंखों को पा लेना। बच्चों को विश्वास के अंधेपन से भरकर उनकी स्वयं की आंखों से उन्हें सदा के लिए वंचित किया जाता रहा है। और इस अमंगलकारी कृत्य के लिए ही तथाकथित धार्मिक लोग धर्म की शिक्षा दिलाने के लिए इतने उत्सुक हैं।

यह उत्सुकता शुभ नहीं है। वस्तुतः तो विचार की हत्या से बड़ा कोई पाप नहीं है। लेकिन बच्चों के साथ मां-बाप निरंतर ही यह पाप करते रहे हैं और यही वह आधारभूत कारण है, जिसके कारण कि धर्म का जन्म नहीं हो पाया है।

विश्वास नहीं, सिखाना है विचार। श्रद्धा नहीं, सिखाना है सम्यक तर्क। और तब धर्म एक अंधविश्वास नहीं वरन बन जाता है परम विज्ञान, और ऐसे विज्ञान से ही शिक्षा का संबंध शुभ हो सकता है। अंधविश्वासों से नहीं, वरन विचार और विवेक की कसौटी पर कसे हुए वैज्ञानिक सत्यों से ही मनुष्य का मंगल हो सकता है।

क्या आपको यह ज्ञात नहीं है कि विश्वास के अंधेरे में जीनेवाले लोग धीरे-धीरे विचार के आलोक में आने में असमर्थ ही हो जाते हैं? फिर उनकी आंखें अंधेरे के अतिरिक्त और कुछ भी नहीं देख पाती हैं। और स्वयं को कहीं अंधा न मानना पड़े इसलिए वे अपने बच्चों को भी अंधेरे में ही दीक्षित कर देते हैं। ऐसे स्वयं को ही ठीक मानने की सुविधा उन्हें हो जाती है। और जब कभी कोई बच्चा किसी भांति उनके सामूहिक षड्यंत्र से स्वयं की आंखों को बचाने में समर्थ हो जाता है तो सर्वविदित ही है कि वे उसके साथ क्या करते हैं?...वही जो वे सुकरात के साथ करते हैं, या क्राइस्ट के साथ करते हैं!

इसलिए, धर्म की शिक्षा के संबंध में सोचते हुए यह ध्यान में रखना अति आवश्यक है कि कहीं हम आलोक के नाम पर अंधेरे की ही दीक्षा तो नहीं दे रहे हैं? स्मरण रहे कि आंखें देने के नाम पर आज तक आंखें फोड़ी ही जाती रही हैं।

विश्वास-मात्र अज्ञान है। और विश्वास-मात्र अंधकार है।

इसीलिए बच्चों को विश्वासों से बचाना है। और यह बचाव तभी हो सकता है जबकि उनमें विचार की तीव्र क्षमता हो। इसलिए उनमें विचार की शक्ति जाग्रत करें, उन्हें विचार करना सिखायें—विचार न दें, विचार की शक्ति दें। क्योंकि विचार देना तो विश्वास देना ही है। विचार तो आपके हैं लेकिन विचार की शक्ति उनकी स्वयं की है, वह शक्ति ही विकसित करनी है। उसका पूर्णतम विकास ही उन्हें जीवन के सत्य के उदघाटन में समर्थ बनाता है।

विचार मार्ग है। विश्वास भटकाव है।

इसीलिए मैं कहता हूं, जो कहीं भी विश्वास से बंधा है वह सोच नहीं सकता है। जो हिंदू है, वह नहीं सोच सकता है। जो जैन है, वह नहीं सोच सकता है। जो कम्युनिस्ट है, वह नहीं सोच सकता है। उसका विश्वास ही उसका बंधन है। चूंकि सोचने में

विश्वास टूट भी सकता है इसलिए विश्वासी न सोचने को ही वरण कर लेता है। वह उसका सुरक्षा-कवच बन जाता है, लेकिन वह सुरक्षा-कवच वस्तुतः तो आत्महत्या ही है।

क्या विश्वास, विचार की हत्या नहीं है?

लेकिन यह हत्या जाने-अनजाने की जाती रही है। हिंदू बाप अपने बच्चे को हिंदू बनाना चाहता है, मुसलमान बाप मुसलमान। और यह भी तब जबकि बच्चा छोटा है और स्वयं सोचने-समझने में असहाय है। यह दुष्कार्य इसी समय ही किया भी जा सकता है, बाद में फिर यह करना अति कठिन है। जहां विचार और तर्क का जन्म हो चुका फिर आंखों मे धूल नहीं झोंकी जा सकती है। तर्क की शक्ति व्यक्ति की आत्मरक्षा बन जाती है। इसलिए तथाकथित धार्मिक व्यक्ति तर्कना के विरोध में हो तो कोई आश्चर्य नहीं है! वस्तुतः तो वे बुद्धि मात्र के विरोध में हैं।

क्योंकि जहां बुद्धि है, विचार है, तर्क है, वहां विद्रोह है—विद्रोह यानी जीवन के नये रास्तों की खोज; विद्रोह यानी ज्ञात से अज्ञात की यात्रा; विद्रोह यानी उन सीमा-रेखाओं का अतिक्रमण जहां कि प्रत्येक पुरानी पीढ़ी नयी को छोड़ जाती है।

मेरे देखे तो विद्रोह की क्षमता धार्मिक चित्त की आत्मा है। क्योंकि धर्म से बड़ी कोई और क्रांति नहीं है। धर्म तो जीवन का आमूल परिवर्तन है। वह तो जड़-मूल से रूपांतरण है। इसलिए धर्म की शिक्षा अबुद्धि और अंधेपन की शिक्षा नहीं हो सकती है। वह तो गहरे से गहरी विचारणा की शिक्षा है। वह तो तीव्रतम तर्क है। वह तो ज्वलंत बुद्धिमत्ता है। और इसलिए अबोध बच्चों को बुद्धि-विरोधी मान्यताओं और धारणाओं से नहीं बांधना है। बल्कि उनकी बुद्धि को इतनी तीव्रता और गहराई देनी है कि वे सदा अपने विचार को जाग्रत और स्वतंत्र रख सकें और किसी भी मूल्य पर कभी उसे बेचने और बांधने को राजी न हों। ऐसी स्वतंत्र चेतनायें ही उस द्वार को खोल पाती हैं जो कि सत्य का है।

स्वतंत्रता ही तो वस्तुतः सत्य का द्वार है।

इसलिए बच्चों को स्वतंत्रता दें, स्वतंत्रता का सम्मान उनके मन में जगावें और परतंत्रता के प्रति—मन और चेतना की सभी प्रकार की दासताओं के प्रति उन्हें सचेत और सावधान करें। धर्म की शिक्षा, वास्तविक धर्म की शिक्षा यही हो सकती है।

लेकिन धर्मों की शिक्षा ऐसी नहीं है। वह तो ठीक इसके विपरीत है। वह तो दासता का ही प्रशिक्षण है। क्योंकि वह विचार की नहीं, विश्वास की पोषक है। वह आंखों को

नहीं, अंधेपन की ही समर्थक है। क्योंकि वह आत्मचेतना पर नहीं वरन परानुगमन पर ही आधृत है।

धर्मों को विचार से इतना भय क्यों है? निश्चय ही वह भय अकारण नहीं है। उसके लिए बहुत ठोस कारण हैं। सर्वाधिक महत्वपूर्ण कारण तो यही है कि यदि विचार जाग्रत और सक्रिय हों तो बहुत दिनों तक बहुत धर्म नहीं रह सकते हैं। धर्म तो बचेगा लेकिन धर्मों का अस्तित्व खतरे में पड़ जाना सुनिश्चित है। क्योंकि विचार की सहज प्रवृत्ति सार्वलौकिक, यूनिवर्सल सत्य की ओर है। जैसे नदियां सागर की ओर बहती हैं ऐसे ही विचार भी सार्वलौकिकता की ओर प्रवाहित होता है। विचार के निष्पक्ष अन्वेषण में जो सत्य है अंततः वही शेष रह जाता है। और सत्य अनेक नहीं हो सकते हैं, सत्य तो सदा एक है।

विज्ञान ने विचार का अनुसरण किया, इसीलिए हिंदू का और ईसाई का गणित अलग-अलग नहीं है। नहीं तो विश्वास के आधार पर तो उनके एक होने की कोई संभावना ही नहीं थी। विश्वास के डबरे बहना बंद कर देते हैं। वे अपने आप में बंद हो जाते हैं। सागर की ओर उनकी गति न होने से वे कभी एक तक नहीं पहुंच पाते हैं। स्वयं में बंद होने से ही वे अनेक हो जाते हैं।

विचार है प्रवाह। विश्वास है कुंठा।

विचार निरंतर ही स्वयं का अतिक्रमण है। विश्वास है स्वयं में बंद होना। इसलिए विचार कहीं से भी प्रारंभ हो अंततः केंद्रीय और आत्यंतिक सत्य तक ले जाता है। और विश्वास सदा ही वहां तक पहुंचने से रोक लेता है।

मैंने सुना है कि जैन-भूगोल जैसी चीजों का भी अस्तित्व रहा है, और धर्मों में ऐसी हास्यास्पद बातें रही हैं। क्या भूगोल भी अलग-अलग हो सकते हैं? जी हां, हो सकते हैं, यदि विश्वास उनका आधार हो। विचार जहां नहीं है, वहां है कल्पना, अनुसरण, अंधविश्वास। और ये तो प्रत्येक व्यक्ति के अलग-अलग हो सकते हैं। सत्य तो एक है लेकिन स्वप्न तो प्रत्येक के अलग-अलग ही होते हैं। यदि दो व्यक्ति चाहें भी तो भी एक ही स्वप्न को साथ-साथ नहीं देख सकते हैं।

सत्य सदा ही सार्वजनीन है क्योंकि वह स्वयं में है। वह किसी की कल्पना, स्वप्न या अनुमान नहीं है। उसे पाने के लिए व्यक्ति के पास पात्रता चाहिए। उसे देख पाने के लिए खुली और स्वस्थ आंखें चाहिए। और विचार की पूर्णता पर, विवेक के प्रकाश में ही ऐसी आंखें उपलब्ध होती हैं।

इसलिए मैं बार-बार कह रहा हूं कि बच्चों को सत्य देना है, तो विचार दो। विश्वास से मुक्त करो और विवेक दो। विचार की जागृत ऊर्जा ही बनेगी उनकी पात्रता, वही बनेगी उनका दर्शन। वही उन्हें ले जायेगी सत्य के उस सागर तक जो कि एक है और अद्वय है।

क्या आपको ज्ञात है कि अरस्तू जैसे व्यक्ति ने भी लिखा है कि स्त्रियों के दांत पुरुषों से कम होते हैं? यह वह कैसे लिख सका? क्या कोई स्त्री उसे उपलब्ध न थी कि वह उसके दांत गिन सकता? स्त्रियों की क्या कमी है, लेकिन उसने तो बस प्रचलित धारणा पर विश्वास कर लिया और तब खोज का प्रश्न ही न रहा। ऐसे उसकी एक नहीं दो-दो पत्नियां थीं। और नंबर एक या नंबर दो श्रीमती अरस्तू से वह मुंह खोलने को कह सकता था और दांत गिन सकता था। लेकिन नहीं, उसने संदेह ही नहीं किया तो विचार कैसे करता? और पुरुषों की इस अंधी धारणा को चुपचाप मान लिया कि स्त्रियों के दांत पुरुषों से कम होते हैं। असल में पुरुषों का अहंकार यह बात मानने को कभी राजी ही नहीं रहा है कि स्त्रियां किसी भी बात में उसके बराबर हो सकती हैं। फिर चाहे यह सवाल दांतों का ही क्यों न हो! और जब अरस्तू ने ही संदेह न किया तो और कौन संदेह करता? जबकि संदेह समस्त खोज का प्रारंभ है।

सम्यक संदेह सत्य की खोज में सिखाई जानेवाली पहली सीढ़ी है। धर्म की शिक्षा का शुभारंभ इससे ही होना चाहिए। श्रद्धा नहीं, संदेह ही धर्म का वास्तविक आधार है। संदेह आरंभ है, श्रद्धा तो अंत है। संदेह खोज है, श्रद्धा तो प्राप्ति है। इसलिए जो संदेह से प्रारंभ करता है, वह तो कभी न कभी श्रद्धा पर पहुंच ही जाता है। लेकिन जो श्रद्धा से प्रारंभ करता है वह तो कभी भी कहीं नहीं पहुंचता है। उसके पहुंचने का सवाल भी नहीं है क्योंकि उसने तो बैलों के आगे गाड़ी बांध रखी है। प्रारंभ ही से प्रारंभ संभव है। अंत आरंभ कैसे बन सकता है?

जहां संदेह नहीं है, वहां विचार नहीं है। जहां विचार नहीं है, वहां विवेक नहीं है। और जहां विवेक नहीं है, वहां सत्य नहीं है।

धर्मों ने सिखाया है विश्वास करो, संदेह नहीं। खोजो नहीं, मानो। लेकिन धर्म सिखायेगा संदेह करो, विचार करो और खोजो। क्योंकि ऐसी स्वयं की खोज से ही जो पाया जाता है, वही स्वयं को बदलता है और वही सत्य है।

सत्य एक खोज है...सतत खोज! वह अत्यंत जागरूक अन्वेषण है। सत्य कोई अन्य किसी को नहीं दे सकता है, उसे तो स्वयं ही पाना होता है। सत्य उधार नहीं मिल

सकता है, वह तो स्वयं का साकार हुआ श्रम ही है। और ऐसे सत्य की खोज की तैयारी ही धर्म की शिक्षा है।

इसलिए, जब तक धर्म का संबंध विश्वास से है तब तक धर्म की कोई शिक्षा नहीं हो सकती है। और धर्म का नाम भले लिया जाए, वह हिंदू की शिक्षा होगी या मुसलमान की या ईसाई की। ऐसी शिक्षा धार्मिक नहीं है, क्योंकि इस तरह के शिक्षित व्यक्ति संकीर्ण हो जाते हैं। इस भांति हृदय विराट नहीं बनते हैं। और इस तरह से शिक्षित व्यक्ति पक्षपातों से भर जाता है। और विवेक उसका मुक्त नहीं होता बल्कि मृत होता है। वह चित्त से बूढ़ा हो जाता है, जबकि किसी भी खोज के लिए चित्त युवा और ताजा चाहिए। और युवा तो वही है जो पक्षपातों से मुक्त है। और युवा तो वही है जो कि अपनी चेतना को संस्कारों की कारा में बंधने से बचा सका है। संस्कारित चित्त बूढ़ा हो जाता है, वह जितना संस्कारित होता है, उतना ही जड़ हो जाता है।

संस्कार धर्म नहीं है। संस्कार-मात्र से मुक्त और अतीत चेतना ही धर्म में प्रवेश करती है। धर्म तो स्वभाव है। धर्म तो स्वरूप है। और संस्कार आते हैं बाहर से, वे बाह्य हैं। जैसे धूल दर्पण को ढांक लेती है, ऐसे ही वे भी चेतना को ढांक लेते हैं। चेतना के दर्पण को धर्म के नाम पर परंपराओं, संस्कारों, रूढ़ियों, मान्यताओं और आदर्शों से ढांक नहीं देना है, वरन उसे मुक्त होना सिखाना है। धर्म की वास्तविक शिक्षा और साधना मुक्ति की ऐसी दिशा में ही अग्रसर करती है।

चित्त को समस्त ग्रंथियों से मुक्ति की ओर ले जाने वाला उपाय धर्म ही है। लेकिन बाजार में जो धर्म बिकता है वह यह नहीं कर सकता है। और इसलिए इसके पूर्व कि शिक्षा में धर्म आये, धर्म को पुराने वस्त्र और आवास छोड़ देने होंगे। वह एक नयी आत्मा लेकर ही नयी पीढ़ियों की आत्मा बन सकता है। धर्म को जीवन में लाना है, जरूर ही लाना है। उसके बिना जीवन अत्यंत पंगु, अधूरा और असंतुलित है।

बाह्य के संबंध में ही हम चिंतन करेंगे तो आंतरिक रिक्त रह ही जाएगा। और केवल पदार्थ पर ही हमारी दृष्टि रही तो परमात्मा से हम वंचित रह ही जायेंगे और यह सौदा बहुत महंगा है, यह कौड़ियों के लिए हीरों को खो देना है। बाह्य, आंतरिक के समक्ष क्या है? जगत की संपदा उस संपदा के समक्ष क्या है, जो कि परमात्मा की है? उसे तो जानना ही है जो कि समस्त का केंद्र और प्राण है और उसकी खोज को केंद्रीय भी बनाना है। क्योंकि केंद्र की खोज को केंद्रीय बनाये बिना कभी पूरा नहीं किया जा सकता है।

इसलिए मैं तो धर्म को शिक्षा से मात्र संबंधित ही नहीं देखना चाहता हू, क्योंकि वह

अपर्याप्त है। मैं तो धर्म को शिक्षा का केंद्र बना हुआ देखना चाहता हूं। क्योंकि जो जीवन का केंद्र है, वह शिक्षा का केंद्र भी हो यह अत्यंत आवश्यक है। दृश्य पर ही जीवन समाप्त नहीं है। वस्तुतः तो, अदृश्य ही आधार है। उससे परिचित हुए बिना जीवन में न तो अर्थ होता है, न अभिप्राय। और जहां अर्थ ही नहीं है, वहां आनंद कहां? आनंद तो अर्थवत्ता की उपलब्धि में ही है।

विज्ञान उपयोगिता की खोज है, धर्म अर्थ की। विज्ञान अधूरा है और धर्म भी अधूरा है। उन दोनों के संतुलन और समन्वय में ही मंगल है और पूर्णता है।

एक जगत मनुष्य के बाहर है। लेकिन वही सब कुछ नहीं है। एक जगत भीतर भी है। और बाहर की खोज भीतर के लिए ही है। बाहर की खोज में भीतर को नहीं भूल जाना है। क्योंकि तब शक्ति तो आती है, लेकिन शांति नहीं। और संपदा तो मिलती है लेकिन आत्मा खो जाती है। और आत्मा को खोकर सारे जगत को पा लेने का भी क्या मूल्य है। वह तो जीतकर भी हार जाना है।

एक फकीर स्त्री थी, राबिया। एक दिन सुबह-सुबह ही उसके एक मित्र ने उससे कहा, राबिया बाहर आओ। बहुत सुंदर सूरज उग रहा है, बड़ी सुंदर सुबह है। आओ...बाहर आओ! राबिया ने उत्तर में कहा, मेरे मित्र तुम्हें आमंत्रण देती हूं कि तुम्हीं भीतर आ जाओ। क्योंकि तुम जिस सूरज को देख रहे हो और जिस सुबह को, मैं उसके बनानेवाले को भीतर देख रही हूं। क्या यह अच्छा न होगा कि तुम्हीं भीतर आ जाओ? मैंने तो बाहर का सौंदर्य भली-भांति देखा है लेकिन तुम शायद उससे अपरिचित ही हो, जो कि भीतर है।

एक बाहर की दुनिया है। निश्चित ही बहुत सुंदर है वह। और वे लोग नासमझ हैं जो बाहर की दुनिया के विरोध में मनुष्य को खड़ा करना चाहते हैं। बहुत सुंदर है बाहर की दुनिया। और वे लोग मनुष्य के मंगल के विरोध में हैं जो कि उस दुनिया की निंदा करते हैं। वह सच में ही बहुत सुंदर है। वह तो सुंदर है, लेकिन एक और बड़ी दुनिया भी भीतर है और उसके सौंदर्य की कोई सीमा ही नहीं है। और बाहर की दुनिया पर ही जो रुक जाता है वह अधूरे पर ही रुक जाता है। उसने बहुत जल्दी ही पड़ाव डाल लिया है। वह मार्ग को ही मंजिल समझ गया है। वह द्वार को ही महल समझ गया है और सीढ़ियों पर रुक गया है! उसे जगाना है, उसे चेताना है। उसकी आंखें उस ओर उठानी हैं जहां कि मंजिल है। और फिर तो वह स्वयं ही चल पड़ेगा। बच्चों को मंजिल का यह बोध सदा बना रहे और वे बीच में ही न ठहर जावें यही धर्म-शिक्षा का लक्ष्य है।

यह जानना जरूरी है कि विज्ञान जो बाहर है, केवल उसकी ही खोज है। और अकेली बाहर की खोज अधूरी है। भीतर की खोज से शिक्षा जरूर ही संबंधित होनी चाहिए। लेकिन जिन धर्मों को हम जानते हैं उनकी खोज भी भीतर की खोज नहीं है। वे बातें तो आंतरिक की करते हैं, लेकिन वे बातें एकदम झूठी मालूम पड़ती हैं। क्योंकि उनके मंदिर भी बाहर ही बनते हैं, और उनकी मस्जिदें भी बाहर ही बनती है, और उनकी मूर्तियां भी बाहर ही खड़ी होती हैं। उनके शास्त्र भी बाहर हैं, और उनके सिद्धांत भी बाहर हैं और इन बाहर की चीजों पर वे लड़ते भी देखे जाते हैं। उनका आग्रह भी बाहर पर ही है और इसलिए वे भी मनुष्य को भीतर नहीं ले जाते हैं।

एक नीग्रो एक चर्च के द्वार पर एक दिन सुबह-सुबह गया और उसने प्रार्थना की उस चर्च के पुरोहित से कि मुझे भीतर जाने दो। लेकिन नीग्रो, काली चमड़ी का आदमी, सफेद चमड़ीवाले लोगों के मंदिर में कैसे जा सकता था? ये जो भीतर की बातें करते हैं वे भी चमड़ी को देखते हैं कि वह काली है या गोरी। ये जो परमात्मा की बातें करते हैं वे भी देखते हैं कि आदमी ब्राह्मण है या शूद्र। उस चर्च के पादरी ने कहा—'मित्र क्या करोगे मंदिर में आकर। जब तक मन शांत नहीं, शुद्ध नहीं, तब तक यहां आकर भी क्या करोगे?'

जमाना बदल गया है इसलिए पुरोहित ने अपनी भाषा बदल ली। पहले भी रोकता था वह। लेकिन पहले वह कहता था कि हट शूद्र! यहां कहां तुझे प्रवेश? लेकिन अब जमाना बदल गया है इसलिए उसे अपनी भाषा भी बदलनी पड़ी। लेकिन हृदय उसका नहीं बदला है। रोकता है वह अब भी। उसने यह नहीं कहा कि तू शूद्र है, अपवित्र है, यहां से हट। उसने कहा कि, मित्र! क्या करोगे यहां आकर? जब तक मन ही शांत नहीं, शुद्ध नहीं, तो परमात्मा को कैसे जानेगा? इसलिए, जा और पहले मन को पवित्र कर! यह बात उसने नीग्रो से कही।

लेकिन सफेद चमड़ी के लोग जो आते थे उनमें से किसी को उसने यह नहीं कहा था। जैसे उन सबों के मन शांत ही थे। वह सीधा-सादा नीग्रो वापस चला गया। पुरोहित हंसा होगा, अपने मन में। सोचा होगा, उससे न होगा होगा मन पवित्र, न आयेगा दुबारा यहां। और सच ही वह दुबारा नहीं आया लेकिन इसलिए नहीं कि उसका मन शांत न हो सका बल्कि इसलिए कि उसका मन शांत हो गया था।

दिन आये और गये। वर्ष बीतने को आ गया था। तब एक दिन वह नीग्रो चर्च के पास से पुरोहित को गुजरता हुआ दिखाई पड़ा। वह तो आदमी जैसे दूसरा ही हो गया

था। तब एक दिन वह नीग्रो चर्च के पास से पुरोहित को गुजरता हुआ दिखाई पड़ा। वह तो आदमी जैसे दूसरा ही हो गया था। उसकी आंखों में अलौकिक आलोक आ गया था और उसके आसपास जैसे शांति और संगीत का प्रभामंडल बन गया था। पुरोहित ने सोचा कि शायद वह चर्च में आ रहा है। और वह डरा भी। लेकिन नहीं, उसका भय निराधार था। उसने तो चर्च की ओर आंख उठाकर भी नहीं देखा था और वह आगे निकल गया था। तब पुरोहित दौड़ा और उसे रोककर उसने पूछा, मित्र! फिर तुम दिखाई नहीं पड़े? वह नीग्रो हंसने लगा और बोला—मेरे मित्र और मार्गदर्शक, तुम्हें बहुत-बहुत धन्यवाद! तुम्हारी सलाह मान मैंने यह पूरा वर्ष बिताया है। मैं प्रतीक्षा में था कि मन शांत हो तो मैं दुबारा तुम्हारे द्वार पर जाऊं। लेकिन बीती रात्रि स्वप्न में मुझे स्वयं प्रभु दिखाई पड़े और कहने लगे, पागल! उस चर्च में किसलिए जाना चाहता है?...मुझसे मिलने! तो मैं तुझे बताये देता हूं कि दस साल से मैं स्वयं ही उस चर्च में प्रवेश की कोशिश कर रहा हूं लेकिन वह पादरी मुझे भीतर घुसने ही नहीं देता है। और जहां मैं नहीं जा सका हूं वहां तू जा सकेगा, यह असंभव है!

और मैं आपसे कहता हूं कि उस मंदिर में ही नहीं, परमात्मा किसी भी मंदिर में कभी प्रवेश नहीं पा सका है। क्योंकि आदमी के बनाये हुए मंदिर आदमी से बड़े नहीं हो सके हैं। वे मंदिर इतने छोटे हैं कि परमात्मा के लिए उनमें अवकाश ही नहीं है। वस्तुतः जिनके मन ही मंदिर नहीं हैं, उनके बनाये सब मंदिर व्यर्थ हैं। वस्तुतः तो जिन्होंने उसे भीतर ही नहीं पा लिया है, वे उसे बाहर कभी भी नहीं पा सकते हैं।

वह सबसे पहले उदघाटित होता है स्वयं में, और फिर सर्व में। स्वयं के अतिरिक्त सर्व के लिए न कोई मार्ग है, न सेतु है। स्वयं ही है स्वयं के सर्वाधिक निकट। इसीलिए दूर खोजने के पूर्व वहीं खोज लेना आवश्यक है। और जो उसे निकट में ही नहीं पाता है, वह उसे दूर में कैसे पा सकेगा? इसलिए मंदिरों में नहीं, मन में ही वह जाना गया है और जाना जाता है।

इसलिए मंदिर और मस्जिद तो शिक्षा से नहीं जुड़ सकते हैं, न जुड़ने ही चाहिए। वैसा आग्रह ही बाहर का आग्रह है। और बाहर के समस्त आग्रह भीतर जाने में बाधा बनते हैं।

मैं सुनता हूं विद्यापीठों में मंदिरों के बनाये जाने की बातें तो मुझे हंसी आती है। क्या मनुष्य इतिहास से कोई भी सबक नहीं सीखता है?

मंदिर, मस्जिद वाले धर्मों ने क्या किया है और क्या नहीं किया है, क्या हमें यह ज्ञात

नहीं है?

नहीं, धर्म के बाह्य क्रियाकांडों की जरा भी जरूरत नहीं है। वे व्यर्थ ही होते तो भी चल सकता था। वे तो अनर्थ भी हैं। धर्म बाह्य में नहीं है। इसलिए बाह्य की किसी भी भांति की प्रतिष्ठा अधर्म है।

यह सत्य दो और दो चार जैसा बिलकुल स्पष्ट हो जाना अत्यंत आवश्यक है।

परमात्मा का भी मंदिर है, लेकिन वह ईंट-पत्थरों से नहीं बनता है। और ईंट-पत्थरों से जो बनता है, वह हिंदू का हो सकता है, या ईसाई का या जैन का, या बौद्ध का, लेकिन परमात्मा का नहीं। जो 'किसी का' है वह इस कारण ही 'उसका' नहीं है। उसके मंदिर की कोई सीमा नहीं हो सकती है क्योंकि वह असीम है। और उसके मंदिर का कोई विशेषण नहीं हो सकता है क्योंकि वह सर्व है।

निश्चय ही ऐसा मंदिर चेतना का ही हो सकता है। वह मंदिर आकाश में नहीं, आत्मा में है। और उसे बनाना भी नहीं है। वह तो है, सदा से है। बस, उसे उघाड़ना ही है।

इसलिए, शिक्षा से संबंधित धर्म, मंदिर-मस्जिद बनानेवाला धर्म नहीं हो सकता है। वह तो होगा स्वयं में छिपे मंदिर के उदघाटन का धर्म। अंतस में जो है उसे ही जानना है। क्योंकि उसका जानना ही जीवन में एक आमूल क्रांति बन जाती है।

सत्य को जानना ही जीवन का रूपांतरण है।

सत्य का, अंतस के सत्य का या परमात्मा का उदघाटन न करनेवाली शिक्षा एकदम अधूरी और घातक है। आज तक की शिक्षा की असफलता का कारण भी यही अधूरापन है। जिस युवक को हम अभी विश्वविद्यालयों के बाहर भेजते हैं वह बिलकुल ही अधूरा होता है। उसे जीवन में जो केंद्रीय है, उसका कोई पता ही नहीं होता है। जीवन में जो भी सत्य है, शिव है, सुंदर है, उससे उसकी कोई भी पहचान नहीं होती है। वह केवल क्षुद्र को ही सीखकर आता है और उसमें ही जीता है। निश्चय ही ऐसा जीना आनंद नहीं लाता है और क्रमशः एक अर्थहीनता और रिक्तता और व्यर्थता चित्त को घेरने लगती है। जीवन की धारा इस व्यर्थता के मरुस्थल में खो जाती है और परिणाम में पीछे एक अंधा क्रोध सबके प्रति छूट जाता है। इस क्रोध को ही मैं अधार्मिक मन का परिणाम कहता हूं। धार्मिक मन का फल है, धन्यता और धन्यवाद का भाव। वह समस्त के प्रति कृतज्ञता है। लेकिन वह तो तभी हो सकता है जब जीवन आनंद को पा सके और पूर्णता को। और यह पूर्णता और यह आनंद स्वयं को जाने और पाये बिना असंभव है।

इसलिए, सम्यक शिक्षा धर्मविहीन नहीं हो सकती है। क्योंकि जीवन का आधार जो चेतना है, जो अंतःकरण है, जो आत्मा है, उसे जानना, उससे परिचित होना, जीवन को उसकी पूर्णता तक ले जाने के लिए अपरिहार्य है।

धर्म क्या है?

मनुष्य के अंतःकरण की शिक्षा ही तो धर्म है।

फिर हम क्या सिखायें? क्या हम धर्मशास्त्र पढ़ायें? धर्म-सिद्धांत सिखायें? क्या हम बच्चों को बतायें कि ईश्वर है, आत्मा है, स्वर्ग है, नर्क है, मोक्ष है?

नहीं, बिलकुल नहीं। ऐसी कोई भी शिक्षा धर्म की शिक्षा नहीं है। ऐसी शिक्षा भी मनुष्य को भीतर नहीं ले जाती है। ऐसी शिक्षा भी मनुष्य का पक्षपात ही बन जाती है। ऐसी शिक्षा भी शब्दों-मात्र की सिखावन है। और इससे उस झूठे ज्ञान का जन्म होता है जो कि अज्ञान से भी ज्यादा खतरनाक है।

ज्ञान तो केवल वही है जो कि स्वानुभूति से आता है। दूसरों से सीखा ज्ञान, ज्ञान नहीं है। सीखा हुआ ज्ञान, ज्ञान का भ्रम है। और यह भ्रम अज्ञान को छिपा देता है और ज्ञान की खोज बंद हो जाती है। अज्ञान का स्पष्ट बोध शुभ है क्योंकि वह ज्ञान की खोज में ले जाता है। और सीखे हुए ज्ञान को ज्ञान जान लेना बहुत खतरनाक है। क्योंकि उससे मिली तृप्ति पैरों को बांध लेती है और आगे की यात्रा अवरुद्ध हो जाती है।

मैं एक अनाथालय में गया था। वहां कोई सौ बच्चे थे। व्यवस्थापकों ने मुझसे कहा कि हम यहां धर्म की शिक्षा भी देते हैं। और फिर उन्होंने बच्चों से प्रश्न भी पूछे। पूछा गया, 'ईश्वर है?'—तो उन छोटे-छोटे बच्चों ने हाथ उठाकर हिलाये और कहा, 'ईश्वर है!'—पूछा गया, 'ईश्वर कहां है?'—तो उन्होंने आकाश की ओर इशारे किये! 'और आत्मा कहां है?'—तो उन्होंने अपने हाथ अपने हृदयों पर रखे और कहा, यहां! मैं यह सब नाटक देखता था। व्यवस्थापक बड़े प्रसन्न थे। उन्होंने कहा, आप भी कुछ पूछिये! मैंने एक छोटे से बच्चे से पूछा, हृदय कहां है? वह यहां-वहां देखने लगा और फिर बोला, यह तो हमें बताया ही नहीं गया है।

धर्म की भी क्या ऐसी कोई शिक्षा हो सकती है? और सीखी हुई बातें दुहराना भी क्या जानना है? काश! बात इतनी आसान ही होती तो क्या दुनिया कभी की धार्मिक न हो गई होती?

मैंने उस अनाथालय के व्यवस्थापकों और शिक्षकों से कहा था कि आप इन बच्चों को जो सिखा रहे हैं, वह धर्म तो है ही नहीं, उल्टे उसके कारण ये जीवनभर के लिए

रटे-रटाये तोते बन जायेंगे। और जो व्यक्ति यांत्रिक रूप से किन्हीं बातों को दुहराना सीख जाता है, उसकी बुद्धि को सांघातिक नुकसान पहुंचता है। फिर जीवन जब भी इनके सामने प्रश्न खड़े करेगा—ऐसे प्रश्न जो इन्हें सत्य की खोज में ले जानेवाले हो सकते थे तो वे सीखे हुए उत्तर दुहरा लेंगे और चुप हो जायेंगे। आपकी सिखावन इनकी जिज्ञासा की हत्या है। ये न आत्मा को जानते हैं और न परमात्मा को। और इनके हृदय पर गये हाथ कितने झूठे हैं! और इस झूठ की शिक्षा को आप धर्म की शिक्षा कहते हैं?

फिर मैंने उनसे यह भी पूछा था कि आपका स्वयं का जानना भी तो ऐसा ही जानना नहीं है? आप भी तो कहीं सीखी हुई बातें ही नहीं दुहरा रहे हैं? और वे भी वैसे ही यहां-वहां देखते रह गये थे, जैसा कि वह छोटा-सा बच्चा हृदय के संबंध में पूछने पर रह गया था। आह! पीढ़ी-दर-पीढ़ी हम थोथे शब्द सिखाये चले जाते हैं, और उसे ज्ञान समझते हैं। सत्य भी क्या सिखाया जा सकता है? सत्य भी क्या दुहराया जा सकता है?

पदार्थ के जगत में तो सिखाई हुई बातों का कुछ मूल्य है, क्योंकि जो बाहर है उसके संबंध में सूचनाओं से ज्यादा ज्ञान संभव नहीं है। लेकिन, परमात्मा के जगत में उनका कोई भी अर्थ और मूल्य नहीं है, क्योंकि वह जगत सूचनाओं का नहीं, अनुभूतियों का है।

अनुभूति की जा सकती है, उसमें हुआ और जिया जा सकता है, लेकिन उसे सीखा नहीं जा सकता है। उसे सीखना तो मात्र अभिनय बन जाता है। प्रेम क्या कोई सीख सकता है? और यदि कोई सीखकर करे तो वह प्रेम नहीं, बस प्रेम का अभिनय ही तो कर सकेगा। परमात्मा के संबंध में सीखी गई बातें, सिद्धांत, पूजा और प्रार्थना—सब इसलिए अभिनय बन गये हैं। जब प्रेम ही नहीं सीखा जा सकता है तो प्रार्थना कैसे सीखी जा सकती है? प्रार्थना तो प्रेम का ही गहनतम रूप है। और जब प्रेम ही नहीं सीखा जा सकता है तो परमात्मा कैसे सीखा जा सकता है? प्रेम की पूर्णता ही तो परमात्मा है।

सत्य अज्ञात है और इसलिए जो ज्ञात है—सिद्धांत, शास्त्र, शब्द उन सबसे उस तक नहीं पहुंचा जा सकता है।

अज्ञात में प्रवेश के लिए तो ज्ञात को छोड़ ही देना पड़ता है। ज्ञात से मुक्त होते ही वह सामने आ जाता है जो कि अज्ञात है। इसलिए धर्म सीखने की बजाय अन-सीखना ही ज्यादा है। वह स्मरण की बजाय विस्मरण ही ज्यादा है।

चित्त पर कुछ लिखना नहीं है, वरन सब लिखा हुआ पोंछ देना है। क्योंकि चित्त जहां शब्दों से शून्य होता है, वहीं वह सत्य के लिए दर्पण बन जाता है। चित्त को सिद्धांतों का संग्रह नहीं, सत्य का दर्पण बनाना है। और तब निश्चय ही धर्म-शिक्षा का अर्थ शिक्षा कम और साधना ज्यादा हो जाता है।

धर्म-साधना की तैयारी ही धर्म की शिक्षा है। धर्म की शिक्षा, और विषयों की शिक्षा जैसी नहीं है। इसलिए उसकी परीक्षा भी नहीं हो सकती है। उसकी परीक्षा तो होगी जीवन में, जीवन ही उसकी परीक्षा है।

एक गुरुकुल से तीन युवक शिक्षा लेकर वापस लौटते थे। उनकी सभी विषयो में परीक्षा ले ली गई थी। केवल 'धर्म' रह गया था। और वे हैरान थे कि धर्म की परीक्षा क्यों नहीं ली गई? और अब तो परीक्षा का कोई सवाल ही न था। वे उत्तीर्ण भी घोषित कर दिये गये थे। वे गुरुकुल से थोड़ी ही दूर गये होंगे कि सूर्य ढलने लगा था और अब रात्रि उतर रही थी। एक झाड़ी के पास पगडंडी पर बहुत से कांटे पड़े थे। पहला युबक छलांग लगाकर कांटों को पार कर गया। दूसरा युवक पगडंडी छोड़ किनारे से निकलकर उनके पार हो गया। लेकिन तीसरा रुक गया। और उसने कांटों को बीनकर झाड़ी में डाला और तब आगे बढ़ा। शेष दो ने उससे कहा कि यह क्या करते हो, रात बढ़ रही है और हमें शीघ्र ही वन के पार हो जाना है। वह हंसा और बोला, इसलिए इन्हें दूर करता हूं कि रात उतरने को है और हमारे बाद जो भी इस राह पर आयेगा उसे कांटे दिखाई नहीं पड़ सकेंगे। वे यह बात करते ही थे कि उनके आचार्य झाड़ी के बाहर आ गये। वे झाड़ी में छिपे थे। और उन्होंने तीसरे को कहा, मेरे बेटे, तू जा! तू धर्म की परीक्षा में भी उत्तीर्ण हो गया है। और शेष दो युवकों को लेकर वे गुरुकुल वापस लौट गये। उनकी धर्म की शिक्षा अभी पूरी नहीं हुई थी।

जीवन की क्या परीक्षा है सिवाय जीवन के? और धर्म तो जीवन ही है। इसलिए जो मात्र परीक्षायें पास करके समझते हैं कि वे शिक्षित हो गये, वे भूल में हैं। वस्तुतः तो जहां परीक्षायें समाप्त होती हैं, वहीं असली शिक्षा शुरू होती है क्योंकि वहीं जीवन शुरू होता है।

फिर धर्म की शिक्षा के लिए हम क्या करें?

धर्म का बीज तो प्रत्येक में है, क्योंकि सत्य प्रत्येक में है, क्योंकि जीवन प्रत्येक में है। इस बीज के विकास के लिए अवसर जुटाने हैं और उस विकास-पथ की बाधायें दूर करनी हैं। यह हो सके तो फिर बीज तो स्वयं अपनी शक्ति से, अपनी जीवंतता से

अंकुर बन जाता है। उसे अंकुर बनाना थोड़े ही पड़ता है। और अंकुर पौधा बन जाता है। और पौधा पत्तों से, फूलों से, फलों से भर जाता है। हम सिर्फ अवसर जुटा देते हैं और फिर शेष सब अपने आप हो जाता है।

धर्म की शिक्षा क्या होगी? हां, धर्म का बीज विकसित हो सके—शिक्षालय इसके लिए अवसर जरूर ही जुटा सकते हैं। और उस बीज के विकास-पथ की बाधायें दूर कर सकते हैं। इस अवसर जुटाने में तीन तत्त्व बड़े महत्त्वपूर्ण हैं।

पहला तत्त्व तो है साहस, व्यक्ति में अदम्य साहस चाहिए। सत्य की खोज में या परमात्मा के आरोहण में साहस अत्यंत प्राथमिक है। हिमालय चढ़ने में या प्रशांत की गहराइयों में जाने के लिए जो साहस चाहिए, परमात्मा की खोज में उससे भी बड़े और गहरे साहस की जरूरत है। क्योंकि न तो उससे ऊंचा कोई शिखर है और न उससे गहरा कोई सागर है।

लेकिन, तथाकथित धार्मिक व्यक्ति साहसी नहीं होते हैं। वस्तुतः उनकी धार्मिकता उनकी भीरुता का ही आवरण होती है। उनके धर्म और उनके भगवान के पीछे उनका भय ही होता है।

और मैं कहना चाहता हूं कि भयभीत चित्त कभी धार्मिक हो ही नहीं सकता है क्योंकि अभय तो धर्म का प्राण है।

साहस आता है अभय से। इसलिए पहली बात—भय न सिखायें, किसी भी भांति का भय न सिखायें। और दूसरी बात—अभय में दीक्षा दें। आह! अभय कैसी शक्ति है, अभय कैसी दीप्ति है, अभय कैसा तेज है? अभय की चट्टान पर ही तो धर्म का भवन खड़ा होता है।

लेकिन हमारे तथाकथित धर्म भय का ही शोषण करते रहे हैं और इसीलिए तो आज तक धर्म का भवन खड़ा नहीं हो पाया है। भय की रेत पर भी कहीं भवन बने हैं? और बन भी जावें तो वे कितनी देर टिक सकते हैं?

मैं मंदिरों में, मस्जिदों में, गिरजों में जाकर देखता हूं तो पाता हूं कि वहां भय से कांपते हुए लोग इकट्ठे हैं। उनकी प्रार्थनायें उनके भय के ही साकार रूप हैं। और जिस भगवान के सामने वे घुटने टेके खड़े होते हैं, वह उनके भीतर के भय का ही प्रक्षेपण है। इसीलिए दुख में आदमी भगवान की तरफ भागता है क्योंकि तब वह ज्यादा भयभीत होता है। बुढ़ापे में आदमी भगवान की तरफ भागता है क्योंकि तब नजदीक आती मृत्यु उसे बहुत भयभीत करती है। मंदिरों में जाकर देखिये, चर्चों में जाकर

खोजिये, वहां आपको ऐसे व्यक्ति ही दिखाई पड़ेंगे जो कि या तो मर गये हैं या मरने के करीब हैं।

ऐसा भय हमें नहीं सिखाना है। सिखाना है अभय। और तभी धर्म जीवितों का धर्म हो सकता है। अभय सिखाने में भय क्या है? एक भय है कि कहीं युवक ईश्वर को ही इनकार न कर दें। यह भय इसीलिए है कि हमारा ईश्वर भय पर ही खड़ा है। किंतु ऐसे ईश्वर को अस्वीकार कर देने में बुराई क्या है? वस्तुतः तो उसे स्वीकार करना ही बुरा है।

मैं तो अभय को उस सीमा तक लाने के लिए ही उत्सुक हूं कि उस परमात्मा को भी अस्वीकार किया जा सके जिसे कि हम नहीं जानते हैं। असत्य का अस्वीकार जहां नहीं है, वहां अभय ही नहीं है। और जहां असत्य का अस्वीकार नहीं है, वहां सत्य की खोज भी कैसे हो सकती है?

अभय से आयी नास्तिकता को मैं आस्तिकता का ही दूसरा पहलू कहता हूं। ऐसी नास्तिकता सच्ची आस्तिकता की अनिवार्य सीढ़ी बनती है। जो व्यक्ति नास्तिक ही नहीं बन सकता, वह आस्तिक भी कैसे बनेगा? आस्तिकता तो नास्तिकता से बहुत कठिन है। और जो नास्तिक होने से भयभीत है, उसकी आस्तिकता भी झूठी ही होगी। वह नास्तिक न हो जाये, इसी भय से ही आस्तिक होता है। ऐसी आस्तिकता का मूल्य ही क्या हो सकता है?

मैं भय पर आधारित आस्तिकता से अभय पर प्रतिष्ठित नास्तिकता का ही आदर करता हूं। क्योंकि जहां भय है, वहां धर्म कभी भी नहीं हो सकता है और जहां अभय है, वहां धर्म का द्वार है। अभय से जन्मी नास्तिकता से गुजरना एक आनंद है, एक अनुभव है। उसमें आत्मा निश्चित ही बलवान होती है। और जो नास्तिक होने के पहले ही आस्तिक हो जाता है, उसकी आस्तिकता इसीलिए झूठी होती है क्योंकि उसके भीतर का नास्तिक सदा के लिए ही भीतर छिपा रह जाता है। लेकिन जो अपने नास्तिक को जी लेता है वह उसका अतिक्रमण भी कर जाता है और उससे मुक्त भी हो जाता है।

नास्तिकता का अर्थ है : अस्वीकार का काल। यदि समाज ईश्वर और धर्म विरोधी है, तो इसके अस्वीकार से गुजरना भी नास्तिकता है। स्वीकृत और माने हुए के अस्वीकार से गुजरना नास्तिकता है। व्यक्तित्व की प्रौढ़ता के लिए यह काल अत्यंत मूल्यवान और लाभप्रद है। जो इससे नहीं गुजरता है, वह सदा के लिए अप्रौढ़ रह जाता है। यह गुजरना साहस और अभय से ही हो सकता है।

और सबसे बड़ा साहस क्या है? सबसे बड़ा साहस है, झूठे ज्ञान को अस्वीकार

करने का साहस। यदि आपको ज्ञात नहीं है कि ईश्वर है तो मानने को राजी मत होना। चाहे कोई कितना ही झुकाये, स्वर्ग जाने का प्रलोभन दे, या नर्क जाने के भय से भयभीत करे, तो भी उसे मानने को राजी मत होना जो कि आपको ज्ञात नहीं है। स्वर्ग खोने या नर्क जाने को राजी हो जाना अच्छा है, लेकिन भयभीत होना अच्छा नहीं। और जिसमें इतना साहस होता है, वही और केवल वही सत्य को खोजने में समर्थ हो पाता है। भयभीत चित्त कर ही क्या सकता है? वह तो अपने भय के कारण ही कुछ भी मानने को राजी हो जाता है। आस्तिक समाज में वह आस्तिक हो जाता है। और सोवियत रूस में हो, तो नास्तिक हो जाता है। वह तो समाज का एक मृत अंग ही होता है। वह जीवंत व्यक्ति नहीं होता है। क्योंकि व्यक्तित्व में जीवंतता तो केवल अभय से ही आती है।

एक व्यक्ति कल ही मुझे मिले थे। वे कहने लगे, मैं तो आत्मा की अमरता में विश्वास करता हूं। और उनके चेहरे पर सब तरह से मृत्यु का भय लिखा हुआ था! मैंने उनसे कहा, यह विश्वास कहीं मृत्यु के भय के कारण ही तो नहीं है? क्योंकि जो लोग मृत्यु से भयभीत हैं, उन्हें यह जानकर बड़ी सांत्वना मिलती है कि आत्मा अमर है। यह सुन वे कुछ परेशान हो आये और पूछने लगे थे कि क्या आत्मा अमर नहीं है? मैंने कहा—नहीं, यह सवाल नहीं है। आत्मा की अमरता, न अमरता का सवाल नहीं है। सवाल यह है कि जो मृत्यु से भयभीत है, क्या वह आत्मा को खोज या जान सकता है? सत्य की खोज के लिए अभय अत्यंत आवश्यक है।

यही मैं आपसे भी कहना चाहता हूं। जो व्यक्ति मृत्यु से जितना भयभीत होता है, वह आत्मा की अमरता में उतना ही विश्वास करने लगता है। इस विश्वास का अनुपात और तीव्रता उतनी ही होती है जितना कि उसका भय होता है। और ऐसा व्यक्ति क्या जीवन के सत्य के प्रति आंखें खोलने को राजी हो सकता है? सत्य का मार्ग अभय के अतिरिक्त और कहीं से भी नहीं जाता है। आत्मा अमर्त्य है, यह भयभीत चित्त का विश्वास नहीं, वरन पूर्ण अभय चेतना का साक्षात्कार है।

भयभीत चित्त सत्य नहीं, सुरक्षा चाहता है।

भयभीत चित्त सत्य नहीं, संतोष चाहता है।

और तब जो धारणा भी सुरक्षा और संतोष देती मालूम पड़ती है, वह उसे ही पकड़ लेता है।

और धारणायें, कोरी मान्यतायें, अन-अनुभूत विश्वास भी क्या सुरक्षा दे सकते हैं, संतोष दे सकते हैं? सत्य के अतिरिक्त और कोई सुरक्षा नहीं है, संतोष नहीं है, शांति

नहीं है। और सत्य को पाने के लिए जरूरी है कि चित्त झूठी सुरक्षाओं और संतोषों को छोड़ने का साहस कर सके। इसलिए साहस को मैं सबसे बड़ा धार्मिक गुण कहता हूं।

एक धर्मगुरु कुछ बच्चों को साहस के संबंध में समझा रहा था। बच्चों ने कहा, कोई उदाहरण दें। वह धर्मगुरु बोला, मान लो, एक पहाड़ी सराय के एक ही कमरे में बारह बच्चे ठहरे हुए हैं। रात्रि बहुत सर्द है। और जब वे दिनभर की यात्रा के बाद थके-मांदे सोने जाते हैं, तो ग्यारह बच्चे तो कंबल ओढ़कर अपने-अपने बिस्तर में घुस जाते हैं, लेकिन एक लड़का उस सर्द रात्रि में भी दिवसांत की अपनी प्रार्थना करने को कमरे के एक कोने में घुटने टेककर बैठ जाता है। इसे मैं साहस कहता हूं। क्या यह साहस नहीं है? और तभी एक बच्चा उठा और उसने कहा, मान लें, एक सराय में बारह पादरी ठहरे हुए हैं। ग्यारह पादरी रात्रि में सोने के पहले घुटने टेककर प्रार्थना करने बैठ गये हैं, लेकिन एक पादरी कंबल ओढ़कर अपने बिस्तर में सो जाता है! क्या यह भी साहस नहीं है?

मैं नहीं जानता कि उस पादरी पर फिर क्या गुजरी....या उसने क्या कहकर उन बच्चों से अपनी जान छुड़ाई। लेकिन एक बात मैं अवश्य ही जानता हूं कि स्वयं होने की शक्ति का नाम ही साहस है। भीड़ से मुक्त व्यक्ति होने की क्षमता का नाम ही साहस है।

व्यक्ति को व्यक्ति बना देना ही, उसे साहस देना है। साहस स्वयं पर विश्वास है। साहस आत्मविश्वास है।

और साहस के साथ सिखायें—विवेक, जागरूकता। धर्म-शिक्षा में वह दूसरा महत्त्वपूर्ण तत्त्व है। विवेक न हो तो साहस खतरनाक भी हो सकता है। फिर वह आत्मविश्वास न होकर विक्षिप्त अहंकार भी हो सकता है। साहस शक्ति है, विवेक आंख है। साहस चलाता है, विवेक देखता है।

सुनी है न वह अंधे और लंगड़े की कहानी। जंगल में लग गई थी आग। और एक अंधे और लंगड़े को भागकर अपना जीवन बचाना था। अंधा भाग सकता था, लेकिन देख नहीं सकता था। और आग लगे जंगल में बिना आंखों के भागने का मृत्यु के अतिरिक्त और क्या अर्थ था? लंगड़ा देख सकता था, लेकिन भाग नहीं सकता था। और बिना पैरों के देखनेवाली आंखों का मूल्य ही क्या था? और तभी उन्हें एक तरकीब सूझी और वे दोनों मृत्यु से बच सके। क्या थी उनकी तरकीब? बहुत सरल, एकदम सीधी। अंधे ने लंगड़े को अपने कंधे पर बैठा लिया था।

वह कथा अंधे और लंगड़े की नहीं, साहस और विवेक की ही कथा है। अज्ञान

के अग्नि लगे जंगल से जीवन को बचाना है तो साहस के कंधों पर विवेक को बैठाना जरूरी है।

साधारणतः मनुष्य मूर्च्छित ही जीता है—जैसे वह एक नींद में हो। यह नींद स्व-विस्मरण की है। स्व-स्मरण से, स्वयं के प्रति सचेतन और जागरूक होने से वह नींद टूटती है और विवेक का जन्म होता है। स्व-स्मरण, स्वयं के प्रति सम्यक स्मृति, आत्मबोध की दिशा में बच्चों को शिक्षित किया जा सकता है।

चेतना का तीर सामान्यतः बाहर की ओर है। वह जो स्वयं के बाहर है उसके प्रति ही केवल हम जागृत हैं, इस तीर को स्वयं की ओर भी किया जा सकता है। तब जिसका बोध है वही हमारी सत्ता है। और उसके बोध के साथ ही वह घटना घटित होती है, जो कि अंधेरे के निद्रित जीवन से चैतन्य के जागृत में ले जाती है।

लेकिन धर्म के नाम पर जो प्रार्थनायें और भजन, कीर्तिनादि चलते हैं, वे स्व-स्मरण तो नहीं, उल्टे आत्म-विस्मृति लाते हैं। उनका सुख निद्रा और बेहोशी का सुख है, वे सब मानसिक मादकतायें हैं।

मैं निद्रा, बेहोशी या तंद्रा में नहीं, वरन परिपूर्ण होश और जागृति को ही धर्म की साधना कहता हूं। इस होश के लिए विद्यापीठ भूमिका और अवसर बन सकते हैं। शरीर के तल पर, मन के तल पर और आत्मा के तल पर जागरूकता सिखाई जा सकती है। प्रत्येक कार्य को सतत होश से करने की विधि क्रमशः जीवन को चेतना से भर देती है। और प्रत्येक मानसिक प्रक्रिया के प्रति सचेत और साक्षी रहने की साधना चित्त को अपूर्व रूप से जागृत करनेवाली है। और प्रतिपल उसका भी बोध जो कि मैं हूं, अंत में आत्म-जागरण बन जाता है।

और तीसरा सूत्र है—मौन!

शब्द...शब्द...और शब्द चित्त को बहुत अशांति और तनाव से भर देते हैं। विचार, विचार और विचार और मन सारा विश्राम खो देता है।

मौन का अर्थ है—मन का विश्राम!

मौन को जानने और जीने से ही मन सदा ताजा और युवा बना रहता है। और मौन में, पूर्ण मौन में ही चित्त एक दर्पण बन जाता है जिसमें कि सत्य प्रतिफलित होता है।

अशांत चित्त तो जान ही क्या सकता है? वह तो खोज ही क्या सकता है? वह तो स्वयं में ही इस भांति उलझ जाता है कि किसी और दिशा में उन्मुख ही नहीं हो सकता है। सत्य के लिए तो चाहिए गहरी शांति समग्र मौन, निर्विचार चित्त की पूर्ण विश्राम

स्थिति। ऐसी चित्तदशा का नाम ही ध्यान है।

बच्चों को चित्त-विश्राम की दिशा में अग्रसर किया जा सकता है।

चित्त-विश्राम का आधारभूत नियम है—चित्त को समग्ररूप से शिथिल और मुक्त छोड़ देना। जैसे कोई नदी में बहता हो—तैरता नहीं, बहता हो—ऐसे ही चित्त की लहरों पर बहना, बस बहना! तैरना जरा भी नहीं, ऐसा प्रयासरहित प्रयास उस शांति में ले जाता है जिससे कि मनुष्य बिलकुल ही अपरिचित है।

जीवन में जो भी अर्थ और आनंद छिपा है, वह सब इस शांति में प्रगट हो जाता है। और जीवन में जो भी सत्य है, वह उपलब्ध हो जाता है। वस्तुतः तो वह उपलब्ध ही था लेकिन अशांति में दिखाई नहीं पड़ता था और शांति में अनावृत्त होकर स्वयं के समक्ष आ जाता है।

धर्म की शिक्षा—साहस, विवेक और शांति की शिक्षा है।

धर्म की शिक्षा—अभय, जागरूकता और निर्विचार मौन की शिक्षा है।

और ऐसी शिक्षा निश्चय ही एक नयी मनुष्यता की आधारशिला बन सकती है।

मैं आशा करता हूं कि मैंने जो कहा है उस पर आप सोचेंगे। मेरी बातें मान नहीं लेना है, उन पर चिंतन और मनन करना है। उन पर निष्पक्ष विचार करना है। और उन्हें प्रयोग की कसौटी पर कसकर देखना है। सत्य तो हर अग्नि परीक्षा से और भी स्वर्ण होकर बाहर निकल आता है।

4

शिक्षक, समाज और क्रांति

मेरे प्रिय!

शिक्षक और समाज के संबंध में थोड़ी-सी बातें जो मुझे दिखाई पड़ती हैं, वह मैं आपसे कहूं। शायद जिस भांति आप सोचते रहे होंगे उससे मेरी बात का कोई मेल न हो। यह भी हो सकता है कि शिक्षाशास्त्र जिस तरह की बातें करता है उस तरह की बातों से मेरा विरोध भी हो। न तो मैं कोई शिक्षाशास्त्री हूं और न ही समाजशास्त्री। इसलिए सौभाग्य है कि मैं शिक्षा और समाज के संबंध में थोड़ी-सी कुछ बुनियादी बातें कह सकता हूं। क्योंकि जो शास्त्र से बंध जाते हैं उनका चिंतन समाप्त हो जाता है। जो शिक्षाशास्त्री हैं उन्हें शिक्षा के संबंध में कोई सत्य प्रगट होगा, इसकी संभावना अब करीब-करीब समाप्त मान लेनी चाहिए। क्योंकि पांच हजार वर्षों से वे चिंतन करते हैं लेकिन शिक्षा की जो स्थिति है, शिक्षा का जो ढांचा है, उस शिक्षा से पैदा होनेवाले मनुष्यों की जो रूपरेखा है वह इतनी गलत है, इतनी अस्वस्थ है, इतनी भ्रांत है कि यह स्वाभाविक है कि शिक्षाशास्त्रियों से निराशा पैदा हो जाये। समाज-शास्त्र भी, जो समाज के संबंध में चिंतन करता है वह भी अत्यंत रुग्ण और अस्वस्थ है। अन्यथा मनुष्य जाति, उसका जीवन, उसका विचार बहुत अलग और अन्यथा हो सकते थे। मैं दोनों में से कोई भी नहीं हूं इसलिए ऐसी बातें संभव हैं कि आपसे कह सकूं जो सीधी समस्याओं को देखने से पैदा होती हैं।

जिन लोगों के लिए भी शास्त्र महत्वपूर्ण हो जाते हैं उन लोगों के लिए समाधान महत्वपूर्ण हो जाते हैं और समस्याएं कम महत्व की हो जाती हैं। मुझे चूंकि कोई पता नहीं शिक्षाशास्त्र का इसलिए मैं सीधी समस्याओं पर आपसे बात करना चाहूंगा।

सबसे पहली बात और जिस आधार पर आगे मैं आपसे कुछ कहूं, वह यह है कि शिक्षक का और समाज का संबंध अब तक अत्यंत खतरनाक सिद्ध हुआ है। संबंध क्या है शिक्षक और समाज के बीच आज तक? संबंध यह है कि शिक्षक गुलाम हैं और समाज मालिक है। शिक्षक से काम समाज कौन-सा लेता है? शिक्षक से समाज

काम यह लेता है कि उसकी पुरानी ईर्ष्याएं, उसके पुराने द्वेष, उसके पुराने विचार वह सब जो हजारों वर्ष से लाते हैं मनुष्य के मन पर, शिक्षक नये बच्चों के मन में उनको प्रविष्ट करा दे। मरे हुए लोग, मरते जानेवाले लोग जो वसीयत छोड़ गये हैं, चाहे वह ठीक हो या गलत, उसे वह नये बच्चों के मन में प्रवेश करा दे। समाज शिक्षक से यह काम लेता रहा है और शिक्षक इस काम को करता रहा है, यह आश्चर्य की बात है ! इसका अर्थ यह हुआ कि शिक्षक के ऊपर एक बहुत बड़ी लांछना है। बहुत बड़ी लांछना यह है कि हर सदी जिन बीमारियों से पीड़ित होती है उन बीमारियों को शिक्षक आगे आनेवाली सदी में संक्रमित कर देता है, जो समाज चाहता है। यह इसलिए चाहता है कि समाज का ढांचा, समाज के ढांचे से जुड़े हुए स्वार्थ, समाज के ढांचे में जुड़ गये अंधविश्वास, ये भी मरना नहीं चाहते। ये भी समाज में रहना चाहते हैं।

इस कारण समाज शिक्षक का आदर भी करता है, आदर करने की प्रवृत्ति भी दिखलाता है। क्योंकि बिना शिक्षक की खुशामद किये, बिना शिक्षक को आदर दिए शिक्षक से कोई काम लेना असंभव है। इसलिए कहा जाता है कि शिक्षक जो है वह गुरु है, आदरणीय है, उसकी बात मानने योग्य है, उसका सम्मान किया जाने योग्य है। क्यों? क्योंकि जो समाज अपने बच्चों में अपने मन की सारी धारणाओं को छोड़ जाना चाहता है, इसके सिवाय उसको कोई मार्ग नहीं। जैसे हिंदू बाप अपने बेटे को भी हिंदू बनाकर ही मरना चाहता है, मुसलमान बाप अपने बेटे को मुसलमान बनाकर मरना चाहता है। हिंदू बाप का मुसलमान से जो झगड़ा था वह भी अपने बच्चे को दे जाना चाहता है। यह कौन देगा? यह कौन संक्रमित करेगा? यह शिक्षक करेगा। पुरानी पीढ़ी की जो-जो अंधश्रद्धाएं हैं वह पुरानी पीढ़ी नयी पीढ़ी पर थोप देना चाहती है। अपने शास्त्र, अपने गुरु सब थोप जाना चाहती है। यह कौन करेगा?...तो यह काम वह शिक्षक से लेता है और इसका परिणाम क्या होगा?

इसका परिणाम यह होता है कि दुनिया में भौतिक समृद्धि तो विकसित होती जाती है लेकिन मानसिक शक्ति विकसित नहीं हो रही है। मानसिक शक्ति विकसित हो ही नहीं सकती जब तक कि हम अतीत के भार और विचार से बच्चों को मुक्त न करें। एक छोटे से बच्चे के मस्तिष्क पर पांच-दस हजार साल के संस्कारों का भार है। उस भार के नीचे उसके प्राण दबे जाते हैं। उस भार में उसकी चेतना की ज्योति, उसके खुद का व्यक्तित्व उठना असंभव है।

तो दुनिया में भौतिक समृद्धि बढ़ती है, क्योंकि भौतिक समृद्धि को जहां हमारे

मां-बाप छोड़ते हैं, उसे बच्चे आगे ले जाते हैं। लेकिन मानसिक समृद्धि नहीं बढ़ाते हैं क्योंकि मानसिक समृद्धि में हम अपने मां-बाप से आगे जाने को तैयार नहीं। आपके पिता जो मकान बना गये थे, लड़का उसको दो मंजला बनाने में संकोच अनुभव नहीं करता, बल्कि खुश होता है। और बाप भी खुश होगा कि उसके लड़के ने उसके मकान को दो मंजला किया, तीन मंजला किया। लेकिन महावीर, बुद्ध, राम और कृष्ण जो वसीयत छोड़ गये हैं उनके माननेवाले इस बात से बड़ी मुश्किल में पड़ जायेंगे कि किसी व्यक्ति ने गीता से आगे विचार किया, कि गीता के एक मंजली झोपड़े को दो मंजला मकान बनाया है। नहीं, मन के तल पर जो मकान बाप छोड़ गये हैं उसके भीतर ही रहना जरूरी है, उससे बड़ा मकान नहीं बनाया जा सकता है। और इस बात की हजारों साल से चेष्टा चलती है कि कोई बच्चा बाप से आगे न निकल जाये।

इसकी कई तरकीबें हैं, कई व्यवस्थाएं हैं। इसीलिए दुनिया में समृद्धि बढ़ती है—भौतिक, लेकिन मानसिक दीनता बढ़ती चली जाती है। और जब मन छोटा और भौतिक समृद्धि ज्यादा हो तो खतरे पैदा हो जाते हैं। जिस भांति हम भौतिक जगत में अपने मां-बाप से आगे बढ़ते हैं, जरूरी है कि बच्चे मानसिक और आध्यात्मिक विकास में भी अपने मां-बाप को पीछे छोड़ दें। इसमें मां-बाप का अपमान नहीं, बल्कि इसी में सम्मान है। ठीक-ठीक पिता वही है, ठीक-ठीक पिता का प्रेम वही है कि वह चाहे कि उसका बच्चा हर दृष्टि से उसे पीछे छोड़ दे।...हर दृष्टि से उसे पीछे छोड़ दे! लेकिन अगर किसी भी तल पर बाप की यह इच्छा है कि बच्चा उसके आगे न निकल जाये तो यह इच्छा खतरनाक है और शिक्षक अब तक उसमें सहयोगी रहा है। अब तक सहयोग रहा है उसका। इसमें हम अपमान समझेंगे कि अगर हम कृष्ण से आगे विचार करें या महावीर से आगे विचार करें या मुहम्मद से आगे विचार करें—इसमें मुहम्मद का अपमान है, महावीर का अपमान है, कितने पागलपन का खयाल है! इस कारण सारी शिक्षा अतीत की ओर उन्मुख है, जबकि शिक्षा भविष्य की ओर उन्मुख होनी चाहिए। विकासशील कोई भी सृजनात्मक प्रक्रिया भविष्य की ओर उत्सुक होती है, अतीत की ओर नहीं।

हमारी सारी शिक्षा अतीत की ओर उत्सुक है। हमारे सारे सिद्धांत, हमारी सारी धारणाएं, हमारे सारे आदर्श अतीत से लिए जाते हैं। अतीत का मतलब है जो मर गया, जो बीत गया। हजार-हजार वर्ष जिसे बीते हो गये हैं वह सारी धारणाएं हम उस बच्चे के मन पर थोपना चाहते हैं। न केवल थोपना चाहते हैं, बल्कि उसी बच्चे को हम

आदर्श कहेंगे जो उन धारणाओं के अनुकूल अपने को सिद्ध कर देता है। यह कौन करता रहा है? यह काम शिक्षक से लिया जाता रहा है और इस भांति शिक्षक का शोषण समाज के ठेकेदारों ने भी किया है, धर्म के ठेकेदारों ने भी किया है और राज्य के ठेकेदारों ने भी किया है, और शिक्षक को यह भुलावा दिया गया है कि वह ज्ञान का प्रसारक है।

वह ज्ञान-प्रसारक नहीं है। जैसे उसकी स्थिति है वह उस ज्ञान को स्थापित और स्थायी रखनेवाला है। जो उत्पन्न हो चुका है, और जो हो सकता है उसमें बाधा देनेवाला है। वह हमेशा अतीत के घेरे से बाहर नहीं उठने देना चाहता है। और इसका परिणाम यह होता है कि हजार-हजार साल तक न मालूम किस-किस प्रकार की नासमझियां, न मालूम किस-किस तरह के अज्ञान चलते चले जाते हैं। उनको मरने नहीं दिया जाता, उनको मरने का मौका नहीं दिया जाता। राजनीतिज्ञ भी यह समझ गया है, इसलिए शिक्षक का शोषण राजनीतिज्ञ भी करता है। और सबसे आश्चर्य की बात है कि इसका शिक्षक को कोई बोध नहीं है कि उसका शोषण होता है सेवा के नाम पर, कि वह समाज की सेवा करता है, कि उसका शोषण होता है—इसका शिक्षक को कोई बोध नहीं है! किस-किस तरह का शोषण होता है?

अभी कुछ दिन पहले शिक्षकों की एक विराट सभा में बोलने मैं गया था, शिक्षक-दिवस था। तो मैंने उनसे कहा कि एक शिक्षक यदि राष्ट्रपति हो जाये तो इसमें शिक्षक का सम्मान क्या है? इसमें कौनसे शिक्षक का सम्मान है? मेरी समझ में, एक राष्ट्रपति शिक्षक हो जाये तब तो शिक्षक का सम्मान भी समझ में आता है लेकिन एक शिक्षक राष्ट्रपति हो जाये इसमें शिक्षक का सम्मान कौन-सा है! एक राष्ट्रपति शिक्षक हो जाये और कह दे कि यह व्यर्थ है और मैं शिक्षक होना चाहता हूं और शिक्षक होना आनंद है, तब तो हम समझेंगे कि शिक्षक का सम्मान हो रहा है। लेकिन एक शिक्षक राष्ट्रपति हो जाये, इसमें शिक्षक का सम्मान नहीं है, राजनीतिज्ञ का सम्मान है। इसमें राजनेता का सम्मान है। और जब एक शिक्षक सम्मानित होता है राष्ट्रपति होकर तो फिर बाकी शिक्षक भी हैडमास्टर होना चाहें, स्कूल के इंस्पेक्टर होना चाहें, एजुकेशन मिनिस्टर होना चाहें तो कोई गलती है?

सम्मान तो वहां है जहां पद है, और पद वहां है जहां राज्य है। लेकिन सारा ढांचा हमारा इस चिंतन का ऐसा है कि सब पीछे हैं, सबके ऊपर राज्य, सबके ऊपर राजनीतिक है। राजनीतिक जाने-अनजाने शिक्षक के द्वारा अपने विचार की स्थिति को,

अपनी धारणाओं को बच्चों में प्रवेश कराता रहा है। धार्मिक भी करता रहा है—यही! धर्म-शिक्षा के नाम पर यही चलता रहा है...कि हर धर्म यह कोशिश करते हैं कि बच्चों के मन में अपनी धारणाओं को प्रवेश करा दें, चाहे वे सत्य हों, चाहे असत्य हों। और उस उम्र में प्रवेश करवा दें जब कि बच्चों में कोई सोच-विचार नहीं होता है। इससे घातक अपराध मनुष्य जाति में कोई दूसरा नहीं है और न हो सकता है। एक अबोध और अनजान बालक के मन में यह भाव पैदा कर देना कि कुरान में जो है वह सत्य है या गीता में जो है वह सत्य है या भगवान हैं तो, वह मुहम्मद हैं या भगवान हैं तो महावीर हैं, कृष्ण हैं...ये सारी बातें एक अबोध, अनजान, निर्दोष बच्चे के मन में प्रवेश करा देना...! इससे बढ़कर घातक अपराध कोई नहीं हो सकता। लेकिन इसी भांति राजनीतिज्ञ भी कोशिश करता है।

अभी हिंदुस्तान का मामला था। आजादी की लड़ाई थी तो हिंदुस्तान के राजनीतिज्ञ कहते थे कि शिक्षक और विद्यार्थी दोनों राजनीति में भाग लें क्योंकि देश की आजादी का सवाल है। फिर वे ही राजनीतिज्ञ हुकूमत में आ गये, सत्ता में आ गये तो वे कहते हैं कि शिक्षक और विद्यार्थी राजनीति से दूर रहें। कम्युनिस्ट और सोशलिस्ट कहते हैं कि नहीं, विद्यार्थियों को दूर रहने की कोई जरूरत नहीं है, उन्हें राजनीति में भाग लेना चाहिए। शिक्षक और विद्यार्थी राजनीति में भाग लें। कल कम्युनिस्ट आ जायें हुकूमत में, तो वे कहेंगे कि अब तुम्हें इस राजनीति में भाग लेने की कोई भी जरूरत नहीं! क्योंकि जो जिस राजनीतिज्ञ के हित में है वही सत्य हो जाता है, जब जिस मौके पर...और शिक्षक और विद्यार्थी को यही सत्य है, यह समझाने की कोशिश की जाती है।

मेरी दृष्टि में कोई भी व्यक्ति ठीक अर्थों में शिक्षक तभी हो सकता है जब उसमें विद्रोह की एक अत्यंत ज्वलंत अग्नि हो। जिस शिक्षक के भीतर विद्रोह की अग्नि नहीं है वह केवल किसी न किसी नीति, स्वार्थ का, चाहे समाज, चाहे धर्म, चाहे राजनीति, उसका एजेंट होगा। शिक्षक के भीतर एक ज्वलंत अग्नि होनी चाहिए विद्रोह की, चिंतन की, सोचने की! लेकिन क्या हममें सोचने की अग्नि है और अगर नहीं है तो क्या आप भी एक दुकानदार नहीं हैं?

शिक्षक होना बड़ी और बात है। शिक्षक होने का मतलब क्या है? क्या हम सोचते हैं—आप बच्चों को सिखाते होंगे, सारी दुनिया में सिखाया जाता है बच्चों को, बच्चों को सिखाया जाता है कि प्रेम करो!—लेकिन कभी आपने विचार किया है कि आपकी

पूरी शिक्षा की व्यवस्था प्रेम पर नहीं, प्रतियोगिता पर आधारित है। किताब में सिखाते हैं कि प्रेम करो और आप की पूरी व्यवस्था, पूरा इंतजाम प्रतियोगिता का है। जहां प्रतियोगिता है वहां प्रेम कैसे हो सकता है। जहां काम्पटीशन है, प्रतिस्पर्धा है, वहां प्रेम कैसे हो सकता है। प्रतिस्पर्धा तो ईर्ष्या का रूप है, जलन का रूप है। पूरी व्यवस्था तो जलन सिखाती है। एक बच्चा प्रथम आ जाता है तो दूसरे बच्चे से कहते हैं कि देखो तुम पीछे रह गये और यह पहले आ गया। आप क्या सिखा रहे हैं? आप सिखा रहे हैं कि प्रशंसा करो, प्रतिस्पर्द्धा करो, स्तुति भी करो, तुम आगे आओ। आप क्या सिखा रहे हैं ? आप अहंकार सिखा रहे हैं कि जो आगे है वह बड़ा है और जो पीछे है वह छोटा है। लेकिन किताबों में आप कह रहे हैं कि विनीत बनो और किताबों में आप समझा रहे हैं कि प्रेम करो; और आपकी पूरी व्यवस्था सिखा रही है कि घृणा करो, ईर्ष्या करो और आगे निकलो, दूसरे को पीछे हटाओ और आपकी पूरी व्यवस्था उनको पुरस्कृत कर रही है। जो आगे आ रहे हैं उनको गोल्ड मैडल दे रही है, उनको सर्टिफिकेट दे रही है, उनके गले में मालाएं पहना रही है, उनके फोटो छाप रही है; और जो पीछे खड़े हैं उनको अपमानित कर रही है।

तो जब आप पीछे खड़े आदमी को अपमानित करते हैं तो क्या आप उसके अहंकार को चोट नहीं पहुंचाते कि वह आगे हो जाये ? और जब आगे खड़े आदमी को आप सम्मानित करते हैं तो उसके अहंकार को प्रबल नहीं करते हैं ? और जब ये बच्चे इस भांति अहंकार में, ईर्ष्या में, प्रतिस्पर्धा में पाले जाते हैं तो यह कैसे प्रेम कर सकते हैं। प्रेम का हमेशा मतलब होता है कि जिसे हम प्रेम करते हैं उसे आगे जाने दें। प्रेम का हमेशा मतलब है, पीछे खड़ा हो जाना।

एक छोटी-सी कहानी कहूं, उससे खयाल में आ जाये। तीन सूफी फकीरों को फांसी दी जा रही थी और दुनिया में हमेशा धार्मिक आदमी संतों के खिलाफ रहे हैं। तो धार्मिक लोग उन फकीरों को फांसी दे रहे थे। तीन फकीर बैठे हुए थे कतार में। जल्लाद एक-एक का नाम बुलायेगा और उनको काट देगा। उसने चिल्लाया कि नूरी कौन है, उठकर आ जाये। लेकिन नूरी नाम का आदमी तो नहीं उठा, एक दूसरा युवक उठा और वह बोला मैं तैयार हूं, मुझे काट दो। उसने कहा कि तेरा तो नाम यह नहीं है। इतनी मरने की क्या जल्दी है? उसने कहा कि मैंने प्रेम किया है और जाना कि जब मरना हो तो आगे हो जाओ और जब जीना हो तो पीछे हो जाओ। मेरा मित्र मरे, उसके पहले मुझे मर जाना चाहिए। और अगर जीने का सवाल हो तो मेरा मित्र जिये, उसके पीछे

मुझे जीना चाहिए।

प्रेम तो यही कहता है, लेकिन प्रतियोगिता क्या कहती है? प्रतियोगिता कहती है कि मरनेवाले के पीछे हो जाना और जीनेवाले के आगे हो जाना। और हमारी शिक्षा क्या सिखाती है? प्रेम सिखाती है या प्रतियोगिता सिखाती है? और जब सारी दुनिया में प्रतियोगिता सिखाई जाती हो और बच्चों के दिमाग में काम्पटीशन और एम्बीशन का जहर भरा जाता हो तो उससे दुनिया अच्छी हो सकती है? जब हर बच्चा हर दूसरे बच्चे से आगे निकलने के लिए उत्सुक हो, और जब हर बच्चा हर बच्चे को पीछे छोड़ने के लिए उत्सुक हो तो बीस साल की शिक्षा के बाद जिंदगी में वह क्या करेगा? यही करेगा, जो सीखेगा वही करेगा।

हर आदमी हर दूसरे आदमी को खींच रहा है कि पीछे आ जाओ। नीचे के चपरासी से लेकर ऊपर के राष्ट्रपति तक हर आदमी एक-दूसरे को खींच रहा है कि पीछे आ जाओ। और जब इस खींचतान में कोई चपरासी राष्ट्रपति हो जाता है तो हम कहते हैं कि बड़ी गौरव की बात हो गयी। हालांकि किसी को पीछे करके आगे होने से बड़ा हिंसा का कोई काम नहीं है। लेकिन यह वायलेंस हम सिखा रहे हैं, यह हिंसा हम सिखा रहे हैं और इसको हम कहते हैं कि यह शिक्षा है। अगर इस शिक्षा पर आधारित दुनिया में युद्ध होते हों तो आश्चर्य कैसा! अगर इस शिक्षा पर आधारित दुनिया में रोज-रोज लड़ाई होती हो, रोज हत्या होती हो तो आश्चर्य कैसा! अगर इस शिक्षा पर आधारित दुनिया में झोपड़ों के करीब बड़े महल खड़े होते हों और उन झोपड़ों में मरते लोगों के करीब लोग अपने महलों में खुश रहते हों तो आश्चर्य कैसा! तो दुनिया में भूखे लोग हों और ऐसे लोग हों जिनके पास इतना है कि क्या करें, उनकी समझ में नहीं आता। यह इस शिक्षा की बदौलत है, और शिक्षक की मजबूरी भी जिम्मेदार है ! इस शिक्षा का परिणाम है, यह दुनिया जो इसी शिक्षा से पैदा हो रही है और शिक्षक इसके लिए जिम्मेवार है, वह शोषण का हथियार बना हुआ है। वह हजार तरह के स्वार्थों का हथियार बना हुआ है इस नाम पर कि वह शिक्षा दे रहा है, बच्चों को शिक्षा दे रहा है!

अगर यही शिक्षा है तो भगवान करे कि सारी शिक्षा बंद हो जाये तो भी आदमी इससे बेहतर हो सकता है। जंगली आदमी शिक्षित आदमी से बेहतर है और उसमें ज्यादा प्रेम है तथा कम प्रतिस्पर्धा है, उसमें ज्यादा हृदय है और कम मस्तिष्क है; लेकिन इससे ज्यादा वह आदमी है। लेकिन हम इसको शिक्षा कह रहे हैं! और हम करीब-करीब जिन-जिन बातों को कहते हैं कि तुम्हें यह करना है, उनसे उल्टी बातें

सिखाते हैं। पूरा सरंजाम हमारी उल्टी बातें सिखाता है!

आप क्या सिखाते हैं? आप सिखाते हैं उदारता, सहानुभूति। लेकिन प्रतियोगी मन, काम्पिटिटिव माइंड कैसे उदार हो सकता है? कैसे सहानुभूतिपूर्ण हो सकता है? अगर प्रतियोगी मन सहानुभूतिपूर्ण हो तो प्रतियोगिता कैसे चलेगी? प्रतियोगी मन कठोर होगा, हिंसक होगा, अनुदार होगा—होना ही पड़ेगा उसे। और हमारी व्यवस्था ऐसी है कि हमें पता भी नहीं चलेगा, हमें खयाल भी नहीं आयेगा कि यह हिंसक आदमी है, जो सारी भीड़ को हटाकर आगे जा रहा है। यह क्या है? यह हिंसक आदमी है और हम इसे सिखाये जा रहे हैं, हम इसे तैयार किये जा रहे हैं। फैक्ट्रियां बढ़ती जा रही हैं इस तरह की शिक्षा की। उनको हम स्कूल कहते हैं, विद्यालय कहते हैं...सरासर झूठ है। ये सब फैक्ट्रियां हैं जिनमें बीमार आदमी तैयार किया जा रहा है और वह बीमार आदमी सारी दुनिया को गड्ढे में लिए जा रहा है। हिंसा बढ़ती जाती है, प्रतिस्पर्धा बढ़ती जाती है। एक-दूसरे के गले पर एक-दूसरे का हाथ है। आप यहां बैठे हैं, कहेंगे कि हमारा किसके गले पर हाथ है। लेकिन जरा गौर से देखें, हर आदमी का हाथ हर दूसरे आदमी के गले पर है और एक-एक गले पर हजार-हजार हाथ हैं और हर आदमी का हाथ दूसरे की जेब में है और एक जेब में हजार-हजार हाथ हैं और यह बढ़ता जा रहा है। यह कहां जायेगा, यह कहां टूटेगा, यह कब तक चल सकता है, यह एटम और हाइड्रोजन बम कहां से पैदा हो रहे हैं?—प्रतियोगिता से, प्रतिस्पर्धा से! वह प्रतिस्पर्धा चाहे दो आदमियों की हो, चाहे दो राष्ट्रों की हो, कोई फर्क थोड़े ही है। वह रूस की हो या अमरीका की हो, कोई फर्क थोड़े ही है।

प्रतिस्पर्धा है, आगे होना है। अगर तुम एटम बम बनाते हो तो हम हाइड्रोजन बम बनाते हैं और यदि तुम हाइड्रोजन बनाओगे तो हम कुछ और बनायेंगे, सुपर हाइड्रोजन बम बनायेंगे। लेकिन पीछे हम नहीं रह सकते। पीछे रहना हमें कभी सिखाया नहीं गया है। हमें आगे होना है। अगर तुम दस मारते हो तो हम बीस मारेंगे। अगर तुम मुल्क एक मिटाते हो तो हम दो मिटा देंगे। यानी हम इस तक के लिए राजी हो सकते हैं कि हम सबको मिटाने के लिए राजी हो सकते हैं, क्योंकि हम पीछे नहीं रह सकते। यह कौन पैदा कर रहा है! यह कहां से सारी बात आ रही है ! यह शिक्षा से सारी बात आ रही है।

लेकिन हम अंधे हैं और हम यह देखते नहीं कि मामला क्या है। बच्चों को हम क्या सिखाते हैं? उनको सिखाते हैं कि लोभी मत बनो, भयभीत मत बनो, लेकिन करते क्या

हैं? हम पूरे वक्त लोभ सिखाते हैं, पूरे वक्त भय सिखाते हैं। पुराने जमाने में नर्क के भय थे, स्वर्ग के पुरस्कार का प्रलोभन था। वह हजारों साल तक सिखाया गया। पूरे प्राण ढीले कर दिये गये आदमी के। भय और लोभ के सिवाय उसमें कुछ नहीं बचा। भय है कि कहीं नरक न चला जाऊं और लोभ कहता है कि किसी भांति स्वर्ग पहुंच जाऊं। हम क्या करते हैं? जहां भी दंड और पुरस्कार है, वहां भय है और वहां लोभ है। लेकिन हम बच्चों को कैसे सिखाते हैं, सिखाने का रास्ता क्या है? सिखाने का रास्ता है या भय या तो लोभ। या तो मारो और सिखाओ, या फिर प्रलोभन दो कि हम यह-यह देंगे, गोल्ड मैडल देंगे, इज्जत देंगे, नौकरी देंगे, समाज में स्थान मिलेगा, ऊंचा पद देंगे, नवाब बना देंगे।

जब मैं पढ़ता था तो कहते थे कि पढ़ोगे लिखोगे होगे नवाब, तुमको नवाब बना देंगे, तहसीलदार बना देंगे। तुम राष्ट्रपति हो जाओगे। ये प्रलोभन हैं और ये प्रलोभन हम छोटे-छोटे बच्चों के मन में जगाते हैं। हमने कभी उनको सिखाया क्या कि तुम ऐसा जीवन बसर करना कि तुम शान्त रहो, आनंदित रहो। नहीं, हमने सिखाया है कि तुम ऐसा जीवन बसर करना कि तुम ऊंची से ऊंची कुर्सी पर पहुंच जाओ। तुम्हारी तनख्वाह बहुत बड़ी हो जाये, तुम्हारे कपड़े अच्छे से अच्छे हो जायें, हमने उन्हें यह सिखाया है। हमने हमेशा यह सिखाया है कि तुम लोभ को आगे से आगे खींचना, क्योंकि वही सफलता है। और जो असफल है उसके लिए कोई स्थान है?

इस पूरी शिक्षा में असफल के लिए कोई स्थान नहीं है, असफल के प्रति कोई जगह नहीं है और केवल सफलता के घुन और ज्वर हम पैदा करते हैं तो फिर स्वाभाविक है कि सारी दुनिया में जो सफल होना चाहता है वह जो बन सकता है, करता है। और सफलता आखिर में सब छिपा देती है। एक आदमी किस भांति चपरासी से राष्ट्रपति बनता है! एक दफा राष्ट्रपति बन जाये तो फिर कुछ पता नहीं चलता कि वह कैसे राष्ट्रपति बना, कौन-सी तिकड़म से, कौन-सी शरारत से, कौन-सी बेईमानी से, कौन-से झूठ से? किस भांति से राष्ट्रपति बना, कोई जरूरत अब पूछने की नहीं है! न दुनिया में अब कोई पूछेगा, न पूछने का सवाल उठेगा। एक दफा सफलता आ जाये तो सब पाप छिप जाते हैं और समाप्त हो जाते हैं। सफलता एकमात्र सूत्र है। तो जब सफलता एकमात्र सूत्र है तो मैं झूठ बोलकर क्यों न सफल हो जाऊं, बेईमानी करके क्यों न सफल हो जाऊं! अगर सत्य बोलता हूं और असफल होता हूं, तो क्या करूं?

तो हम एक तरफ सफलता को केंद्र बनाये हैं और जब झूठ बढ़ता है, बेईमानी

बढ़ती है तो परेशान होते हैं कि यह क्या मामला है। जब तक सफलता, सक्सेस एकमात्र केंद्र है, सारी कसौटी का एक मापदंड है, तब तक दुनिया में झूठ रहेगा, बेईमानी रहेगी, चोरी रहेगी। यह नहीं हट सकती, क्योंकि अगर चोरी से सफलता मिलती है तो क्या किया जाये? अगर बेईमानी से सफलता मिलती है तो क्या किया जाये? बेईमानी से बचा जाये कि सफलता छोड़ी जाये, क्या किया जाये? जब सफलता एकमात्र माप है, एकमात्र मूल्य है, एकमात्र वैल्यू है कि वह आदमी महान है जो सफल हो गया तो फिर बाकी सब बातें अपने आप गौण हो जाती हैं। रोते हैं हम, चिल्लाते हैं कि बेईमानी बढ़ रही है, यह हो रहा है। यह सब बढ़ेगी, बढ़नी चाहिए। आप जो सिखा रहे हैं यह फल है उसका, पांच हजार साल से जो सिखा रहे हैं उसका फल है।

सफलता कोई मूल्य नहीं है। सफल आदमी कोई बड़े सम्मान की बात नहीं है। सफल नहीं सुफल होना चाहिए आदमी को—सफल नहीं सुफल! एक आदमी बुरे काम में सफल हो जाये, इससे बेहतर है कि एक आदमी भले काम में असफल हो जाये। सम्मान काम से होना चाहिए, सफलता से नहीं। लेकिन सफलता मूल्य है और सारा जीवन उसके केंद्र पर घूम रहा है।

एजुकेशन कमीशन बैठा था अभी। उसके चेयरमैन ने कहा कि हम अपने बच्चों को कहते हैं कि तुम सत्य बोलो। सब तरह समझाते हैं, लेकिन फिर कभी-कभी झूठ बोलते हैं! मैंने उनसे कहा कि क्या आप पसंद करेंगे कि आपका लड़का सड़क पर भंगी हो जाये, बुहारी लगाये, या एक स्कूल में चपरासी हो जाये? पसंद करेंगे? या कि आपका दिल है कि लड़का भी आपकी तरह एजुकेशन कमीशन का चेयरमैन हो। हिंदुस्तान के बाहर अंबेसिडर हो, धीरे-धीरे चढ़े सीढ़ियां!...और ऊपर बैठ जाये और आखिर में भगवान हो जाये! क्या आप राजी हैं इस बात के लिए कि आपका लड़का सड़क पर बुहारी लगाये? तो आपको कोई तकलीफ न हो...! उन्होंने कहा कि नहीं, तकलीफ तो होगी! तो मैंने कहा कि अगर तकलीफ होगी तो फिर आप लड़के से चाहते नहीं हैं कि वह सत्य हो, ईमानदार हो।

जब तक चपरासी अपमानित है और राष्ट्रपति सम्मानित है तब तक दुनिया में ईमानदारी नहीं हो सकती क्योंकि चपरासी कैसे बैठा रहे चपरासी की जगह पर, और जिन्दगी इतनी बड़ी नहीं है कि सत्य का सहारा लिए बैठा रहे। और असत्य सफलता लाता हो तो कौन पागल होगा जो उसे छोड़ दे! और न केवल आप मानते हैं बल्कि मामले कुछ ऐसे हैं कि आपने जिस भगवान को बनाया है, जिस स्वर्ग को, वह भी इन

सफल लोगों को मानता है। चपरासी मरता है तो नर्क जाने की संभावना है। राष्ट्रपति कभी नर्क नहीं जाते, सीधे स्वर्ग जाते हैं। वहां भी सिक्के यही लगाकर रखे हुए हैं कि वहां भी जो सफल है वही!—तो फिर क्या होगा?

सफलता का केंद्र खत्म करना होगा। अगर बच्चे से आपको प्रेम है और मनुष्य जाति के लिए आप कुछ करना चाहते हैं तो बच्चों के लिए सफलता के केंद्र को हटाइये, सुफलता के केंद्र को पैदा करिये। अगर मनुष्य जाति के लिए कोई भी आपके हृदय में प्रेम है और आप सच में चाहते हैं कि एक नयी दुनिया, एक नयी संस्कृति और एक नया आदमी पैदा हो जाये तो सारी पुरानी बेवकूफी छोड़नी पड़ेगी, जलानी पड़ेगी और नष्ट करनी पड़ेगी और विचार करना पड़ेगा कि विद्रोह कैसे हो सकता है इसके भीतर से। सब गलत है, इसलिए गलत आदमी पैदा होता है।

शिक्षक बुनियादी रूप से इस जगत में सबसे बड़ा विद्रोही व्यक्ति होना चाहिए। तब वह पीढ़ियों को आगे ले जायेगा। और शिक्षक सबसे बड़ा दकियानूस है, सबसे बड़ा ट्रेडिशनलिस्ट वही है, वही दोहराये जाता है पुराने कचरे को। क्रांति शिक्षक में होती नहीं है। आपने सुना है कि कोई शिक्षक क्रांतिपूर्ण हो। शिक्षक सबसे ज्यादा दकियानूस, सबसे ज्यादा ऑर्थोडाक्स है, इसलिए शिक्षक सबसे खतरनाक है। समाज उससे हित नहीं पाता है, अहित पाता है। शिक्षक को होना चाहिए विद्रोही—कौन-सा विद्रोही? मकान में आग लगा दें आप, या कुछ और कर दें या जाकर ट्रेन उलट दें या बसों में आग लगा दें। मैं उनको नहीं कह रहा हूं, गलती से वैसा न समझ लें। मैं कह रहा हूं कि तुम्हारे जो मूल्य हैं, हमारे जो वैल्यूज़ हैं उनके बाबत विद्रोह का रुख, विचार का रुख होना चाहिए कि यह मामला क्या है।

जब आप एक बच्चे को कहते हैं कि तुम गधे हो, तुम नासमझ हो, तुम बुद्धिहीन हो, देखो उस दूसरे को, वह कितना आगे है, तब आप विचार करें कि यह कितने दूर तक ठीक है और कितने दूर तक सच है! क्या दुनिया में दो आदमी एक जैसे हो सकते हैं? क्या यह संभव है कि जिसको आप गधा कह रहे हैं वह वैसा हो जाएगा जैसा कि आगे खड़ा है। क्या यह आज तक संभव हुआ है? हर आदमी जैसा है, अपने जैसा है, दूसरे आदमी से कंपेरीज़न का कोई सवाल ही नहीं। किसी दूसरे आदमी से उसकी कोई कंपेरीज़न नहीं, उसकी कोई तुलना नहीं।

एक छोटा कंकड़ है, वह छोटा कंकड़ है; एक बड़ा कंकड़ है वह बड़ा कंकड़ है! एक छोटा पौधा है, वह छोटा पौधा है; एक बड़ा पौधा है, वह बड़ा पौधा है! एक घास

का फूल है, वह घास का फूल है; एक गुलाब का फूल है, वह गुलाब का फूल है! प्रकृति का जहां तक संबंध है, घास के फूल पर प्रकृति नाराज नहीं है और गुलाब के फूल पर प्रसन्न नहीं है। घास के फूल को भी प्राण देती है उतनी ही खुशी से जितनी गुलाब के फूल को देती है। और मनुष्य को हटा दें तो घास के फूल और गुलाब के फूल में कौन छोटा है, कौन बड़ा है—कोई छोटा और बड़ा नहीं है! घास का तिनका और बड़ा भारी चीड़ का दरख्त...तो यह महान है और यह घास का तिनका छोटा है? तो परमात्मा कभी का घास के तिनके को समाप्त कर देता और चीड़-चीड़ के दरख्त रह जाते दुनिया में। नहीं, लेकिन आदमी की वैल्यूज़ गलत हैं।

यह आप स्मरण रखें कि इस संबंध में मैं आपसे कुछ गहरी बात कहने का विचार रखता हूं। वह यह कि जब तक दुनिया में हम एक आदमी को दूसरे आदमी से कंपेयर करेंगे तब तक हम गलत रास्ते पर चलते रहेंगे। वह गलत रास्ता यह होगा कि हम हर आदमी में दूसरे आदमी जैसा बनने की इच्छा पैदा करते हैं; जब कि कोई आदमी न तो दूसरे जैसा बना है और न बन सकता है।

राम को मरे कितने दिन हो गए, या क्राइस्ट को मरे कितने दिन हो गए? दूसरा क्राइस्ट क्यों नहीं बन पाता और हजारों-हजारों क्रिश्चियन कोशिश में तो चौबीस घंटे लगे हैं कि क्राइस्ट बन जायें। हजारों राम बनने की कोशिश में हैं, हजारों जैन, महावीर, बुद्ध बनने की कोशिश में हैं, लेकिन बनते क्यों नहीं एकाध? एकाध दूसरा क्राइस्ट और दूसरा महावीर क्यों नहीं पैदा होता? क्या इससे आंख नहीं खुल सकती आपकी? मैं रामलीला के रामों की बात नहीं कह रहा हूं, जो रामलीला में बनते हैं राम। न आप यह समझ लें कि उनकी चर्चा कर रहा हूं। वैसे तो कई लोग राम बन जाते हैं, कई लोग बुद्ध जैसे कपड़े लपेट लेते हैं और बुद्ध बन जाते हैं। कई लोग महावीर जैसा कपड़ा लपेट लेते हैं या नंगा हो जाते हैं और महावीर बन जाते हैं। मैं उनकी बात नहीं कर रहा। वे सब रामलीला के राम हैं, उनको छोड़ दें। लेकिन राम कोई दूसरा पैदा होता है?

यह आपको जिंदगी में भी पता चलता है कि ठीक एक आदमी जैसा दूसरा आदमी कोई हो सकता है? एक कंकड़ जैसा दूसरा कंकड़ भी पूरी पृथ्वी पर खोजना कठिन है—यहां हर चीज यूनिक है और हर चीज अद्वितीय है। और जब तक हम प्रत्येक की अद्वितीय प्रतिभा को सम्मान नहीं देंगे तब तक दुनिया में प्रतियोगिता रहेगी, प्रतिस्पर्धा रहेगी, तब तक दुनिया में मारकाट रहेगी, तब तक दुनिया में हिंसा रहेगी, तब तक दुनिया में सब बेईमानी के उपाय से आदमी आगे होना चाहेगा, दूसरे जैसा होना

चाहेगा। जब हर आदमी दूसरे जैसा होना चाहता है तो क्या फल होता है? फल यह होता है—अगर एक बगीचे में सब फूलों का दिमाग फिर जाये या बड़े-बड़े शिक्षक वहां पहुंच जायें और उनको समझायें कि देखो, चमेली का फूल चंपा जैसा हो जाए, और चंपा का फूल जुही जैसा, क्योंकि देखो, जुही कितनी सुंदर है...और सब फूलों में पागलपन आ जाए, हालांकि आ नहीं सकता!

...क्योंकि आदमी से पागल फूल नहीं है। आदमी से ज्यादा जड़ता उनमें नहीं है कि वे चक्कर में पंड़ जायें। शिक्षकों के, उपदेशकों के, संन्यासियों के, आदर्शवादियों के, साधुओं के चक्कर में कोई फूल नहीं पड़ेगा। लेकिन फिर भी समझ लें और कल्पना कर लें कि कोई आदमी जाये और समझाए उनको तथा वे चक्कर में आ जायें और चमेली का फूल चंपा का फूल होने लगे तो क्या होगा उस बगिया में। उस बगिया में फूल फिर पैदा नहीं हो सकते, उस बगिया में फिर पौधे मुरझा जायेंगे। क्यों? क्योंकि चंपा लाख उपाय करे तो चमेली नहीं हो सकती, वह उसके स्वभाव में नहीं है, वह उसके व्यक्तित्व में नहीं है, वह उसकी प्रकृति में नहीं है। चमेली तो चंपा हो ही नहीं सकती। लेकिन क्या होगा? चमेली चंपा होने की कोशिश में चमेली भी नहीं हो पाएगी। वह जो हो सकती थी उससे भी वंचित हो जाएगी।

मनुष्य के साथ यह दुर्भाग्य हुआ है। सबसे बड़ा दुर्भाग्य और अभिशाप जो मनुष्य के साथ हुआ है वह यह कि हर आदमी किसी और जैसा होना चाह.रहा है और कौन सिखा रहा है यह? यह षड्यंत्र कौन कर रहा है? यह हजार-हजार साल से शिक्षा कर रही है। वह कह रही है राम जैसे बनो, बुद्ध जैसे बनो। यह अगर पुरानी तस्वीर फीकी पड़ गयी, तो गांधी जैसे बनो, विनोबा जैसे बनो। किसी न किसी जैसा बनो लेकिन अपने जैसा बनने की भूल कभी न करना क्योंकि तुम तो बेकार पैदा हुए हो। असल में तो गांधी मतलब से पैदा हुए। भगवान ने भूल की कि जो आपको पैदा किया। क्योंकि अगर भगवान समझदार होता तो राम और बुद्ध ऐसे कोई दस पंद्रह आदमी के 'टाइप' पैदा कर देता दुनिया में। या कि बहुत ही समझदार होता, जैसा कि सभी धर्मों के लोग बहुत ही समझदार होते हैं, तो फिर एक ही तरह के 'टाइप' पैदा कर देता। फिर क्या होता?

अगर दुनिया में समझ लें कि तीन अरब राम ही राम हैं तो कितनी देर चलेगी दुनिया? पंद्रह मिनट में स्युसाइड हो जाएगा। सारी दुनिया आत्मघात कर लेगी। इतनी बोरडम पैदा होगी राम ही को देखने से। सब मर जाएगा, कभी सोचा है? सारी दुनिया

में गुलाब ही गुलाब के फूल हो जायें और सारे पौधे गुलाब के फूल पैदा करने लगें तो क्या होगा ? फूल देखने लायक भी नहीं रह जायेंगे। उनकी तरफ आंख करने की भी ज़रूरत नहीं रह जाएगी। यह व्यर्थ नहीं है कि प्रत्येक व्यक्ति का अपना व्यक्तित्व होता है। यह गौरवशाली बात है कि आप किसी दूसरे जैसे नहीं हैं और यह कंपैरिजन, कि कोई ऊंचा है कोई नीचा है, नासमझी की बात है। कोई ऊंचा और नीचा नहीं है—प्रत्येक है! प्रत्येक व्यक्ति अपनी जगह है और प्रत्येक व्यक्ति दूसरा अपनी जगह पर। नीचे-ऊंचे की बात गलत है। सब तरह का वैल्युएशन गलत है। लेकिन हम यह सिखाते रहे हैं।

विद्रोह से मेरा मतलब है, इस तरह की सारी बातों पर विचार, इस तरह की सारी बातों पर विवेक, इस तरह की एक-एक बात को देखना कि मैं क्या सिखा रहा हूं इन बच्चों को। जहर तो नहीं पिला रहा हूं? बड़े प्रेम से भी जहर पिलाया जा सकता है और बड़े प्रेम से मां-बाप और शिक्षक जहर पिलाते रहे हैं, लेकिन यह टूटना चाहिए।

दुनिया में अब तक धार्मिक क्रांतियां हुईं। एक धर्म के लोग दूसरे धर्म के हो गए। कभी समझाने-बुझाने से हुए, कभी तलवार छाती पर रखने से हो गए लेकिन कोई फर्क नहीं पड़ा। हिंदू मुसलमान हो जाए तो वैसे का वैसा आदमी रहता है, मुसलमान ईसाई हो जाए तो वैसा का वैसा आदमी रहता है, कोई फर्क नहीं पड़ा धार्मिक क्रांतियों से। राजनैतिक क्रांतियां हुई हैं। एक सत्ताधारी बदल गया, दूसरा बैठ गया। कोई जो दूसरे की जमीन पर रहता था वह बदल गया, तो जो पास की जमीन पर रहता था वह बैठ गया। किसी की चमड़ी गोरी थी वह हट गया, तो किसी की चमड़ी काली थी तो वह बैठ गया। भीतर का सत्ताधारी वही का वही है। आर्थिक क्रांतियां हो गयी हैं दुनिया में। मजदूर बैठ गए, पूंजीपति हट गए, लेकिन बैठने से मजदूर पूंजीपति हो गया? पूंजीवाद चला गया तो उसकी जगह मैनेजर्स आ गए। वे भी उतने दुष्ट और खतरनाक हो गए, कोई फर्क नहीं पड़ा। वर्ग बने रहे। पहले वर्ग था, जिसके पास धन—वह, और जिसके पास धन नहीं है—वह। अब वर्ग हो गया—जिसमें धन वितरित किया जाता है—वह और जो धन वितरित करता है—वह। जिसके पास ताकत है, सत्ता में है वह, और दूसरा है सत्ताहीन, वह जो सत्ता में नहीं है। नये वर्ग बन गए लेकिन वर्ग कायम रहा।

अब इन चार-पांच हजार वर्षों में जितने प्रयोग हुए हैं मनुष्य के कल्याण के लिए, सब असफल हो गए। अभी तक एक प्रयोग नहीं हुआ है, वह है शिक्षा में क्रांति। वह

प्रयोग शिक्षक के ऊपर है कि वह करे। और मुझे लगता है, यह सबसे बड़ी क्रांति हो सकती है। राजनीतिक, आर्थिक या धार्मिक कोई क्रांति का इतना मूल्य नहीं जितना शिक्षा में क्रांति का मूल्य है। लेकिन शिक्षा में क्रांति कौन करेगा? वे विद्रोही लोग कर सकते हैं जो सोचें, विचार करें कि हम यह क्या कर रहे हैं! और इतना तय कर लें कि जो भी आप कर रहे हैं वह जरूर गलत है क्योंकि उसका परिणाम गलत है। यह जो मनुष्य पैदा हो रहा है, यह जो समाज बन रहा है, यह जो युद्ध हो रहे हैं, यह जो सारी हिंसा चल रही है, यह जो सफरिंग इतनी दुनिया में है, इतनी पीड़ा, दीनता और दरिद्रता है, यह कहां से आ रही है। यह जरूर हम जो शिक्षा दे रहे हैं उसमें बुनियादी भूल है। तो इस पर विचार करें और जागें, लेकिन आप तो कुछ और हिसाब में पड़े रहते होंगे।

शिक्षकों के सम्मेलन होते हैं तो वे विचार करते हैं कि विद्यार्थी बड़े अनुशासनहीन हो गए, इनको डिसिप्लिन में कैसे लाया जाए! कृपा करें, इनको पूरी तरह अनुशासनहीन हो जाने दें, क्योंकि आपकी डिसिप्लिन का परिणाम क्या हुआ है, पांच हजार साल में? हजारों साल से तो डिसिप्लिन में थे, क्या हुआ? और डिसिप्लिन सिखाने का मतलब क्या है? सिखाने का मतलब है कि हम जो कहें उसको ठीक मानो। हम ऊपर बैठें तो तुम नीचे बैठो, हम जब निकलें तो दोनों हाथ जोड़कर प्रणाम करो या और ज्यादा हो तो पैर छुयें और हम जो कहें उस पर शक मत करो या हम जिधर कहें उधर जाओ, हम कहें बैठो तो बैठ जाओ, हम कहें उठो तो उठ जाओ। यह डिसिप्लिन है, और डिसिप्लिन के नाम पर आदमियों को मारने की करतूत है, कि उसके भीतर कोई चैतन्य न रह जाए, उसके भीतर कोई होश न रह जाए, उसके भीतर कोई विवेक और विचार न रह जाए।

मिलिट्री में क्या करते हैं? एक आदमी को तीन-चार साल तक कवायद करवाते हैं, लेफ्ट राइट—कितनी बेवकूफी की बातें हैं कि आदमी से कहो, बायें घूमो, दायें घूमो। घुमाते रहो तीन-चार साल तक, उसकी बुद्धि नष्ट हो जायेगी। एक आदमी को दायें-बायें घुमाओगे, क्या होगा? कितनी देर तक उसकी बुद्धि स्थिर रहेगी। उससे कहो बैठो, उससे कहो खड़े रहो, दौड़ो और जरा इनकार करे तो मारो। तीन-चार दिन में उसकी बुद्धि क्षीण हो जायेगी, उसकी मनुष्यता मर जायेगी। उससे कहो, राइट टर्न तो वह मशीन की तरह घूमता है, कहो बंदूक चलाओ तो वह मशीन की तरह बंदूक चलाता है। उससे कहो मारो, वह आदमी को मारता है। वह आदमी नहीं रह गया, वह मशीन हो गया, यह डिसिप्लिन है? और यह हम चाहते हैं कि बच्चों में भी हो। बच्चों

में मिलिट्राइज़ेशन...उनको भी एन.सी.सी. सिखाओ, मार डालो दुनिया को, सैनिक शिक्षा दो, बंदूक पकड़वाओ, लेफ्ट-राइट करवाओ, मारो दुनिया को। पांच हजार साल में आदमी को...मैं नहीं समझता, कि उसमें कोई समझ भी आयी हो कि इन चीजों के मतलब क्या हैं? डिसिप्लिन से आदमी डेड होता है। जितना अनुशासित आदमी होगा उतना मुर्दा होगा।

तो क्या मैं यह कह रहा हूं कि लड़कों से कहो कि विद्रोह करो, दौड़ो-कूदो क्लास में, पढ़ने मत दो, यह नहीं कह रहा हूं। यह कह रहा हूं कि आप प्रेम करो बच्चों से। बच्चों के हित, भविष्य की मंगल कामना करो। उस प्रेम से, मंगल कामना से डिसिप्लिन आनी शुरू होती है जो थोपी हुई नहीं है, जो बच्चों के विवेक से पैदा होती है। एक बच्चे को प्रेम करो और देखो कि वह प्रेम उसमें अनुशासन लाता है। अनुशासन लेफ्ट-राइट टर्न करनेवाला नहीं, उसकी आत्मा से जगता है, दिल से, मन से जगता है, थोपा नहीं जाता है, उसके भीतर से आता है। उसके विवेक को जगाओ उसके विचार को जगाओ, बुद्धिहीन मत बनाओ। उससे यह मत कहो कि हम जो कहते हैं वही सत्य है।

सत्य का पता है आपको? लेकिन आदमी कहता है कि मैं जो कहता हूं वही सत्य है। इससे कोई फर्क नहीं पड़ता है कि आप तीस साल पहले पैदा हुए, वह तीस साल पीछे हो गया तो आप सत्य के जानकार हो गये और वह सत्य का जानकार न रहा। जितना अज्ञान आप में हो उससे शायद कम अज्ञान में वह हो क्योंकि अभी वह कुछ नहीं जानता है, और आप न मालूम कौन-कौन-सी नासमझी, न मालूम क्या-क्या नॉनसेंस जानते हैं, लेकिन आप ज्ञानी हैं क्योंकि आपकी तीस साल उम्र ज्यादा है। आपके हाथ में डंडा है इसलिए आप उसको डिसिप्लिन करना चाहते हैं। डिसिप्लिन न कोई किसी को करे तो दुनिया बेहतर हो सकती है। प्रेम करो, प्रेम आपका सहायक है। आप प्रेमपूर्ण जीवन जियें। आप मंगल कामना करें उसके हित की, सोचें उसके हित के लिए कि क्या हो सकता है। और वह प्रेम, वह मंगल कामना असंभव है कि उसके भीतर अनुशासन न ला दे, आदर न ला दे!

फर्क होगा। अभी जो जितना चैतन्य बच्चा है वह उतना ही ज्यादा इनडिसिप्लिन में होगा और जो जितना ईडियट है, जड़-बुद्धि है उतना डिसिप्लिन में होगा। जिस बात को मैं कह रहा हूं अगर प्रेम के माध्यम से अनुशासन आये तो जितने ईडियट हैं, उसमें कोई अनुशासन न पैदा होगा। जो जितना चैतन्य है उसमें उतना ज्यादा अनुशासन पैदा

होगा। अभी अनुशासन में वह है जो डल है, जिसमें कोई जीवन नहीं है, स्फुरणा नहीं है। अभी वह अनुशासनहीन—जिसमें चैतन्य है, विचार है, अगर प्रेम हो तो वह अनुशासनबद्ध होगा, जिसमें विचार है और चैतन्य है, और वह अनुशासनहीन होगा जो जड़ है।

जड़ता के अनुशासन का कोई मूल्य नहीं है। नहीं, चैतन्यपूर्वक जो अनुशासन है उसका मूल्य है क्योंकि चेतन्यपूर्वक अनुशासन का अर्थ यह होता है कि वह विचारपूर्वक अनुशासन में है और अगर आप गलत अनुशासन की मांग करेंगे तो वह इनकार कर देगा। अगर हिंदुस्तान-पाकिस्तान के युवक विवेकपूर्वक अनुशासनता में हों तो क्या यह संभव है कि पाकिस्तान की हुकूमत उनसे कहे कि जाओ, हिंदुस्तान के लोगों को मारो या हिंदुस्तान के युवक, अगर अनुशासन में विवेकपूर्वक हों तो क्या यह संभव है कि कोई राजनीतिज्ञ उनसे कहे कि जाओ और पाकिस्तान के लोगों को मारो!...तो वह कहेंगे कि यह बेवकूफी की बातें बंद करो। हम समझते हैं कि क्या विवेकपूर्वक है, यह हम नहीं कर सकते। लेकिन अभी तो जड़-बुद्धि को अनुशासन सिखाया गया है। उनसे कहो, मारो तो फिर वे बिलकुल ही नहीं देखते, क्योंकि अनुशासन ही सत्य है, उसको ही मानते हैं।

दुनिया में राजनीतिज्ञों ने, धर्म के पुरोहितों ने खूब शिक्षा दी है कि अनुशासन होना चाहिए। क्योंकि अनुशासक आदमी में कोई विवेक नहीं होता, कोई विद्रोह नहीं होता, कोई विचार नहीं होता क्योंकि उनकी तो पूरी कोशिश है कि सारी दुनिया मिलिट्री-कैम्प हो जाये। कोई आदमी कोई गड़बड़ न करे, यह कोशिश चल रही है हजार-हजार ढंग से।

शायद आपको पता हो या न पता हो, अब बहुत से रास्ते अख्तियार किये गये हैं। अब रूसवालों ने माइंडवॉश निकाल लिया है, एक मशीन बना ली है। जिस आदमी के दिमाग में विद्रोह होगा, विचार होगा उसके दिमाग से वह मशीन द्वारा साफ कर देंगे, उसके विचार को खत्म कर देंगे। क्योंकि विद्रोही आदमी खतरनाक है, वह हुकूमत के खिलाफ बोल सकता है, लोगों को भड़का सकता है कि यह गलत है, यह जो व्यवस्था है, इसलिए उसके दिमाग को ठंडा कर देंगे। पहले अनुशासन की तरकीब लगती थी, वह पूरी तरह कारगर न हुई। फिर भी कुछ विद्रोही पैदा हो जाते हैं। अब उन्होंने नयी तरकीब निकाली है कि जिस बच्चे के दिमाग में ऐसा शक-शुबह हो उसके दिमाग को ठीक कर देगी। ये बड़े खतरनाक मामले हैं जो सारी दुनिया में चल रहे हैं। एटम बम, हाइड्रोजन बम से ज्यादा खतरनाक ईजाद यह है।

लेकिन क्या शिक्षक इससे सहयोगी होगा? मैं इस प्रश्न पर ही चर्चा को आप पर छोड़ना चाहूंगा कि आप इस दुनिया से सहमत हैं? इस मनुष्य से सहमत हैं जैसा आज आदमी है। क्या इस इन्सान से सहमत हैं, इन युद्धों से, हिंसा से, बेईमानी से? यदि सहमत नहीं हैं तो पुनर्विचार करिये, आपकी शिक्षा में कहीं बुनियादी भूल है। आप जो दे रहे हैं, वह गलत है।

शिक्षक ज्यादा विद्रोही हो, विवेक और विचारपूर्ण उसकी जीवन दृष्टि हो तो वह समाज के लिए हितकर है, भविष्य में नये से नये समाज पैदा होने में सहयोगी है। और अगर वह यह नहीं है तो वह केवल पुराने मुर्दों को नये बच्चों के दिमाग में भरने के अतिरिक्त उसका और कोई काम नहीं है। इस काम को करता चला आया है। एक क्रांति होनी चाहिए, एक बड़ी क्रांति होनी चाहिए कि शिक्षा का आमूल ढांचा तोड़ दिया जाये और एक नया ढांचा पैदा किया जाये और उस नये ढांचे के मूल्य अलगं हों। सफलता उसका मूल्य न हो, महत्वाकांक्षा उसका मूल्य न हो, आगे और पीछे होना सम्मान-अपमान की बात न हो। एक व्यक्ति की दूसरे व्यक्ति से कोई तुलना न हो। प्रेम हो, प्रेम से बच्चों के विकास की चेष्टा हो। एक नयी, बिलकुल सुवास से भरी अदभुत दुनिया पैदा की जा सकती है।

यह थोड़ी-सी बातें मैंने आपसे कहीं, इस खयाल से कि कहीं कोई नींद में हो तो थोड़ा बहुत तो जागे। लेकिन कई की नींद इतनी गहरी होती है कि वह केवल यही समझ रहे होंगे कि क्या गड़बड़ चल रही है, नींद सब खराब किये दे रहे हैं। लेकिन अगर थोड़ा बहुत भी जागें, थोड़ा बहुत भी आंख खोलकर देखें तो जो मैंने कहा है, शायद उसमें से कोई बात उपयोगी और ठीक लगे।

यह मैं नहीं कहता हूं कि मैंने जो कहा है वह सच है और ठीक है। क्योंकि यह तो पुराना शिक्षक कहता है। यह तो आप कहते हैं। मैं तो यह कह रहा हूं कि मैंने अपनी दृष्टि आपको बतायी, वह बिलकुल ही गलत हो सकती है। हो सकता है, उसमें कण-मात्र भी सत्य न हो इसलिए यह नहीं कह रहा हूं कि मैंने जो कहा है उस पर विश्वास कर लें। मैं कहता हूं, उस पर विचार करना है। थोड़ा-सा विचार करना और उसमें से कुछ ठीक लगे तो वह मेरी बात नहीं होगी। आपका अपना विचार होगा, उस कारण आप मेरे अनुयायी नहीं बन जायेंगे। उस कारण आपने मेरी बात स्वीकार की ऐसा समझने की कोई जरूरत नहीं क्योंकि वह आप अपने विवेक से जाने और पहचाने हैं, वह आपकी बन गयी है। यह थोड़ी-सी बातें कहीं ताकि आप कुछ विचार करें।

दुनिया में इस वक्त बहुत धक्का देने की जरूरत है ताकि कुछ विचार पैदा हो। लेकिन हम करीब-करीब सो गये हैं, करीब-करीब मर ही गये हैं और सब चला जा रहा है। भगवान करे, थोड़ा बहुत धक्का कई तरफ से लगे और आप आंख खोलें और थोड़ा बहुत सोचें।

शिक्षक की सबसे बड़ी जिम्मेवारी है, राजनीतिज्ञों से बचे, राष्ट्रपतियों से, प्रधानमंत्रियों से बचे। इस नासमझी की वजह से तो इस दुनिया में सारी परेशानी है, इसी पॉलीटिशियन की वजह से सारे उपद्रव हैं। इससे बचें। और बच्चों में पॉलीटिशियन्स पैदा न होने दें, लेकिन वे पैदा कर रहे हैं एम्बीशन। नंबर एक आओ, तो फिर आगे क्या होगा। आगे कहां जाइये। फिर नंबर एक तो पॉलिटिक्स में ही आ सकते हैं, और कोई आता नहीं। और किसी के अखबार में फोटो नहीं छपते, नाम नहीं छपते। फिर तो वही आ सकते हैं, और वे वहीं आयेंगे।

बच्चों में प्रतिस्पर्धा पैदा न होने दें। प्रेम जगायें, जीवन के प्रति आनंद जगायें—प्रतियोगिता नहीं, प्रतिस्पर्धा नहीं। क्योंकि जो दूसरे से जूझता है, वह धीरे-धीरे जूझने में समाप्त हो जाता है और जो अपने आनंद को खोजता है, दूसरे से प्रतियोगिता को नहीं, उसका जीवन एक अदभुत फूल की भांति हो जाता है, जिसमें सुवास होती है, सौंदर्य होता है। परमात्मा करे, यह बुद्धि आप में आये। परमात्मा करे, यह विद्रोह आप में आये।

मेरी बातें आपने इतनी शांति से सुनीं उसके लिए बहुत-बहुत अनुगृहीत हूं। और सबके भीतर बैठे परमात्मा को प्रणाम करता हूं। मेरे प्रणाम स्वीकार करें।

5

प्रेम-विवाह और बच्चे

मेरे प्रिय!

जो अनुभव है परमात्मा का अनुभव है। सारे मनुष्य का अनुभव शरीर का अनुभव है। सारे योगी का अनुभव सूक्ष्म शरीर का अनुभव है। परम योगी का अनुभव परमात्मा का अनुभव है। परमात्मा एक है, सूक्ष्म शरीर अनंत हैं। स्थूल शरीर अनंत हैं। जो सूक्ष्म शरीर है, वह है—कॉजल बॉडी। वह जो सूक्ष्म है, वह नये स्थूल शरीर ग्रहण करता है। हम यहां देख रहे हैं कि बहुत से बल्ब जले हुए हैं। विद्युत तो एक है, विद्युत बहुत नहीं है। वह ऊर्जा, वह शक्ति, वह इनर्जी एक है लेकिन दो अलग बल्बों से वह प्रगट हो रही है। बल्ब का शरीर अलग-अलग है, उसकी आत्मा एक है। हमारे भीतर से जो चेतना झांक रही है, वह चेतना एक है, लेकिन है एक सूक्ष्म उपकरण ही, सूक्ष्म देह है! दूसरा उपकरण है—स्थूल देह। हमारा अनुभव स्थूल देह तक ही रुक जाता है। यह जो स्थूल देह तक रुक गया अनुभव है, यही मनुष्य के जीवन का सारा अंधकार और दुख है। लेकिन कुछ लोग सूक्ष्म शरीर पर भी रुक सकते हैं। जो लोग सूक्ष्म शरीर पर रुक जाते हैं, वे ऐसा कहेंगे कि आत्मायें अनंत हैं, लेकिन जो सूक्ष्म शरीर के भी आगे चले जाते हैं, वे कहेंगे परमात्मा एक है, आत्मा एक है, ब्रह्म एक है।

मेरी इन दोनों बातों में कोई विरोध नहीं है। मैंने जो आत्मा के प्रवेश के लिए कहा, उसका अर्थ है—वह आत्मा जिसका अभी सूक्ष्म शरीर गिर नहीं गया है। इसलिए हम कहते हैं कि जो आत्मा परम मुक्ति को उपलब्ध हो जाती है उसका जन्म-मरण बंद हो जाता है। आत्मा का तो कोई जन्म-मरण है ही नहीं, वह न तो कभी जन्मी है और न कभी मरेगी। वह जो सूक्ष्म शरीर है वह भी समाप्त हो जाने पर कोई जन्म-मरण नहीं रह जाता है, क्योंकि सूक्ष्म शरीर ही कारण बनता है नये जन्मों का। सूक्ष्म शरीर का अर्थ है—हमारे विचार, हमारी कामनाएं, हमारी वासनाएं, हमारी इच्छाएं, हमारे अनुभव, हमारे ज्ञान—इन सब का जो संग्रहीभूत, जो इन्टीग्रेटेड सीड है। इन सबका जो बीज

है वह हमारा सूक्ष्म शरीर है, वही हमें आगे की यात्रा पर ले जाता है। लेकिन जिस मनुष्य के सारे विचार नष्ट हो गये, जिस मनुष्य की सारी वासनाएं क्षीण हो गयीं, जिस मनुष्य की सारी इच्छाएं विलीन हो गयीं, जिसके भीतर अब कोई भी इच्छा शेष न रही उस मनुष्य को जाने के लिए कोई जगह नहीं बचती, जाने का कोई कारण नहीं रह जाता। जन्म की कोई वजह नहीं रह जाती।

रामकृष्ण के जीवन में एक अदभुत घटना है। रामकृष्ण को जो लोग बहुत निकट से परमहंस जानते थे, उन सबको यह बात जानकर अत्यंत कठिनाई होती थी कि रामकृष्ण जैसा परमहंस, रामकृष्ण जैसा समाधिस्थ व्यक्ति भोजन के संबंध में बहुत लोलुप था। रामकृष्ण भोजन के लिए बहुत आतुर होते थे और भोजन के लिए इतनी प्रतीक्षा करते थे कि कई बार उठकर चौका में पहुंच जाते और पूछते शारदा को, बहुत देर हो गयी, क्या बन रहा है आज? ब्रह्म की चर्चा चलती और बीच में ब्रह्म चर्चा छोड़कर पहुंच जाते किचन में और पूछने लगते, क्या बना है आज और खोजने लगते। शारदा ने भी उन्हें कहा, आप क्या करते हैं? लोग क्या सोचते होंगे कि ब्रह्म की चर्चा छोड़कर एकदम अन्न की चर्चा पर आप उतर आते हैं। रामकृष्ण हंसते और चुप रह जाते। उनके शिष्यों ने भी उनको बहुत बार कहा कि इससे बहुत बदनामी होती है। लोग कहते हैं कि ऐसा व्यक्ति क्या ज्ञान को उपलब्ध हुआ होगा, जिनकी अभी रसना, जिसकी अभी जीभ इतनी लालायित होती है भोजन के लिए।

एक दिन शारदा ने बहुत कुछ भला बुरा कहा, रामकृष्ण की पत्नी ने। तो रामकृष्ण ने कहा कि तुझे पागल, पता नहीं, जिस दिन मैं भोजन के प्रति अरुचि प्रगट करूं, तू समझ लेना कि अब मेरे जीवन की यात्रा केवल तीन दिन और शेष रह गयी। बस तीन दिन से ज्यादा फिर मैं जिऊंगा नहीं। जिस दिन भोजन के प्रति मेरी उपेक्षा हो, तू समझ लेना कि तीन दिन बाद मेरी मौत आ गयी है। शारदा कहने लगी, इसका अर्थ? रामकृष्ण कहने लगे, मेरी सारी वासनाएं क्षीण हो गयीं, मेरी सारी इच्छाएं विलीन हो गयीं, मेरे सारे विचार नष्ट हो गये हैं, लेकिन जगत के हित के लिए मैं रुका रहना चाहता हूं। मैं एक वासना को जबरदस्ती पकड़े हुए हूं, जैसे किसी नाव की सारी जंजीरें खुल गयी हों और एक जंजीर से नाव अटकी रह गयी हो और एक जंजीर और टूट जाये तो नाव अपनी अनंत यात्रा पर निकल जायेगी। मैं चेष्टा करके रुका हुआ हूं।

किसी की समझ में शायद यह बात नहीं आयी लेकिन रामकृष्ण की मृत्यु के तीन दिन पहले शारदा थाली लगाकर रामकृष्ण के कमरे में गयी। वे बैठे हुए देख रहे थे।

उन्होंने थाली देखकर आंखें बंद कर लीं, लेट गये और पीठ कर ली शारदा की तरफ। उसे एकदम से खयाल आया कि उन्होंने कहा था कि तीन दिन बाद मौत हो जायेगी जिस दिन जीवन के प्रति अरुचि करूं। उसके हाथ से थाली झन्नाकर गिर गयी, वह सिर पीटकर रोने लगी। रामकृष्ण ने कहा, रोओ मत, तुम जो कहती थी वह बात भी अब पूरी हो गयी। ठीक तीन दिन बाद रामकृष्ण की मृत्यु हो गयी। एक छोटी-सी वासना को प्रयास करके वे रोके हुए थे। उतनी छोटी-सी वासना जीवन यात्रा का आधार बनी थी, वह वासना भी चली गयी तो जीवन यात्रा का सारा आधार समाप्त हो गया।

जिसे तीर्थंकर कहते हैं, जिसे हम ईश्वर के पुत्र कहते हैं, जिसे हम अवतार कहते हैं, उनकी भी एक ही वासना शेष रह गयी होती है। और उस वासना को वे शेष रखना चाहते हैं करुणा के हित, मंगल के हित, सर्वमंगल के हित, सर्व लोक के हित। जिस दिन वह वासना भी क्षीण हो जाती है उसी दिन जीवन की यात्रा समाप्त और अनंत की अंतहीन यात्रा शुरू होती है। उसके बाद जन्म नहीं है, उसके बाद मरण नहीं है, उसके बाद न एक है, न अनेक है। उसके बाद तो जो शेष रह जाता है, उसे संख्या में गिनने का कोई उपाय नहीं।

इसलिए जो जानते हैं वे यह भी देखते हैं कि ब्रह्म एक है, परमात्मा एक है। क्योंकि एक कहना व्यर्थ है जब कि दो की गिनती न बनती हो। एक कहने का कोई अर्थ नहीं जब कि दो और तीन नहीं कहे जा सकते हों। एक कहना तभी तक सार्थक है जब तक कि दो-तीन-चार भी सार्थक होते हैं। संख्याओं के बीच की एक सार्थकता है, इसलिए जो जानते हैं वे यह भी नहीं कहते कि ब्रह्म एक है। वे कहते हैं, ब्रह्म अद्वैत है, दो नहीं है, बहुत अदभुत बात कहते हैं। वे कहते हैं, परमात्मा दो नहीं है, वे यह कहते हैं कि परमात्मा को संख्या में गिनने का उपाय नहीं है। एक कह करके भी हम संख्या में गिनने की कोशिश करते हैं, वह गलत है। लेकिन उस तक पहुंचना दूर, अभी तो हम स्थूल पर खड़े हैं—उस शरीर पर जो अनंत है, अनेक है। उस शरीर के भीतर हम प्रवेश करेंगे तो एक और शरीर उपलब्ध होगा—सूक्ष्म शरीर। उस शरीर को भी पार करेंगे तो वह उपलब्ध होगा जो शरीर नहीं है, अशरीर है, जो आत्मा है।

मैंने जो कल कहा उसमें जरा भी विरोध नहीं है, उसमें कोई विरोधाभास नहीं है।

एक और मित्र ने पूछा है, आत्मा शरीर के बाहर चली जाये तो क्या दूसरे मृत

शरीर में भी प्रवेश कर सकती है?

—कर सकती है। लेकिन दूसरे मृत शरीर में प्रवेश करने का कोई अर्थ और प्रयोजन नहीं रह जाता। क्योंकि दूसरा शरीर इसीलिए मृत हुआ है कि उस शरीर में रहने वाली आत्मा अब उस शरीर में रहने में असमर्थ हो गयी थी। वह शरीर व्यर्थ हो गया था इसीलिए छोड़ा गया है, कोई प्रयोजम नहीं है उस शरीर में प्रवेश का। लेकिन इस बात की संभावना है कि दूसरे शरीर में प्रवेश किया जा सके। लेकिन यह प्रश्न पूछना मूल्यवान नहीं है कि हम दूसरे के शरीर में कैसे प्रवेश करें, अपने ही शरीर में हम कैसे बैठे हुए हैं इसका भी हमें कोई पता नहीं। हम दूसरे के शरीर में प्रवेश करने की व्यर्थ की बातों पर विचार करने से क्या फायदा उठा सकते हैं! हम अपने ही शरीर में कैसे प्रविष्ट हो गये हैं इसका भी हमें कोई पता नहीं। हम अपने शरीर में कैसे जी रहे हैं इसका भी कोई पता नहीं, हम अपने ही शरीर से पृथक होकर अपने को देख सकें इसका भी कोई अनुभव नहीं। दूसरे के शरीर में प्रवेश का प्रयोजन भी नहीं है, लेकिन वैज्ञानिक रूप से यह कहा जा सकता है कि दूसरे के शरीर में प्रवेश संभव है, क्योंकि शरीर न ही दूसरे का है, न अपना है। सब शरीर दूसरे हैं।

जब मां के पेट में एक आत्मा प्रविष्ट होती है तब भी वह शरीर में प्रवेश हो रही है, बहुत छोटे शरीर में प्रवेश हो रही है, एटामिक बॉडी में प्रवेश हो रही है, लेकिन शरीर तो है! वह जो पहले दिन अणु बनता है मां के पेट में वह अणु आपके शरीर की रूपाकृति अपने में छिपाये हुए है। पचास साल बाद आपके बाल सफेद हो जायेंगे, यह संभावना भी उस छोटे-से बीज में छिपी हुई है। आपकी आंख का रंग कैसा होगा, यह संभावना भी उस बीज में छिपी हुई है। आपके हाथ कितने लंबे होंगे, आप स्वस्थ हों कि बीमार, आप गोरे होंगे कि काले, कि बाल घुंघराले होंगे, ये सारी बातें उस छोटे बीज में पोटेंशियली छिपी हुई हैं। वह छोटी देह है, वह एटामिक बॉडी है, अणु शरीर है, उस अणु शरीर में आत्मा प्रविष्ट होती है। उस अणु शरीर की जो संरचना है, उस अणु शरीर की जो स्थिति है, जो सिचुएशन है, उसके अनुकूल आत्मा उसमें प्रविष्ट होती है।

और दुनिया में जो मनुष्य जाति का जीवन और चेतना रोज नीचे गिरती जा रही है उसका एकमात्र कारण है कि दुनिया के दम्पत्ति श्रेष्ठ आत्माओं के जन्म लेने की सुविधा पैदा नहीं कर रहे हैं। जो सुविधा पैदा की जा रही है, वह अति निकृष्ट आत्माओं के पैदा होने की सुविधा है। आदमी के मर जाने के बाद जरूरी नहीं है कि उस आत्मा को जल्दी

जन्म लेने का अवसर मिल जाये। साधारणतया आत्माएं, जो न बहुत श्रेष्ठ होती हैं, न बहुत निकृष्ट होती हैं तेरह दिन के भीतर नये शरीर की खोज कर लेती हैं; लेकिन निकृष्ट आत्माएं भी रुक जाती हैं, क्योंकि उतना निकृष्ट अवसर मिलना मुश्किल होता है। उन निकृष्ट आत्माओं को ही हम प्रेत और भूत कहते हैं। बहुत श्रेष्ठ आत्माएं भी रुक जाती हैं, क्योंकि उतने श्रेष्ठ अवसर का उपलब्ध होना मुश्किल होता है। उन श्रेष्ठात्माओं को ही हम देवता कहते हैं। पहली पुरानी दुनिया में भूत-प्रेत की संख्या बहुत कम थी और देवताओं की संख्या बहुत ज्यादा। आज की दुनिया में भूत-प्रेतों की संख्या बहुत ज्यादा हो गयी है और देवताओं की संख्या कम, क्योंकि देवता-पुरुषों का अवसर पैदा होने का कम हो गया है, भूत-प्रेत पैदा होने का अवसर बहुत तीव्रता से उपलब्ध हुआ है।

तो जो भूत-प्रेत रुके रह जाते हैं मनुष्य के भीतर प्रवेश करने से वे सारे मनुष्य जाति में प्रविष्ट हो गये। इसलिए आज भूत-प्रेतों का दर्शन मुश्किल हो गया है क्योंकि उसके दर्शन की कोई जरूरत नहीं। आप आदमी को ही देख लें और उसके दर्शन हो जाते हैं और देवता पर हमारा विश्वास कम हो गया, क्योंकि देव-पुरुष ही जब दिखायी नहीं पड़ते हों, तो देवता पर विश्वास करना बहुत कठिन है। एक जमाना था कि देवता उतनी ही वास्तविकता थी, उतनी ही एक्चुअलिटी थी जितना कि हमारे और जीवन के दूसरे सत्य हैं। अगर हम वेद के ऋषियों को पढ़ें तो ऐसा नहीं मालूम पड़ता कि वे देवताओं के संबंध में जो बात कह रहे हैं वह किसी कल्पना के देवता के संबंध में बात कह रहे हैं। नहीं, वे ऐसे देवता की बात कर रहे हैं जो उनके साथ गीत गाता है, हंसता है, बात करता है। वे एक ऐसे देवता की बात कर रहे हैं, जो पृथ्वी पर चलता है, उनके अत्यंत निकट।

हमारा देवता से सारा संबंध विनष्ट हुआ है क्योंकि हमारे बीच ऐसे पुरुष नहीं जो सेतु बन सकें, जो ब्रिज बन सकें, जो देवताओं और मनुष्यों के बीच में खड़े होकर घोषणा कर सकें कि देवता कैसे होते हैं और इनका सारा जिम्मा मनुष्य जाति के दाम्पत्य की जो व्यवस्था है उस पर निर्भर है। मनुष्य जाति की दाम्पत्य की सारी की सारी व्यवस्था कुरूप, अग्ली और पर्वर्टेड है।

पहली तो बात यह है कि हमने हजारों साल से प्रेमपूर्ण विवाह बंद कर दिये हैं और विवाह हम बिना प्रेम के कर रहे हैं। जो विवाह प्रेम के बिना होगा उस दम्पत्ति के बीच कभी भी वह आध्यात्मिक संबंध उत्पन्न नहीं होता जो प्रेम से संभव था। उन दोनों के बीच कभी भी वह हार्मनी, कभी भी वह एकरूपता और संगीत पैदा नहीं हो सकता जो

एक श्रेष्ठ आत्मा के जन्म के लिए जरूरी है। उनका प्रेम केवल था, रहने की वजह से पैदा हो गया, एक साहचर्य होता है। उनके प्रेम में वह आत्मा का आंदोलन नहीं होता जो दो प्राणों को एक कर देता है। प्रेम के बिना जो बच्चे पैदा होते हैं पृथ्वी पर, वे बच्चे प्रेमपूर्ण नहीं हो सकते, वे देवता जैसे नहीं हो सकते, उनकी स्थिति भूत-प्रेत जैसी होगी, उनका जीवन घृणा भर देगा और हिंसा का ही जीवन होगा। जरा सी बात फर्क पैदा करती है, अगर व्यक्तित्व की बुनियादी हार्मनी, अगर व्यक्तित्व की बुनियादी लयबद्धता नहीं है....तो अदभुत परिवर्तन होते हैं!

शायद आपको पता नहीं होगा, स्त्री पुरुषों से ज्यादा सुंदर क्यों दिखायी पड़ती है? शायद आपको खयाल न होगा, स्त्री के व्यक्तित्व में एक राउन्डनेस, एक सुडौलता क्यों दिखायी पड़ती है? वह पुरुष के व्यक्तित्व में क्यों नहीं दिखायी पड़ती? शायद आपको खयाल में न होगा कि स्त्री के व्यक्तित्व में एक संगीत, एक नृत्य, एक इनर डांस, एक भीतरी नृत्य क्यों दिखायी पड़ता है जो पुरुष में दिखाई नहीं पड़ता है। एक छोटा-सा कारण, बहुत बड़ा कारण नहीं है। एक छोटा-सा, इतना छोटा है कि आप कल्पना भी नहीं कर सकते। इतने छोटे-से कारण पर व्यक्तित्व का इतना भेद पैदा हो जाता है। मां के पेट में जो बच्चा निर्मित हो जाता है, उस पहले अणु में चौबीस जीवाणु पुरुष के होते हैं और चौबीस जीवाणु स्त्री के होते हैं। अगर चौबीस-चौबीस के दोनों जीवाणु मिलते हैं तो अड़तालीस जीवाणुओं का पहला सेल निर्मित होता है। अड़तालीस सेल से जो प्राण पैदा होता है वह स्त्री का शरीर बन जाता है। उसके दोनों बाजू चौबीस-चौबीस सेल के होते हैं, बैलेंस संतुलित। पुरुष का जो जीवाणु होता है वह सैंतालिस जीवाणुओं का होता है। एक तरफ चौबीस होते हैं, एक तरफ तेईस। बस यह बैलेंस टूट गया, वहीं से व्यक्तित्व का। संतुलन टूट गया वहीं से व्यक्तित्व का—हार्मनी टूट गयी।

स्त्री के दोनों पलड़े व्यक्तित्व के बराबर संतुलन के हैं। उससे सारा स्त्री का सौंदर्य, उसकी सुडौलता, उसकी कला, उसके व्यक्तित्व का रस, उसके व्यक्तित्व का काव्य पैदा होता है। और पुरुष के व्यक्तित्व में जरा-सी कमी है, तो उसका एक तराजू चौबीस जीवाणुओं से बना हुआ है। मां से जो जीवाणु मिलता है वह चौबीस का बना हुआ है और पुरुष से जो मिलता है वह तेईस का बना हुआ है।

पुरुष के जीवाणुओं में दो तरह के जीवाणु होते हैं, चौबीस कोष्ठधारी और तेईस कोष्ठधारी। तेईस कोष्ठधारी जीवाणु अगर मां के चौबीस कोष्ठधारी जीवाणु से मिलता है तो पुरुष का जन्म होता है। इसलिए पुरुष में एक बेचैनी जीवनभर बनी रहती है, एक

इन्टैन्स डिसकन्टेंट बना रहता है। क्या करूं, क्या करूं....एक चिंता, एक बेचैनी, यह कर लूं, यह कर लूं, वह कर लूँ। पुरुष की जो बैचेनी है वह एक छोटी-सी घटना से शुरू होती है और वह घटना है कि उसके एक पलड़े पर एक अणु कम है। उसका बैलेंस, व्यक्तित्व कम है। स्त्री का बैलेंस है, स्त्री की हार्मनी पूरी है, उसकी लयबद्धता पूरी है।

इतनी सी घटना इतना फर्क लाती है। हालांकि इससे स्त्री सुंदर तो हो सकी लेकिन स्त्री विकासमान नहीं हो सकी, क्योंकि जिस व्यक्तित्व में समता है वह विकास नहीं करता, वह ठहर जाता है। पुरुष का व्यक्तित्व विषम है। विषम होने के कारण वह दौड़ता है, विकास करता है, एवरेस्ट चढ़ता है, पहाड़ पार करता है, चांद पर जायेगा, तारों पर जायेगा, खोज बीन करेगा, सोचेगा, ग्रंथ लिखेगा, धर्म निर्माण करेगा। स्त्री यह कुछ भी नहीं करेगी। न वह एवरेस्ट जायेगी, न वह चांद-तारों पर जायेगी, न वह धर्मों की खोज करेगी, न ग्रंथ लिखेगी, न विज्ञान की शोध करेगी। वह कुछ भी नहीं करेगी। उसके व्यक्तित्व में एक संतुलन उसे पार होने के लिए तीव्रता से नहीं भरता है। पुरुष ने सारी सभ्यता विकसित की, एक छोटी सी बात के कारण, उसमें एक अणु कम है। और स्त्री ने सारी सभ्यताएं विकसित नहीं की, उसमें एक अणु पूरा है। उतनी सी घटना व्यक्तित्व का भेद ला सकती है। मैं इसीलिए यह कह रहा हूं कि यह तो बायलॉजिकली है, यह तो जीव शास्त्र कहेगा, इतना सा फर्क, इतने भिन्न व्यक्तित्वों को जन्म दे देता है और गहरे फर्क हैं और इतने डिफरेंस हैं।

तो पुरुष और स्त्री के मिलने पर जिस बच्चे का जन्म होता है वह उन दोनों व्यक्तियों में कितना गहरा प्रेम है, कितनी आध्यात्मिकता, कितनी पवित्रता है, कितने प्रेयरफुल, कितने प्रार्थनापूर्ण हृदय से वे एक दूसरे के पास आये हैं इस पर निर्भर करेगा कि कितनी ऊंची आत्मा उनकी तरफ आकर्षित होती है, कितनी विराट आत्मा उनकी तरफ आकर्षित होती है, कितनी महान दिव्य चेतना उस घर में अपना अवसर बनाती है, यह इस पर निर्भर करेगा।

मनुष्य जाति क्षीण और दीन, दरिद्र और दुखी होती चली जा रही है। उसके बहुत गहरे में कारण मनुष्य-दांपत्य का विकृत होना है और जब तक हम मनुष्य के दांपत्य जीवन को स्वीकृत नहीं कर लेते, जब तक उसे हम स्प्रीचुअलाइज़ नहीं कर लेते तब तक हम मनुष्य के भविष्य में सुधार नहीं कर सकते। और इस दुर्भाग्य में उन लोगों का भी हाथ है जिन लोगों ने गृहस्थ जीवन की निंदा की है और संन्यास जीवन का बहुत

ज्यादा शोरगुल मचाया है, उनका हाथ है। क्योंकि एक बार जब गृहस्थ जीवन कंडेम्ड हो गया, निंदित हो गया तो उस तरफ हमने विचार करना छोड़ दिया। नहीं, मैं आपसे कहना चाहता हूं, संन्यास के रास्ते से बहुत थोड़े लोग ही परमात्मा तक पहुंच सकते हैं। बहुत थोड़े से लोग, कुछ विशिष्ट तरह के लोग, कुछ अत्यंत निम्न तरह के लोग संन्यास के रास्ते से परमात्मा तक पहुंचते हैं। अधिकतम लोग गृहस्थ के रास्ते से और दाम्पत्य के रास्ते से ही परमात्मा तक पहुंचते हैं। और आश्चर्य की बात यह कि गृहस्थ के मार्ग से पहुंच अत्यंत सरल और सुलभ है, लेकिन उस तरफ कोई ध्यान नहीं दिया गया।

आज तक सारा धर्म संन्यासियों के अति प्रभाव से पीड़ित है, आज तक का पूरा धर्म गृहस्थ के लिए विकसित नहीं हो सका और अगर गृहस्थ के लिए धर्म विकसित होता तो हमने जन्म के पहले चरण में विचार किया होता कि कैसी आत्मा को आमंत्रित करना है, कैसी आत्मा को पकड़ना है, कैसी आत्मा को प्रवेश देना है जीवन में। अगर धर्म की ठीक-ठीक शिक्षा हो सके और एक-एक व्यक्ति को धर्म का विचार, कल्पना और भावना दी जा सके तो बीस वर्षों में आने वाले मनुष्य की पीढ़ी को बिलकुल नया बनाया जा सकता है।

वह आदमी पापी है जो आने वाली आत्मा के लिए प्रेमपूर्ण आमंत्रण भेजे बिना भोग में उतरता है। वह आदमी अपराधी है, उसके बच्चे नाजायज हैं, चाहे उसने बच्चे विवाह के द्वारा पैदा किये हों। जिन बच्चों के लिए उसने अत्यंत प्रार्थना और पूजा से और परमात्मा को स्मरण करके नहीं बुलाया है, वह आदमी अपराधी है, वह अपराधी रहेगा। कौन हमारे भीतर प्रविष्ट होता है इस पर निर्भर करता है सारा भविष्य। हम शिक्षा की फिक्र करते हैं, हम वस्त्रों की फिक्र करते हैं, हम बच्चों के स्वास्थ्य की फिक्र करते हैं, लेकिन बच्चे की आँत्मा की फिक्र हम बिलकुल ही छोड़ दिये हैं। इससे कभी भी कोई अच्छी मनुष्य जाति पैदा नहीं हो सकती। इसलिए यह बहुत फिक्र न करें कि दूसरे के शरीर में कैसे प्रवेश करें। इस बात की फिक्र करें कि आप इस शरीर में ही कैसे प्रवेश कर गये।

इस संबंध में भी *एक मित्र ने पूछा है कि क्या हम अपने अतीत जन्मों को जान सकते हैं?*

निश्चित ही जान सकते हैं। लेकिन अभी तो आप इस जन्म को भी नहीं जानते,

अतीत के जन्मों को जानना तो फिर बहुत कठिन है। निश्चित ही मनुष्य जान सकता है अपने पिछले जन्मों को, क्योंकि जो भी एक बार चित्त पर स्मृति बन गयी है वह नष्ट नहीं होती। वह हमारे चित्त के गहरे तलों में, अनकांशस हिस्सों में सदा मौजूद रहती है। हम जो भी जानते हैं उसे कभी नहीं भूलते हैं। अगर मैं आपसे पूछूं कि उन्नीस सौ पचास में एक जनवरी को आपने क्या किया था तो शायद आप कुछ भी नहीं बता सकेंगे। आप कहेंगे, मुझे क्या याद है!....मुझे कुछ भी याद नहीं है। एक जनवरी उन्नीस सौ पचास कुछ भी खयाल नहीं आता कि मैंने कुछ किया लेकिन अगर आपको सम्मोहित किया जा सके, हिप्नोटाइज किया जा सके और सरलता से किया जा सकता है और आपको बेहोश करके पूछा जाये कि एक जनवरी उन्नीस सौ पचास को आपने क्या किया तो आप सुबह से सांझ तक का ब्योरा इस तरह बता देंगे जैसे अभी वह एक जनवरी आपके सामने गुजर रही है। आप यह भी बता देंगे कि एक जनवरी को सुबह जो मैंने चाय पी थी उसमें शक्कर थोड़ी कम थी। आप यह भी बता देंगे कि इस आदमी ने मुझे चाय दी थी। उस आदमी के शरीर से पसीने की बदबू आ रही थी। आप इतनी छोटी बातें बता देंगे कि जो जूता मैं पहने हुए था वह मुझे पैर में काट रहा था। सम्मोहित अवस्था में आपके भीतर की स्मृति को बाहर लाया जा सकता है। मैंने उस दिशा में बहुत से प्रयोग किये हैं, इसलिए आपसे कहता हूं और जिस मित्र को भी इच्छा हो अपने पिछले जन्मों में जाने की उसे ले जाया जा सकता है। लेकिन पहले उसे इसी जन्म में पीछे लौटना पड़ेगा। इस जन्म की ही स्मृतियों में पीछे लौटना पड़ेगा। वहां तक पीछे लौटना पड़ेगा जहां वह मां के पेट में कंसीव हुआ, गर्भ धारण हुआ और उसके बाद फिर दूसरे जन्म की स्मृतियों में प्रवेश किया जा सकता है।

लेकिन ध्यान रहे, प्रकृति ने पिछले जन्मों को भुलाने की व्यवस्था अकारण नहीं की है। कारण बहुत महत्त्वपूर्ण है। और पिछले जन्म तो दूर हैं, अगर आप को एक महीने की ही सारी बातें याद रह जायें तो आप पागल हो जायेंगे। एक दिन की नींद में अगर सुबह से शाम तक की सारी बातें याद रह जायें तो आप जिंदा नहीं रह सकेंगे। तो प्रकृति की सारी व्यवस्था यह है कि आपका मन जितना तनाव झेल सकता है उतनी ही स्मृति आपके भीतर शेष रहने दी जाती है। शेष सब अंधेरे गर्त में डाल दी जाती हैं। जैसे घर में एक कबाड़ होता है। बेकार चीजें आप कबाड़ घर में डालकर दरवाजा बंद कर देते हैं, वैसे ही स्मृति का एक कलेक्टिव हाउस, एक अनकांशस घर है, एक अचेतन घर है, जहां स्मृति में जो बेकार होता चला जाता है, जिसे चित्त में रखने की जरूरत नहीं है

वह संगृहीत होता रहता है। वहां जन्म जन्मों की स्मृतियां संगृहीत हैं। लेकिन अगर कोई आदमी अनजाने, बिना समझे हुए उस घर में प्रविष्ट हो जाये तो तत्क्षण पागल हो जायेगा। इतनी ज्यादा हैं वे संस्मृतियां।

एक महिला मेरे पास प्रयोग करती थीं। उनको बहुत इच्छा थी कि वे पिछले जन्मों को जानें। मैंने उनको कहा कि यह हो सकता है लेकिन आगे की जिम्मेदारी समझ लेनी चाहिए, क्योंकि हो सकता है पिछले जन्म को जानने से आप बहुत चिंतित और परेशान हो जायें। उन्होंने कहा कि नहीं, मैं क्यों परेशान होऊंगी। पिछला जन्म तो हो चुका है अब। क्या फिक्र की बात है। उन्होंने प्रयोग शुरू किया। वे एक कालेज में प्रोफेसर थीं। बुद्धिमान थीं, समझदार थीं, हिम्मतवर....प्रयोग शुरू किया और जिस भांति मैंने कहा, उन्होंने गहरे से गहरे मेडिटेशन किये, गहरे से गहरा ध्यान किया। धीरे-धीरे स्मृति के नीचे पर्तों को उघाड़ना शुरू किया। और एक दिन जिस पहली बार उन्हें पिछले जन्म में प्रवेश मिला वह भागती हुई आईं। उनके हाथ पैर कंप रहे थे। आंखों से आंसू बह रहे थे। एकदम छाती पीट-पीटकर रोने लगीं और कहने लगीं कि मैं भूलना चाहती हूं उस बात को जो मुझे याद आ गयी। मैं उस पिछले जन्म में अब आगे नहीं जाना चाहती। मैंने कहा, अब मुश्किल है— जो याद आ गई उसे भूलने में फिर बहुत वक्त लग जायेगा। लेकिन इतनी घबराहट क्या है! उन्होंने कहा, नहीं, नहीं, पूछिए ही मत! मैं तो सोचती थी कि मैं बहुत पतिव्रता हूं, बहुत सच्चरित्र हूं, लेकिन पिछले जन्म में एक मंदिर में वेश्या थी, दक्षिण की। मैं देवदासी थी और मैंने हजारों पुरुषों के साथ संभोग किया और मैंने अपने शरीर को बेचा। नहीं, मैं उसे भुलाना चाहती हूं। मैं उसे एक क्षण भी याद नहीं रखना चाहती। मैंने कहा—अब इतना आसान नहीं है! याद करना बहुत आसान है, भूल जाना बहुत मुश्किल है।

पिछले जन्म में जाया जा सकता है और जिसकी मर्जी हो उसके रास्ते हैं ....मेथडालॉजी! महावीर और बुद्ध दोनों मनुष्यों ने मनुष्य जाति को बड़े से बड़ा दान दिया है, वह उनकी अहिंसा-वहिंसा का सिद्धांत नहीं है। वह सबसे बड़ा दान है—जाति स्मरण का सिद्धांत, वह है पिछले जन्मों की स्मृति में उतरने की कला। महावीर और बुद्ध दोनों पहले आदमी हैं पृथ्वी पर, जिन्होंने प्रत्येक साधक के लिए यह कहा कि तब तक तुम आत्मा से परिचित नहीं हो सकोगे जब तक तुम पिछले जन्मों में नहीं उतरते हो। और उन्होंने प्रत्येक साधक को पिछले जन्म में ले जाने की फिक्र की। और एक बार कोई आदमी अपने पिछले जन्मों की स्मृतियों में जाने की हिम्मत जुटा ले,

वह दूसरा आदमी हो जायेगा। क्योंकि उसे पता चलेगा कि जिन बातों को मैं हजारों बार कर चुका हूं, उन्हीं को फिर कर रहा हूं! कैसा पागल हूं, कितनी बार मैंने संपत्ति इकट्ठी की है; कितनी बार मैंने करोड़ों के अंबार लगा दिये; कितनी बार मैंने महल खड़े किये, कितनी बार इज्जत, ज्ञान और पद और कितनी बार दिल्ली के सिंहासनों की यात्रा कर ली है, कितनी बार, कितनी अनंत बार, और फिर मैं वही कर रहा हूं! और हर वह यात्रा असफल हो गई है। वह यात्रा इस बार भी असफल हो जायेगी। तत्क्षण उसकी संपत्ति की दौड़ बंद हो जायेगी, तत्क्षण उसके पदों का मोह नष्ट हो जायेगा। वह आदमी जानेगा, मैंने हजारों-हजारों वर्षों में कितनी स्त्रियां भोगी, स्त्रियां जानेंगी कि मैंने हजारों-हजारों वर्षों में कितने पुरुष भोगे और न किसी पुरुष से तृप्ति मिली और न किसी स्त्री से तृप्ति मिली, और अब भी मैं यही सोच रहा हूं कि इस स्त्री को भोगूं, उस स्त्री को भोगूं, इस पुरुष को भोगूं, उस पुरुष को भोगूं, यह करोड़ बार हो चुका है।

एक बार स्मरण आ जाये इसका तो फिर यह दोबारा नहीं हो सकता। क्योंकि इतने बार जब हम कर चुके हों और कोई फल न पाया हो तो फिर आगे उसे दोहराये जाने का उपाय नहीं है, कोई अर्थ नहीं है। बुद्ध और महावीर दोनों ने जाति-स्मरण के गहरे प्रयोग किये अतीत जन्मों की स्मृति के। और जो साधक एक बार उस स्मृति से गुजर गया, वह आदमी दूसरा हो गया, ट्रांसफार्म हो गया, बदल गया। जिन मित्र ने पूछा है, उनको जरूर कहूंगा कि अगर उनकी इच्छा हो तो उन्हें पिछली स्मृति में ले जाया जा सकता है। लेकिन सोच-समझकर ही उस प्रयोग में जाया जा सकता है। इस जिंदगी की चिंतायें ही काफी हैं, इस जिंदगी की परेशानियां ही बहुत हैं। इस जिंदगी को भुलाने के लिए आदमी शराब पीता है, सिनेमा देखता है, ताश खेलता है, जुआ खेलता है। इस जिंदगी को भी भूलने के लिए, दिनभर को भूलने के लिए रात शराब पी लेता है। जो आदमी आज के दिनभर को याद नहीं रख सकता, इतना साहस नहीं है कि जिंदगी को हंस कर ले, वह आदमी कैसे पिछले जन्मों को याद करने की हिम्मत जुटा पायेगा। यह जानकर आपको हैरानी होगी कि सारे धर्मों ने शराब का विरोध किया है और यह सारे बिलकुल न समझने वाले नेतागण जो दुनिया को समझाते हैं कि शराब का इसलिए विरोध किया है कि उससे चरित्र नष्ट हो जाता है, कि उससे घर की संपत्ति नष्ट हो जाती है, कि आदमी लड़ने-झगड़ने लगता है—ये सब बेवकूफी की बातें हैं।

धर्मों ने शराब का विरोध सिर्फ इसलिए किया है कि जो आदमी शराब पीता है, वह अपने को भुलाने का उपाय कर रहा है और जो आदमी अपने को भुलाने का उपाय कर

रहा है, वह अपनी आत्मा से कभी भी परिचित नहीं हो सकता। क्योंकि आत्मा से परिचित होने के लिए तो अपने को जानने का उपाय करना है। इसलिए शराब और समाधि दो विरोधी चीजें बन गयीं। उनका इससे कोई मतलब नहीं है, क्योंकि सच तो यह है....और यह बात बहुत समझ लेने जैसी है : आमतौर से लोग समझते हैं कि शराबी आदमी बुरा होता है....मैं शराबियों को भी जानता हूं और उनको भी जो शराब नहीं पीते हैं! मैंने आज तक हजारों अनुभव में यह पाया है कि शराब पीने वाला न पीने वाले से कई अर्थों में अच्छा होता है। मैंने शराब पीने वालों में जितनी दया और करुणा देखी, उतनी मैंने शराब न पीने वालों में नहीं देखी। मैंने शराब पीने वालों में जितनी विनम्रता देखी—जितनी ह्युमिलिटी, उतनी मैंने शराब नहीं पीने वालों में नहीं देखी। जितनी अकड़ मैंने देखी शराब न पीने वालों में उतनी अकड़ शराब पीने वालों में दिखायी नहीं पड़ी। लेकिन इन सारी बातों से नहीं किया है विरोध धर्म ने और यह जो सारे नेतागण समझाते फिरते हैं कि इसलिए विरोध किया है—इसलिए विरोध नहीं किया है, विरोध किया है इसलिए कि जो आदमी अपने को भुलाने का उपाय करता है वह अपने साहस को छोड़ रहा है, याद करने के, रिमेंबरिंग के, स्मृति के!

और जो आदमी इसी जन्म को भुलाने की फिक्र में लगा है वह पिछले जन्मों को याद कैसे कर सकेगा। और जो पिछले जन्मों को याद नहीं कर सकता वह इस जन्म को बदलेगा कैसे! फिर एक अंधा रिपिटिशन चलता रहेगा। जो हमने बार-बार किया है, वही हम बार-बार करते चले जायेंगे। अंतहीन है यह प्रक्रिया और जब तक हमें स्मरण नहीं होगा, हम बार-बार जन्मेंगे और उन्हीं बेवकूफियों को बार-बार करेंगे जिन्हें हमने बार-बार किया है....और इसका कोई अंत नहीं! इस बोर्डम का, इस शृंखला का कोई अर्थ नहीं है क्योंकि बार-बार हम फिर मर जायेंगे, फिर भूल जायेंगे, फिर वही शुरू हो जायेगा। एक सर्कल की तरह, कोल्हू के बैल की तरह हम घूमते रहेंगे। जिन लोगों ने इस जीवन को संसार कहा—संसार का आप मतलब समझते हैं? संसार का मतलब : 'व्हील', एक घूमता हुआ चाक, जिसमें स्पोक जो हैं वे फिर ऊपर चले जाते हैं, फिर नीचे, फिर ऊपर चले जाते हैं, फिर नीचे चले आते हैं।

वह जो हिंदुस्तान के राष्ट्रीय ध्वज पर व्हील बना हुआ है, वह पता नहीं हिंदुस्तान के सोचने-समझने वालों ने किस वजह से वहां रख दिया। शायद उन को पता नहीं, वे न मालूम क्या सोचते होंगे! अशोक ने उस चक्र को इसीलिए खुदवाया था अपने स्तूपों पर ताकि आदमी को पता रहे कि जिंदगी एक घूमता हुआ चाक है, कोल्हू का बैल है।

उसमें हर चीज घूमकर फिर वहीं आ जाती है। फिर घूमनी शुरू हो जाती है। वह जो व्हील है, संसार का प्रतीक है। वह व्हील किसी विजय यात्रा का प्रतीक नहीं है। वह जिंदगी के रोज हार जाने का प्रतीक है। वह इस बात का प्रतीक है कि जिंदगी जो है वह एक रिपीटीटिव बोर्डम है, वह बार-बार दोहरा जाने वाला चाक है। लेकिन हर बार हम भूल जाते हैं, इसलिए दोबारा फिर बड़े रसलीन होकर दोहराने लगते हैं। एक युवक एक युवती की तरफ बढ़ रहा हो प्रेम करने को, उसे पता नहीं कि वह कितनी बार बढ़ चुका है, कितनी युवतियों के पीछे दौड़ चुका है, लेकिन अब फिर बढ़ रहा है और सोचता है कि जिंदगी में पहली दफा यह घटना घट रही है। यह अदभुत घटना है, यह अदभुत घटना बहुत दफे घट चुकी है। और अगर उसे ही पता चल जाये तो उसकी हालत वैसी हो जायेगी, जैसे किसी आदमी की एक फिल्म को दस-पच्चीस दफा देखकर हो जाती है। अगर आप आज फिल्म देखने गये हैं तो बात और है, कल भी आपको ले जाया जाये तो आप बरदाश्त कर लेंगे। तीसरे दिन आप कहने लगेंगे, क्षमा करिए, अब मैं नहीं जाना चाहता हूं। लेकिन आपको मजबूर किया जाये, कोई पुलिस वाले पीछे लगे हैं, ये आपको ले ही जायेंगे....और पंद्रह दिन वही फिल्म, तो सोलहवें दिन आप गर्दन दबाकर मरने की कोशिश करेंगे कि अब इस फिल्म को मैं नहीं देखना चाहता हूं....यह हद हो गयी! पंद्रह दिन देख चुका हूं और अब कब तक देखता रहूंगा लेकिन वह पुलिस वाला पीछे लगना चाहता है कि नहीं, यह तो देखनी ही पड़ेगी। लेकिन अगर रोज फिल्म देखने के बाद अफीम खिला दी जाये और भूल जायें आप कि मैंने फिल्म देखी थी तो दूसरे दिन फिर आप टिकट लेकर उसी फिल्म में मौजूद हो सकते हैं और बड़े मजे से देख सकते हैं।

आदमी हर बार जब शरीर को बदलता है तब उस शरीर में संजोई गयी स्मृतियों का द्वार क्लोज हो जाता है, बंद हो जाता है। फिर नया खेल शुरू हो जाता है, फिर वही खेल, फिर वही बात, फिर सब वही जो बहुत बार हो चुका है। जाति स्मरण से यह स्मरण आता है कि यह तो बहुत बार हो चुका है। यह कहानी तो बहुत बार देखी जा चुकी है। यह गीत तो बहुत बार गाये जा चुके हैं। यह तो बरदाश्त के बाहर हो गई है बात। जाति स्मरण से पैदा होती है विरक्ति, जाति स्मरण से पैदा होता है वैराग्य, और किसी तरह वैराग्य उत्पन्न नहीं होता। वैराग्य उत्पन्न होता है जाति स्मरण से, रिमेंबरिंग आफ दी पास्ट, वह जो बीत गये जन्म हैं उनकी स्मृति से। और इसलिए दुनिया में वैराग्य कम हो गया है क्योंकि पिछले जन्मों का कोई स्मरण नहीं, कोई उपाय नहीं।

जिन मित्रों न कहा है, उन्हें मैं कहूंगा कि मेरी तैयारी पूरी है, मैं जो भी कह रहा हूं उसे सिर्फ इसलिए नहीं कह रहा हूं कि मेरे लिए वह कोई सिद्धांत है। मैं जो भी कह रहा हूं एक-एक शब्द पर जिद् के साथ प्रयोग करने की मेरी तैयारी है। और कोई भी आदमी की तैयारी हो तो मुझे बहुत खुशी होगी। कल मैंने आमंत्रण दिया था कि जो लोग संकल्प करने की हिम्मत रखते हैं, दो-चार मित्रों के पत्र आये और मुझे बहुत खुशी हुई। उन्होंने खबर दी है कि हम बहुत उत्सुक हैं और हम प्रतीक्षा में थे कि कोई हमें बुलाये और आपने पुकार दी तो हम राजी हैं। वे राजी हैं तो मुझे बहुत खुशी है। और मेरा द्वार उनके लिए खुला है, मैं उन्हें जितनी दूर ले चलना चाहूं, वे जितना चलना चाहें, उतनी दूर उन्हें ले जाया जा सकता है। इस बार जरूरत पड़ गयी दुनिया को कि कम से कम थोड़े से लोग प्रबुद्ध हो सकें, अगर थोड़े से लोग भी प्रबुद्ध हो सके, तो हम मनुष्य जाति के सारे के सारे अंधकार को तोड़ सकते हैं।

हिंदुस्तान में दो प्रयोग चलते थे पिछले पचास सालों में, शायद आपको खयाल में भी नहीं होगा कि हिंदुस्तान में दो विपरीत ढंग के प्रयोग पचास सालों में चले। एक प्रयोग गांधी ने किया, एक प्रयोग श्री अरविंद करते थे। गांधी ने एक-एक मनुष्य के चरित्र को ऊपर उठाने का प्रयोग किया। उसमें गांधी सफल होते हुए दिखाई पड़े लेकिन बिलकुल असफल हो गये और गांधी के पीछे जिन लोगों को गांधी ने सोचा था कि इनका चरित्र मैंने उठा लिया वे बिलकुल मिट्टी के पुतले साबित हुए। जरा पानी गिरा और सब रंग रोगन बह गया। बीस साल में रंग रोगन बह गया, वह हम सब देख रहे थे। दिल्ली में उसके नंगे शरीर खड़े हुए हैं, उनका सब रंग रोगन बह गया। कहीं कोई रंग रोगन नहीं है अब। वह जो गांधी ने पोतपात कर तैयार किया था वह वर्षा में बह गया। जब तक पद की वर्षा नहीं हुई थी तब तक उनकी शक्लें बहुत शानदार मालूम पड़ती थीं और उनके खादी के कपड़े बहुत धुले हुए दिखायी पड़ते थे और उनकी टोपियां ऐसी लगती थीं कि मुल्क को ऊपर उठा लेंगी। लेकिन आज वे ही टोपियां इस योग्य हो गयी हैं कि गांव-गांव में उनकी होली जलायी जाये क्योंकि वह बुर्जुआ....क्योंकि वह मुल्क के भ्रष्टाचार की प्रतीक बन गयी हैं। गांधी ने एक प्रयोग किया था जिसमें मालूम हुआ कि वे सफल हो रहे हैं लेकिन बिलकुलं असफल हो गये! गांधी जैसा प्रयोग बहुत बार किया गया और हर बार असफल हो गया।

श्री अरविंद एक प्रयोग करते थे जिसमें वे सफल होते हुए नहीं मालूम पड़े, नहीं सफल हो सके, लेकिन उनकी दिशा बिलकुल ठीक थी। वे यह प्रयोग कर रहे थे कि क्या यह

संभव है कि थोड़ी-सी आत्माएं इतने ऊपर उठ जायें कि उनकी मौजूदगी, उनकी प्रेजेंस दूसरी आत्माओं को ऊपर उठाने लगे और पुकारने लगे और दूसरी आत्माएं ऊपर उठने लगें? क्या यह संभव है कि एक मनुष्य की आत्मा ऊपर उठे और उसके साथ पूरी मनुष्य की आत्मा का स्तर ऊपर उठ जाये? यह न केवल संभव है बल्कि केवल वही संभव है, दूसरी आज कोई बात सफल नहीं हो सकती।

आज आदमी तो इतने नीचे गिर चुका है कि अगर हमने यह फिक्र की कि हम एक-एक आदमी को बदलेंगे तो शायद यह बदलाहट कभी नहीं होगी, बल्कि जो आदमी उनको बदलने जायेगा उनके सत्संग में उसके खुद के बदल जाने की संभावना ज्यादा है। उसके बदल जाने की संभावना है कि वह भी उनके साथ भ्रष्ट हो जायेगा। आप देखते हैं जितने जनता के सेवक, जनता की सेवा करने जाते हैं, थोड़े दिन में पता चलता है कि वे जनता के जेब काटने वाले सिद्ध होते हैं। वे गये थे सेवा करने, वे गये थे लोगों को सुधारने, थोड़े दिन में पता चलता है कि वे जनता के जेब काटने वाले सिध्द होते हैं। वे गये थे सेवा करने, वे गये थे लोगों को सुधारने, थोड़े दिन में पता चलता है कि लोग उनको सुधारने का विचार करते हैं। नहीं, यह नहीं हो सकता है।

दुनिया का, मनुष्य जाति की चेतना का इतिहास यह कहता है कि दुनिया की चेतना किन्हीं कालों में एकदम ऊपर उठ गयी, आपको शायद अंदाज न हो। पच्चीस सौ वर्ष पहले हिंदुस्तान में बुद्ध पैदा हुए, प्रबुद्ध कात्यायन हुआ, मक्खली गोशालक हुआ, संजय वेलट्ठिपुत्त हुआ। यूनान में सुकरात हुआ, प्लेटो हुआ, अरस्तू हुआ, प्लैटिनस हुआ। चीन में लाओत्से हुआ, कंफ्युशियस हुआ,च्वांगत्से हुआ। पच्चीस सौ साल पहले सारी दुनिया में कुल दस पंद्रह लोग इतनी कीमत के हुए कि उन एक सौ वर्षों में दुनिया की चेतना एकदम आकाश छूने लगी। सारी दुनिया का स्वर्ण युग आ गया, ऐसा मालूम हुआ। इतनी प्रखर आत्मा मनुष्य की कभी प्रगट नहीं हुई थी।

महावीर के साथ पचास हजार लोग दीये की तरह जल गये और गांव-गांव घूमने लगे। बुद्ध के साथ दस हजार भिक्षु खड़े हो गये और उनकी रोशनी और उनकी ज्योति गांव-गांव को जगाने लगी। जिस गांव में बुद्ध अपने दस हजार भिक्षुओं को लेकर पहुंच जाते, तीन दिन के भीतर उस गांव की हवा के अणु बदल जाते। जिस गांव में वे दस हजार भिक्षु बैठ जाते, जिस गांव में वे दस हजार भिक्षु प्रार्थना करने लगते उस गांव से जैसे अंधकार मिट जाता, जैसे उस गांव में रोशनी छा जाती, जैसे उस गांव के हृदय में कुछ फूल खिलने लगते जो कभी नहीं खिले थे। कुछ थोड़े से लोग उठे

उपर और उनके साथ ही नीचे के लोगों की आंखें ऊपर उठीं। नीचे के लोगों की आंखें तभी ऊपर उठती हैं जब ऊपर देखने जैसा कुछ हो। ऊपर देखने जैसा कुछ भी नहीं है, नीचे देखने जैसा बहुत कुछ है। जो आदमी जितना नीचे उतर जाता है वह उतनी बड़ी तिजोरी बना लेता है। जो आदमी जितना नीचे उतर जाता है वह उतनी बढ़िया केडलक खरीद लाता है। तो नीचे देखने जैसा बहुत कुछ है। दिल्ली बिलकुल गड्ढे में बस गयी है, बिलकुल नीचे। वहां नीचे देखो, पाताल में दिल्ली है। तो जिसको भी दिल्ली पहुंचना हो उसको पाताल में उतरना चाहिए, नीचे-नीचे उतरते जाना चाहिए। ऊपर देखने जैसा कुछ भी नहीं है। किसकी तरफ देखेंगे, कौन है ऊपर! और इससे बड़ा दुर्भाग्य क्या हो सकता है कि ऊपर देखने जैसी आत्माएं नहीं हैं जिनकी तरफ देखकर प्राणों में आकर्षण उठता है; जिनकी तरफ देखकर प्राणों में पुकार उठती है, जिनकी तरफ देखकर प्राण धिक्कारने लगते हैं अपने को कि यह दीया तो मैं भी हो सकता था, यह फूल तो मेरे भीतर भी खिल सकते थे, यह गीत तो मैं भी गा सकता था। यह बुद्ध और यह महावीर और यह कृष्ण और क्राइस्ट मैं भी हो सकता था।

एक बार यह खयाल आ जाये कि मैं भी हो सकता था। यहां लेकिन कोई हो तो जिसे देखकर यह खयाल आ जाये तो प्राण ऊपर की यात्रा शुरू कर देते हैं। और स्मरण रहे, प्राण हमेशा यात्रा करते हैं, अगर ऊपर की नहीं करते हैं तो नीचे की करते हैं। प्राण रुकते कभी नहीं हैं, या तो ऊपर जायेंगे या नीचे, रुकेंगे जैसी कोई चीज नहीं है। ठहराव जैसी कोई चीज नहीं है, स्टेशन जैसी कोई जगह नहीं है चेतना के जगत में, कि जहां आप रुक जायें और विश्राम कर लें---या ऊपर या नीचे! जीवन प्रतिक्षण गतिमान है। ऊपर की तरफ चेतनाएं खड़ी करनी हैं।

मैं सारी दुनिया में एक आंदोलन चाहता हूं---बहुत ज्यादा लोगों का नहीं, थोड़े से हिम्मतवर लोगों का जो प्रयोग करने को राजी हों। अगर सौ लोग हिंदुस्तान में प्रयोग करने को राजी हों और सौ लोग तय कर लें इस बात की कि हम अब आत्मा को उन ऊंचाइयों तक ले जायेंगे जहां आदमी का जाना संभव है, तो बीस वर्ष में हिंदुस्तान की पूरी शक्ल बदल सकती है। विवेकानंद ने मरते वक्त कहा था कि मैं पुकारता रहा सौ लोगों को, सौ लोग आ जाओ, लेकिन वे सौ लोग नहीं आये और मैं हारा हुआ मर रहा हूं। सिर्फ सौ लोग आ जाते तो मैं देश को बदल देता, लेकिन विवेकानंद पुकारते रहे, सौ लोग नहीं आये!

और मैंने तय किया है कि मैं पुकारूंगा नहीं, गांव-गांव खोजूंगा, आंख-आंख में

झाकूंगा कि वह कौन आदमी है, जो आदमी अगर पुकारने से नहीं आता है तो खींचकर लाना पड़ेगा। अगर सौ लोगों को भी लाया जा सके! तो यह मैं आपको विश्वास दिलाता हूं कि सौ लोगों की उठती हुई आत्माएं एक एवरेस्ट की तरह, एक गौरीशंकर की तरह खड़ी हो जायेंगी। पूरे मुल्क के प्राण उस यात्रा पर आगे बढ़ सकते हैं।

जिन मित्रों को मेरी चुनौती ठीक लगती हो और जिनको साहस और बल मालूम पड़ता हो कि जाने की हिम्मत है उस रास्ते पर जो बहुत अपरिचित है, उस रास्ते पर, उस समुद्र में जिसका कोई नक्शा नहीं है हमारे पास, तो उसमें जाने की जिसकी भी हिम्मत हो, जिसका भी साहस हो, उसे समझ लेना चाहिए कि उसमें इतनी हिम्मत और साहस सिर्फ इसलिए है कि बहुत गहरे में परमात्मा ने उसको पुकारा होगा, नहीं तो इतना साहस और इतनी हिम्मत नहीं हो सकती थी।

मिस्त्र में कहा जाता था कि जब कोई परमात्मा को पुकारता है तो उसे जान लेना चाहिए कि उससे बहुत पहले परमात्मा ने उसे पुकार लिया होगा अन्यथा पुकार ही पैदा नहीं होती। जिनके भीतर भी पुकार है उनके ऊपर एक बड़ा दायित्व है आज जगत के लिए। आज तो जगत के कोने-कोने जाकर कहने की यह बात है कि कुछ थोड़े से लोग बाहर निकल आयें और सारे जीवन को समर्पित कर दें, ऊंचाइयां अनुभव करने के लिए।

जीवन के सारे सत्य, जीवन के आज तक के सारे अनुभव असत्य हुए जा रहे हैं। जीवन की आज तक की जितनी ऊंचाइयां थीं, जो छुई गयीं थीं, वे सब काल्पनिक हुई जा रही हैं। पुराण कथाएं हुई जा रही हैं। सौ दो सौ वर्ष बाद बच्चे इनकार कर देंगे कि बुद्ध और महावीर और क्राइस्ट जैसे लोग नहीं हुए, ये सब कहानियां हैं। एक आदमी ने तो पश्चिम में एक किताब लिखी है और उसने लिखा है कि क्राइस्ट जैसा आदमी कभी नहीं हुआ है। यह सिर्फ एक पुराना ड्रामा है। जो धीरे-धीरे लोग भूल गए कि ड्रामा है और लोग समझने लगे कि हिस्ट्री है। अभी हम रामलीला खेलते हैं। हम समझते हैं, राम कभी हुए और इसलिए हम रामलीला खेलते हैं। सौ वर्ष बाद बच्चे कहेंगे कि रामलीला लिखी जाती रही और लोगों में भ्रम पैदा हो गया कि राम कभी हुए—रामलीला एक नाटक रहा होगा! बहुत दिनों से चलता रहा, क्योंकि जब हमारे सामने राम और बुद्ध और क्राइस्ट जैसे आदमी दिखायी पड़ने बंद हो जायेंगे तो हम कैसे विश्वास कर लें कि ये लोग कभी हुए।

फिर आदमी का मन कभी यह मानने को राजी नहीं होता कि उससे ऊंचे आदमी भी

हो सकते हैं। आदमी का मन यह मानने को कभी भी राजी नहीं होता कि मुझसे ऊंचा भी कोई है। हमेशा उसके मन में एक मानने का मन यह होता है कि सबसे ऊंचा आदमी हूं। अपने से ऊंचे आदमी को तो बहुत मजबूरी में मानता है, नहीं तो कभी मानता नहीं है। हजार कोशिश करता है खोजने की कि कोई भूल मिल जाए, कोई खामी मिल जाए, तो बता दूं कि यह आदमी भी नीचा है। तृप्त हो जाऊं कि नहीं, यह बात गलत थी। कोई पता चल जाए तो जल्दी से घोषणा कर दूं कि पुरानी मूर्ति खंडित हो गयी, वह पुरानी मूर्ति अब मेरे मन में नहीं रही, वह खंडित हो गयी क्योंकि इस आदमी में यह गलती मिल गयी। खोज इसी की चलती थी कि कोई गलती मिल जाए। नहीं मिल जाए तो ईजाद कर लो ताकि तुम निश्चिंत हो जाओ अपनी मूढ़ता में और तुम्हें लगे कि मैं बिलकुल ठीक हूं।

आदमी धीरे-धीरे सबको इनकार कर देगा क्योंकि उनको प्रतीक, उनके चिह्न कहीं भी दिखाई नहीं पड़ते। पत्थर की मूर्तियां कब तक बतायेंगी कि बुद्ध हुए थे, और महावीर हुए थे, और कागज पर लिखे गये शब्द कब तक समझायेंगे कि क्राइस्ट हुए थे, और कब तक तुम्हारी गीता बता पाएगी कि कृष्ण थे। नहीं, ज्यादा दिन यह नहीं चलेगा। हमें आदमी चाहिए जीसस जैसे, कृष्ण जैसे, बुद्ध जैसे, महावीर जैसे। अगर हम वैसे आदमी आने वाले पचास वर्षों में पैदा नहीं करते हैं तो मनुष्य जाति एक अत्यंत अंधकारपूर्ण युग में प्रविष्ट होने को है। उसका कोई भविष्य नहीं है।

जिन लोगों को भी लगता हो कि जीवन के लिए वे कुछ कर सकते हैं उनके लिए एक बड़ी चुनौती है और मैं तो गांव-गांव यह चुनौती देते हुए घूमूंगा और जहां भी मुझे कोई आंखें मिल जायेंगी कि लगेगा कि यह दीया बन सकती हैं, इनमें ज्योति जल सकती है तो मैं अपना पूरा श्रम करने को तैयार हूं। मेरी तरफ से पूरी तैयारी है। देखना है कि मरते वक्त मैं भी कहीं यह न कहूं कि सौ आदमियों को खोजता था, वे मुझे नहीं मिले।

मेरी बातों को इतने प्रेम और शांति से सुना उसके लिए बहुत अनुगृहीत हूं और अंत में सबके भीतर बैठे परमात्मा को प्रणाम करता हूं। मेरे प्रणाम स्वीकार करें।

6

युक्रांद क्या है?

मेरे प्रिय!

युवक क्रांति दल की इस पहली बैठक में संबोधित करते हुए मैं अत्यंत आनंदित हूं। युवक क्रांति दल के संबंध में पहली बात तो यह समझ लेनी जरूरी है कि मैं युवक किसे कहता हूं। युवक क्रांति दल की दृष्टि में युवक होने का संबंध उम्र और आयु से नहीं है। युवक से अर्थ है : ऐसा मन जो सदा सीखने को तत्पर है—ऐसा मन जिसे यह भ्रम पैदा नहीं हो गया है कि जो भी जानने योग्य था, वह जान लिया गया है—ऐसा मन जो बूढ़ा नहीं हो गया है और स्वयं को रूपांतरित और बदलने को तैयार है। बूढ़े मन से अर्थ होता है : ऐसा मन, जो अब आगे इतना लोचपूर्ण नहीं रहा है कि नये को ग्रहण कर सके, नये का स्वागत कर सके। बूढ़े मन का अर्थ है : पुराना पड़ गया है मन। उम्र से उसका भी कोई संबंध नहीं है। आदमी के शरीर की उम्र होती है, मन की कोई उम्र नहीं होती है। मन की दृष्टि होती है, धारणा होती है।

इस देश में युवक हजारों वर्षों से पैदा होने बंद हो गये हैं। इस देश में बचपन आता है और बुढ़ापा आता है; युवक कभी भी पैदा नहीं होता है। वह बीच की कड़ी खो गयी है, इसलिए तो देश इतना पुराना पड़ गया है, इतना जराजीर्ण हो गया है, इतना बूढ़ा हो गया है। जिस देश में युवक होते हैं, उस देश में इतने बुढ़ापे आने का कोई कारण नहीं है। इससे ज्यादा बूढ़ा देश पृथ्वी पर और कहीं नहीं है। हमारी पूरी आत्मा बूढ़ी और पुरानी पड़ गयी है। हमारी सारी तकलीफ और पीड़ा के पीछे बुनियादी कारण यही है कि हमारे पास युवा चित्त, यंग माइंड नहीं है।

युवक क्रांति दल इस देश में युवा चित्त को पैदा करना चाहता है। युवा चित्त का अर्थ है : जो सख्त नहीं हो गया, कठोर नहीं हो गया, पत्थर नहीं हो गया, अभी बदल सकता है, रूपांतरित हो सकता है, अभी सीख सकता है—उसने सब कुछ सीख नहीं लिया।

स्वामी रामतीर्थ की उम्र केवल तीस वर्ष थी और वे हिंदुस्तान के बाहर गये थे। पहली बार उन्होंने जापान की यात्रा की। वे जिस जहाज पर सवार थे उस जहाज के डेक पर एक जापानी बूढ़ा, एक बूढ़ा जिसकी उम्र कोई नब्बे वर्ष होगी; जिसके हाथ-पैर कंपते थे, जिसको चलने में तकलीफ होती थी, जिसकी आंखें कमजोर पड़ गयी थीं, वह चीनी भाषा सीख रहा था।

चीनी भाषा जमीन पर बोली जानेवाली कठिनतम भाषाओं में से एक है। चीनी भाषा को सीखना सामान्यतया बहुत श्रम की बात है। कोई दस-पंद्रह वर्ष, बीस वर्ष ठीक से मेहनत करे तो चीनी भाषा में ठीक से निष्णात हो सकता है। बीस वर्ष जिसके लिए मेहनत करनी पड़े , नब्बे वर्ष का बूढ़ा उसे अब इसे सीखना शुरू कर रहा हो, पागल है। कब सीखेगा वह? कब सीख पायेगा? कौन-सी आशा है उसको बच जाने की। बीस साल बचेगा? और अगर बीस साल बच भी जाये और निष्णात भी हो जाये चीनी भाषा में तो उसका उपयोग कब करेगा? जिस चीज को सीखने में पंद्रह-बीस वर्ष खर्च करने पड़ें उसके लिए भी तो दस-पच्चीस-पचास वर्ष हाथ में चाहिए। यह उपयोग कब करेगा?

रामतीर्थ परेशान हो गये उसको देख-देखकर, और वह सुबह से शाम तक सीखने में लगा हुआ है। नहीं, बरदाश्त के बाहर हुआ तो उन्होंने तीसरे दिन उससे पूछा कि क्षमा करें, आप इतने वृद्ध हैं, नब्बे वर्ष पार कर गये मालूम पड़ते हैं, आप यह भाषा सीख रहे हैं, यह कब सीख पायेंगे? कब बच पायेंगे आप सीखने के बाद, कब इसका उपयोग करेंगे?

उस बूढ़े आदमी ने आंखें ऊपर उठायीं और उसने कहा, तुम्हारी उम्र कितनी है? रामतीर्थ ने कहा, मेरी उम्र कोई तीस वर्ष होगी। वह बूढ़ा हंसने लगा और उसने कहा, मैं अब समझ पाता हूं कि हिंदुस्तान इतना कमजोर, इतना हारा हुआ क्यों हो गया है। उसने कहा, जब तक मैं जिंदा हूं और मर नहीं गया हूं और जब तक जिंदा हूं तब तक कुछ न कुछ सीख ही लेना है; नहीं, तो जीवन व्यर्थ हो जायेगा। मरना तो एक दिन है, वह तो जिस दिन मैं पैदा हुआ उसी दिन से तय है, मरना एक दिन है। अगर मैं मृत्यु का ध्यान रखता तो शायद कुछ भी नहीं सीख पाता क्योंकि एक दिन मरना है, लेकिन जब तक जिंदा हूं, मैं पूरी तरह जिंदा रहना चाहता हूं। और पूरी तरह जिंदा वही रह सकता है जो जीते-जीते एक-एक पल का, एक-एक क्षण का, नया कुछ सीखने में उपयोग कर रहा है।

जीवन का अर्थ है : नये का रोज-रोज अनुभव। जिसने नये का अनुभव बंद कर दिया है वह मर चुका है, उसकी मृत्यु कभी की हो चुकी। उसका अब अस्तित्व बेकार है, वह मरने के बाद अब किसी तरह जी रहा है। उस बूढ़े आदमी ने कहा, मैं सीखूंगा, जब तक जीता हूं, और परमात्मा से एक ही प्रार्थना है कि जब मैं मरूं तो मृत्यु के क्षण में भी सीखता हुआ मरूं ताकि मृत्यु, मृत्यु जैसी न मालूम पड़े। वह भी जीवन प्रतीत हो।

सीखने की प्रक्रिया है—जीवन। ज्ञान की उपलब्धि है—जीवन। लेकिन इस देश का दुर्भाग्य है कि हमने सीखना तो हजारों साल से बंद कर दिया है। हम नया कुछ भी सीखने को उत्सुक और आतुर नहीं हैं। हमारे प्राणों की प्यास ठंडी पड़ गयी है, हमारी चेतना की ज्योति ठंडी पड़ गयी है, हमें एक भ्रम पैदा हो गया है कि हमने सब सीख लिया है, हमने सब पा लिया, हमने सब जान लिया। जानने को अनंत शेष है। आदमी का ज्ञान कितना ही ज्यादा हो जाये, उस विस्तार के सामने ना कुछ है जो सदा जानने को शेष रह जाता है। ज्ञान तो थोड़ा-सा है, अज्ञान बहुत बड़ा है। उस अज्ञान को जिसे तोड़ना है उसे सीखते ही जाना होता है, सीखते ही जाना होगा।

लेकिन भारत में यह सीखने की प्रक्रिया और युवा होने की धारणा ही खो गयी है। यहां हम बहुत जल्दी सख्त हो जाते हैं, कठोर हो जाते हैं, लोच खो देते हैं। बदलाहट की क्षमता, रिसेप्टिविटी, ग्राहकता सब खो देते हैं। एक जवान आदमी से यह बात करो तो वह इस तरह बात करता है जैसे उसने अपनी सारी धारणाएं सुनिश्चित कर ली हैं। उसका सब ज्ञान ठहर गया है, उसकी आंखों में इन्क्वेरी नहीं मालूम होती है, खोज नहीं मालूम होती। ऐसा लगता है, उसने पा लिया है, जान लिया है, सब ठीक-ठीक है। आगे अब कुछ करने को शेष नहीं रह गया है। प्राण इस तरह बूढ़े हो जाते हैं, व्यक्तित्व इस तरह जराजीर्ण हो जाता है और हजार वर्षों से इस देश का व्यक्तित्व जराजीर्ण है।

युवक क्रांति दल इस जराजीर्ण व्यक्तित्व को तोड़ देना चाहता है। आकांक्षा यह है कि हम भारत की युवा चेतना को जन्म दे सकें। युवा चेतना का दूसरा लक्षण है—साहस। भारत से साहस भी खो गया है, सीखना भी खो गया है, जिज्ञासा भी खो गयी है। हम तो अंधेरे में जाने से भयभीत होते हैं; अनजान रास्ते पर जाने से भयभीत होते हैं; सागर में उतरने से भयभीत होते हैं; और बहुत छोटी चीजें हैं। जो इन अनजान चीजों से भयभीत होता है वह चेतना के अनजान लोकों में, अननोन में कैसे प्रवेश करेगा! वहां से तो वह डरकर लौट आयेगा, वहीं बैठा रहेगा जहां है। जीवन की कुछ

अनजान गहराइयां-ऊंचाइयां हैं, उनकी यात्रा भी बंद है। हमने कुछ सूत्र याद कर लिए हैं, हम उन्हीं को याद करके चुप बैठे रह जाते हैं।

व्यक्तित्व हमारी एक साहसपूर्ण, एक एडवेंचरस खोज नहीं है, न तो बाहर के जगत में...हिमालय पर चढ़ने के लिए बाहर से यात्री आते रहे हैं, प्रतिवर्ष उनके दल के दल आते रहे। वे मरते रहे, टूटते रहे, पहाड़ों से गिरते रहे, खोते रहे, लेकिन उनके दलों के आने में कमी नहीं हुई, वे आते रहे। हिमालय पर चढ़ना था, एक अज्ञात शिखर बाकी था जहां मनुष्य के पैर नहीं पहुंचे थे। लेकिन हम, हम हंसते रहे कि कैसे पागल हैं, क्या जरूरत है एवरेस्ट पर जाने की, क्या प्रयोजन है? क्यों अपनी जान जोखिम में डालते हैं। हम हंसते रहे कि ये पागल हैं, क्यों अपनी जान जोखिम में डालते हैं? हम, जिनका एवरेस्ट है उन्होंने उस पर चढ़ने की कोई तीव्र आकांक्षा पैदा नहीं की। यह सवाल एवरेस्ट पर चढ़ने का और हिंद महासागर की गहराइयों में उतर जाने का ही नहीं है। इससे हमारे व्यक्तित्व का पता चलता है कि हम अज्ञात के प्रति आतुर हैं कि उसका पता उघाड़ लेंगे, कि उसे हम जानने में लग जायेंगे। फिर जीवन का बहुत कुछ अज्ञात है, पदार्थ का अज्ञात लोक है, साइंस उसे खोजती है। हमने कोई साइंस विकसित नहीं की।

तीन हजार वर्ष के लंबे इतिहास में हमने कोई साइंस विकसित नहीं की। क्यों? एक ही उत्तर हो सकता है कि हमें अज्ञात की पुकार सुनाई नहीं पड़ती। वह जो अननोन है, वह जो चारों तरफ से घेरे हुए है वह हमें बुलाता है, लेकिन हमें सुनायी नहीं पड़ता। हम बहरे हो गये हैं, हमें तो जो ज्ञात है हम उसी के घेरे में बैठकर जी लेते हैं और समाप्त हो जाते हैं। क्यों हमें अज्ञात की पुकार सुनायी नहीं पड़ती? अज्ञात का आह्वान हमारे प्राणों को आँदोलित नहीं करता, क्यों? सिवाय इसके कि हमारे भीतर साहस नहीं है क्योंकि अज्ञात को जानने के लिए साहस चाहिए। ज्ञात को, नोन को जीने के लिए किसी साहस की जरूरत नहीं है।

इसीलिए तो भारत ने कभी भारत के बाहर जाकर अभियान नहीं किये। उन्होंने कोई लंबी यात्राएं नहीं कीं, उन्होंने पृथ्वी की कोई खोजबीन नहीं की। वे नहीं गये दूर-दूर उत्तर ध्रुवों तक, न ही दक्षिण ध्रुव तक। न ही वे आज चांद-तारों पर जाने की आकांक्षा से भरे हैं। साहस नहीं है। साहस की कमी होती है तो हम वहीं रहना चाहते हैं जहां परिचित लोग हैं, जहां जाना माना है उसी रास्ते पर चलते हैं, जिस पर बहुत बार चल चुके हैं। क्योंकि अनजान रास्ते पर भूल हो सकती है, अनजान रास्ते पर हम खो सकते

हैं। इस सारे भयों नें हमें इतना पकड़ लिया है कि हम ज्ञात पर ही चलते हैं, कोल्हू के बैल की तरह चक्कर लगाते रहते हैं। लकीर है जानी हुई, वह पीटते रहते हैं।

ऐसे कभी इस देश की आत्मा का उदय होगा? ऐसे भयभीत होकर कभी इस देश के प्राण जागरूक हो सकेंगे? ऐसे डरे-डरे हम जगत की दौड़ में साथ खड़े हो सकेंगे, ज़हां चेतनाएं दूर-दूर की यात्रा कर रही हों, जहां रोज अज्ञात की पुकार सुनी जाती हो, जहां रोज अज्ञात की दिशा में कदम रखे जाते हों, जहां जीवन के एक-एक रहस्य में प्रवेश करने की सारी चेष्टा की जा रही हो। उन सारे दुनिया के युवकों के मुल्क, युवकों के सामने, युवक-मुल्कों के सामने हमारा बूढ़ा और पुराना देश खड़ा रह सकेगा? हम जी सकेंगे उनके सामने? नहीं, हम नहीं जी सकेंगे। और फिर हमारे नेता कहते हैं कि हमारा युवक सिर्फ नकल करता है। नकल नहीं करेगा तो क्या करेगा? अपनी तो कोई खोज नहीं कर सकता है इसलिए जो खोज करते हैं उनकी नकल करने के सिवाय हमारे पास कुछ भी नहीं बचा है, हमारा पूरा व्यक्तित्व इमीटेशन है, पश्चिम का।

हम पश्चिम की नकल कर रहे हैं। करेंगे हम, क्योंकि उनके साथ खड़े होने का इसके अतिरिक्त कोई उपाय नहीं है। हमारी तो अपनी कोई खोज नहीं है, हमारा तो अपना कोई उदघाटन नहीं, अन्वेषण नहीं, हमारी तो अपनी कोई शोध नहीं, हमारे तो अपने कोई रास्ते नहीं हैं। हमें उनकी नकल करनी ही पड़ेगी। और ध्यान रहे, एक बार जब हम बाहर के जगत में नकल करना शुरू करते हैं तो भीतर हमारी आत्मा मरनी शुरू हो जाती है। क्यों? क्योंकि आत्मा कभी भी नकल नहीं बन सकती है। आत्मा कार्बन कापी नहीं बन सकती है। आत्मा का अपना व्यक्तित्व है, अनूठा, यूनीक। और जब भी बाहर से नकल करना शुरू करते हैं तभी भीतर हमारे प्राण सिकुड़ जाते हैं, तभी भीतर हमारे प्राण मुरझा जाते हैं क्योंकि उन प्राणों को अपनी प्रतिमा का अपना द्वार होता है, अपना मार्ग होता है। बाहर से नकल करनेवाले लोग भीतर से मर जाते हैं लेकिन हम हमेशा नकल करते रहे हैं।

आप कहेंगे कि पश्चिम की नकल तो हमने अभी शुरू की है। पहले? पहले हम अतीत की नकल करते थे, अब पश्चिम की नकल कर रहे हैं, इतना फर्क पड़ा है और कोई फर्क नहीं पड़ा है! पहले हम जो बीत चुका था उसकी नकल करते थे। जो हो चुका था, जा चुका था, उस इतिहास की जो पीछे था हमारे, उसकी हम नकल करते थे, क्योंकि कंटेम्परेरी जगत का हमें भी पता नहीं था। तो हमारे सामने एक ही जगत था, बीता हुआ और हम थे। तो बीते की नकल करते थे। राम की, कृष्ण की, बुद्ध की,

महावीर की, हम नकल करते थे। हम अतीत की नकल करके जीते थे। अब हमारे सामने कंटेम्परेरी वर्ल्ड खुल गया है। अब इतिहास धुंधला मालूम होता है। चारों तरफ फैली हुई दुनिया हमें ज्यादा स्पष्ट दिखायी पड़ती है। हम उसकी नकल कर रहे हैं। लेकिन हम हजारों साल से नकल ही कर रहे हैं, चाहे बीते हुए लोगों की और चाहे हमसे दूर जो आसपास खड़ा हुआ जगत है उसकी। लेकिन हमने अपनी आत्मा को विकसित करने की हिम्मत खो दी, साहस खो दिया है।

युवक क्रांति दल साहस को पुनरुज्जीवित करना चाहता है बाहर के जगत-जीवन में भी, और अंतस के जगत और जीवन में भी। साहस जुट सके, वह कारा टूट सके, दीवारें टूट सकें और साहस की धारा बह सके, भीतर से उसकी फिक्र करनी है। लेकिन हमारी सारी धारणाएं साहस के विरोध में हैं । अगर साहस करना है तो संदेह करना पड़ेगा और अगर साहस नहीं करना है तो विश्वास कर लेना हमेशा अच्छा है। साहस करना है तो डाउट चाहिए और अगर साहस नहीं करना है तो फेथ, बिलीफ्स, श्रद्धा, विश्वास चाहिए।

हमारा सारा देश विश्वास करनेवाला देश है। मान लेना है, हमें जो कहा जाता है उस पर सोचना नहीं है, विचार नहीं करना है, क्योंकि सोचने और विचार करने में फिर खतरा है। हो सकता है, मानी हुई मान्यताओं से विपरीत जाना पड़े हमें। हो सकता है, मानी हुई मान्यताएं तोड़नी पड़ सकती हैं। जो स्वीकृत है, जो पक्ष है हमारा वह गलत सिद्ध हो, यह हम सहने को राजी नहीं हैं, इसलिए उसकी तरफ आंख ही नहीं खोलनी है। शुतुरमुर्ग निकलता है और अगर दुश्मन उसका आ जाये तो वह रेत में मुंह गड़ाकर खड़ा हो जाता है। आंख बंद हो जाती है। रेत में तो शुतुरमुर्ग को दिखाई नहीं पड़ता है। दुश्मन खुश हो जाता है, वह मान लेता है जो नहीं दिखाई पड़ता है, वह नहीं है।

शुतुरमुर्ग को क्षमा किया जा सकता है, आदमी को क्षमा नहीं किया जा सकता। लेकिन भारत शुतुरमुर्ग के तर्क का उपयोग कर रहा है आज तक। वह कहता है, जो चीज नहीं दिखाई पड़ती है वह नहीं है, इसलिए विश्वास का अंधापन ओढ़ लेता है और जीवन को देखना बंद कर देता है।

जीवन में नग्न सत्य हैं; जिन्हें देखने में पीड़ा हो सकती है, लेकिन वे हैं। चाहे उनकी कितनी ही पीड़ा हो, उन्हें आंख खोलकर देखना पड़ेगा। क्योंकि आंख खोलकर देखने पर ही हम उन्हें रूपांतरित करने में, बदलने में, ट्रांसफर करने में भी सफल हो सकते हैं। आंख बंद कर लेने से हम अंधे हो सकते हैं लेकिन तथ्य बदल नहीं जाते। हम सारे

तथ्यों को छिपाकर जी रहे हैं। क्योंकि विश्वास की एक गैर-साहसपूर्ण धारणा हमने पकड़ ली है। संदेह की साहसपूर्ण यात्रा हमारी नहीं है। इस वजह से कि साहस कम हो गया है, अकेले होने की हिम्मत हमारी समाप्त हो गई है।

और ध्यान रहे, युवक का अनिवार्य लक्षण है, अकेले होने की हिम्मत, दि करेज टु स्टेंड अलोन। वह युवक होने का एक अनिवार्य लक्षण है। हम भीड़ के साथ खड़े हो सकते हैं। जहां सारे लोग जाते हैं वहां हम जा सकते हैं। हम वहां नहीं जा सकते जहां आदमी को अकेले जाना पड़ता है। नयी जगह तो आदमी को सदा अकेला जाना पड़ता है। किसी एक व्यक्ति को अकेले चलने की हिम्मत करनी पड़ती है। क्योंकि भीड़ तो पहले प्रतीक्षा करेगी कि पता नहीं, रास्ता कैसा है। अकेले आदमी को हिम्मत जुटानी पड़ती है। हमने अकेले होने की हिम्मत कब खो दी, पता नहीं। हम अकेले हो ही नहीं सकते। हमें भीड़ चाहिए, हमेशा साथ ही हम खड़े हो सकते हैं। फिर हम युवा नहीं रह जाते। फिर वह जो यंग माइंड है वह हममें पैदा नहीं हो पाता।

युवक क्रांति दल चाहता है, अकेले होने का साहस—एक-एक युवक में पैदा होना चाहिए। जिस दिन एक-एक युवक अकेला खड़े होने की हिम्मत करता है, उस दिन पहली बार उसकी आत्मा प्रगट होनी शुरू होती है, उसकी प्रतिभा प्रगट होनी शुरू होती है। जब वह कहता है कि चाहे सारी दुनिया यह कहती हो लेकिन जब तक मेरा विवेक नहीं मानता, मैं अकेला खड़ा रहूंगा। मैं सारी दुनिया के प्रवाह के विपरीत तैरूंगा। नदी इस तरह जाती है पूरब—मुझे नहीं प्रतीत होता, मुझे नहीं तर्क कहता, नहीं विवेक कहता कि पूरब जाऊं! मैं पश्चिम की तरफ जाऊंगा और टूट जाऊंगा, नदी की धार में; लेकिन कोई फिक्र नहीं। धार के साथ तभी तैरूंगा जब मेरा विवेक मेरे साथ होगा।

जिस दिन कोई व्यक्ति जीवन की धारा के विपरीत, अपने विवेक के अनुकूल तैरने की कोशिश करता है, पहली बार उसके जीवन में वह चेलेंज आती है, वह संघर्ष आता है, वह स्ट्रगल आती है जिस संघर्ष और चुनौती में गुजरकर उसकी आत्मा निखरती है, साफ होती है। आग से गुजरकर पहली दफा उसकी आत्मा कुंदन बनती है, स्वर्ण बनती है, लेकिन वह हमने खो दिया। अकेले होने की हिम्मत हमने खो दी।

मैंने सुना है : एक स्कूल में एक पादरी कुछ बच्चों को समझाने गया था। वह उन्हें करेज, मॉरल-करेज, नैतिक साहस के बाबत उनको समझाता था। उस पादरी से एक बच्चे ने पूछा कि आप कोई छोटी कहानी से समझा दें तो शायद हमें समझ में आ

जाता। तो उस पादरी ने कहा कि तुम जैसे तीस बच्चे अगर पहाड़ पर घूमने गये हों और दिनभर के थके-मांदे वापस लौटे हों, ठंडी हो रात, थकान हो, हाथ-पैर टूटते हों, बिस्तर आमंत्रण देता हो, बढ़िया बिस्तर हो, अच्छा कंबल हो, उनमें सोने का मन होता हो, उन्तीस लड़के शीघ्र जाकर अपने-अपने बिस्तरों पर सो गये हैं, सर्दी की रात में। लेकिन एक बच्चा एक कोने में बैठकर घुटने टेककर अपनी रात्रि की अंतिम प्रार्थना कर रहा है। तो उस पादरी ने कहा कि उस बच्चे को मैं कहता हूं कि उसमें साहस है। जबकि उन्तीस बच्चे सोने के लिए चले गये हैं, रात सर्द है, दिनभर का थका हुआ है। उन्तीस बच्चों का टेंपटेशन है। भीड़ के साथ होने की सुविधा है। कोई कुछ कहेगा नहीं, कुछ कहने की बात नहीं है। लेकिन नहीं, वह अपनी रात्रि की अंतिम प्रार्थना पूरी करता है और सर्द रात में थके हुए। इसे मैं साहस कहता हूं : नैतिक साहस, अकेले होने का साहस, उस पादरी ने कहा।

महीनेभर बाद वह फिर आया उस स्कूल में और उसने कहा कि पिछली बार नैतिक साहस के बारे में बात कही थी। क्या तुम भी कुछ बता सकते हो, नैतिक साहस की कहानी सुनाकर। एक बच्चा खड़ा हुआ। उसने कहा कि मैंने बहुत सोचा, मुझे याद आया कि उससे भी बड़े नैतिक साहस की एक घटना हो सकती है। उस पादरी ने कहा, खुशी से तुम कहो। उस बच्चे ने कहा, आप जैसे तीस पादरी पहाड़ पर गये हुए हैं दिनभर के वे थके-मांदे, भूखे-प्यासे। रात सर्द है, वापस लौटे हैं। तीसों पादरी हैं, दिनभर की थकान, ठंडी रात, आधी रात। उन्तीस पादरी प्रार्थना करने बैठ गये हैं हाथ जोड़कर और एक पादरी बिस्तर पर जाकर सो गया है। उस बच्चे ने कहा यह पहले करेज से ज्यादा बड़ा करेज है, ज्यादा बड़ा साहस है!

...क्योंकि हो सकता है कि पहला बच्चा यह सोच रहा हो कि मैं धार्मिक हूं और ये सब नास्तिक, अधार्मिक सो रहे हैं—सो जाओ, नर्क में सड़ोगे, यह सोच सकता है वह बच्चा। अकसर धार्मिक और प्रार्थना करनेवाले लोग इसी भाषा में सोचते हैं कि दूसरे को कैसे नर्क में सड़वा दें। सारा चिंतन... जितना वह बेचारा प्रार्थना करते हैं, उपवास करते हैं, उतना ही क्रोध उनका दुनिया के ऊपर बढ़ता चला जाता है। वे कहते हैं, एक-एक को नर्क में डलवा देंगे। सड़क पर जिसको भी देखते हैं कि कुछ चमकदार और रंगीन, खूबसूरत कपड़े पहने हुए हैं, मन ही में सोचते हैं, नर्क में सड़ोगे। किसी को थोड़ा मुस्कराते देखते हैं, सोचते हैं सड़ोगे नर्क में। वह अपनी उदास सूरत का बदला तो लेंगे किसी से। वह अपनी गमगीन और रोती हुई आत्मा का बदला तो लेंगे

किसी से।

तो हो सकता है, उस बच्चे ने कहा कि वह बच्चा यह मजा ले रहा हो कि कोई फिक्र नहीं, आज मैं अकेला हूं तो कोई फिकर नहीं है, नर्क की अग्नि में सड़ोगे तो मैं अकेले खड़ा देखूंगा, उन्तीस सड़ते होंगे। इसलिए वह साहस बहुत बड़ा नहीं भी हो सकता है, लेकिन दूसरा साहस उसने कहा, बहुत बड़ा है। उन्तीस पादरी जब स्वर्ग जाने की व्यवस्था कर रहे हैं, तब एक बेचारा नर्क जाने की तैयारी कर रहा है। तब उसे कोई कंसोलेशन भी नहीं है, कोई सांत्वना भी नहीं है कि इनको नर्क भेज,दूंगा। टेंपटेशन बड़ा है। तब उसे यह भी पता है कि यह उन्तीस दुनिया में जाकर कल सुबह क्या कहेंगे। हो सकता है, रात भी न सो पाये।

धार्मिक आदमी बड़े खतरनाक होते हैं। हो सकता है, आधी रात में पड़ोसी को जगाकर कह आयें कि पता है, उस पादरी की अब फिक्र मत करना, वह आदमी भ्रष्ट हो गया है, उसने आज प्रार्थना नहीं की। लेकिन कुछ भी, चाहे पहला साहस रहा हो या दूसरा, लेकिन साहस का अर्थ हमेशा 'अकेले' होने का साहस है।

क्या आप युवक हैं? अगर युवक हैं तो जीवन में अकेले खड़े होने की हिम्मत जुटानी पड़ती है और ध्यान रहे, अकेले खड़े होने का अर्थ होता है, विवेक को जगाना। क्योंकि जो विवेक को नहीं जगा सके वह अकेला खड़ा नहीं हो सकता है। इसलिए तीसरी बात युवक क्रांति दल चाहता है इस देश में, व्यक्ति के भीतर विवेक-बोध, समझ, अंडरस्टेंडिंग को जगाने की कोशिश। क्योंकि अकेला आदमी तभी अकेला हो सकता है, चाहे दुनिया उसके साथ न हो, उसके साथ विवेक है। उसकी आंख में स्पष्ट दिखायी पड़ रहा है कि जो वह कर रहा है, वह ठीक है। उसका तर्क, उसके प्राण उससे कह रहे हैं कि वह जो कर रहा है, वह ठीक है, चाहे सारी दुनिया विपरीत हो।

जीसस को जिस दिन सूली पर लटकाया होगा, जीसस जवान आदमी रहा होगा। ऐसे उम्र से भी वह जवान ही थे, तैतीस वर्ष उम्र थी लेकिन वे सत्तर वर्ष के भी होते तो कोई फर्क नहीं पड़ता। जीसस युवा आदमी था। सारी दुनिया उसके विपरीत थी। एक लाख आदमी इकट्ठे थे उसे सूली पर लटकाने को। वह चाहता तो माफी मांग सकता था, माफी उसे जरूर मिल जाती। वह चाहता तो कह सकता था कि मुझसे गलती हो गयी, यह मैंने क्या पागलपन कर दिया। वह मुक्त हो जाता। एक गांव में बैठकर बढ़ईगिरी का काम करता, उसकी शादी होती, उसके बच्चे पैदा होते और मजे से मर जाता। लेकिन नहीं, उस आदमी ने अकेले खड़े होने की हिम्मत की, सूली पर भी।

लेकिन वह अकेला खड़ा होकर किसी को नर्क नहीं भेज रहा है, अकेला खड़ा होकर किसी को सड़ाने का आयोजन नहीं कर रहा है। किसी के प्रति क्रोध नहीं है उसके मन में। अकेला खड़ा है अपने विवेक के कारण, किसी के प्रति क्रोध के कारण नहीं। सूली पर लटकते हुए उसने अंतिम प्रार्थना की और कहा, हे परमात्मा! इन सब लोगों को माफ कर देना क्योंकि इन्हें पता नहीं कि ये क्या कर रहे हैं। लेकिन उन्हें पता है कि वे क्या कर रहे हैं। उसे दिखाई पड़ रहा है कि वह क्या कर रहा है, वह ठीक है। क्योंकि पूरे प्राणों से सोचकर, विचारकर, अनुभव से, उसकी पूरी बुद्धि की सलाह से, उसको...यह क्या है वह जानता है!

और जिस दिन मेरा विवेक मेरे साथ होता है, उस दिन सारी दुनिया दो कौड़ी की हो जाती है, उस दिन हम अकेले खड़े हो सकते हैं। विवेक की शक्ति इतनी बड़ी है कि सारी दुनिया की शक्ति क्षीण हो जाती है। इसलिए तीसरी बात युवक क्रांति दल चाहता है, विवेक कैसे विकसित हो, बुद्धिमत्ता कैसे विकसित हो।

ज्ञान विकसित हो जाना एक बात है और बुद्धिमत्ता विकसित होनी बिलकुल दूसरी बात है। नॉलेज आना एक बात है और विज़डम आनी बिलकुल दूसरी बात है। नॉलेज और ज्ञान तो स्कूल, कालेज और विद्यालय देते हैं लेकिन विज़डम कौन देगा? सूचनाएं, इंफर्मेशन तो कालेज और विश्वविद्यालय देते हैं युवकों को, और उनको दे-देकर जवानी में ही उनको बूढ़ा कर देते हैं। क्योंकि जितना उनको भ्रम पैदा हो जाता है कि हम जानते हैं, उतने ही जानने की जिज्ञासा कम हो जाती है। विद्यालय के मंदिर से निकलने के वक्त युवक को ऐसा नहीं लगता कि वह जानने की एक नयी यात्रा पर जा रहा है। अब उसे ऐसा लगता है, जानने का काम हुआ बंद। यह सर्टिफिकेट मिल गई है, बात हो गई समाप्त। अब मुझे जानना नहीं है। अब जानने की तो बात ही खत्म हो गई।

ठीक विश्वविद्यालय तो तब होगा जब विश्वविद्यालय हमें विद्या का मंदिर नहीं मालूम पड़े, विद्या के मंदिर की सिर्फ सीढ़ियां मालूम पड़ेंगी। विश्वविद्यालय वहां छोड़ता है, जहां सीढ़ियां समाप्त होती हैं और असली ज्ञान का मंदिर शुरू होता है। लेकिन उस ज्ञान का नाम नॉलेज नहीं है। उस ज्ञान का नाम विज़डम है, उसका नाम है समझ, उसका नाम है बुद्धिमत्ता।

युवक क्रांति दल, चौथी बात : बुद्धिमत्ता, विज़डम पैदा करने के प्रयोग करना चाहता है। और इसलिए भी कि सारे जगत में ही... हिंदुस्तान में तो, क्योंकि अभी तो

काम यहां है, युवक के पास, सारी बुद्धिमत्ता ऐसा लगता है, पैदा ही नहीं हो पा रही है। वह जो भी कर रहा है, बुद्धिहीन है। उसका सारा उपक्रम बुद्धिहीन है, उसका विद्रोह बुद्धिहीन है, उसकी बगावत बुद्धिहीन हैं। मैं बगावत का विरोधी नहीं हूं। मुझसे ज्यादा बगावत का प्रेमी खोजना मुश्किल है। मैं विद्रोह का विरोधी नहीं हूं। मैं तो विद्रोह को धार्मिक कृत्य मानता हूं। रिबेलियन मनुष्य का अधिकार मानता हूं। लेकिन जब विद्रोह बुद्धिहीन हो जाता है तो विद्रोह से किसी का कोई हित नहीं होता है सिवाय अहित के। और तब विद्रोह अर्थहीन हो जाता है और तब विद्रोह एक विवेकपूर्ण कृत्य नहीं होता। तो वह दूसरे को तो नुकसान कम पहुंचाता है, विद्रोह को ही नष्ट कर डालता है।

हिंदुस्तान का युवक एक विद्रोह की गति पर जा रहा है, एक दिशा पर जहां बुद्धिमत्ता बिलकुल नहीं है। युवक क्रांति दल एक बुद्धिमत्ता जगाने की चेष्टा करना चाहता है। बुद्धिमत्ता जगाने के उपाय हैं। बुद्धिमत्ता जगाने की विधि है जिससे ज्ञान पैदा होता है। सूचनाएं इकट्ठी करने से जिस तरह ज्ञान इकट्ठा होता है—अध्ययन से, मनन से, चिंतन से—वहीं बुद्धिमत्ता उत्पन्न होती है; ध्यान से, मेडिटेशन से—युवक क्रांति दल ध्यान का एक आंदोलन चलाना चाहता है पूरे भारत में। एक-एक युवक के पास ध्यान की क्षमता होनी चाहिए। एक-एक युवक के पास मेडिटेशन की विधि होनी चाहिए। वह जब चाहे तब अपने गहरे से गहरे कामों में प्रविष्ट हो सके। वह जब चाहे तब अंदर के द्वार खोल सके और अंदर के मंदिर में प्रविष्ट हो सके। जिस दिन कोई व्यक्ति अपनी आत्मा के जितने निकट पहुंच जाता है उतना ही बुद्धिमान हो जाता है। बुद्धिमत्ता का संबंध है : कौन व्यक्ति अपनी आत्मा के कितने निकट है उतना ही वाइज़, उतना ही विज़डम उसके पास होती है। जो आदमी अपनी आत्मा से जितना दूर है, उतना ही कम बुद्धिमान होता है। बुद्धिमत्ता आती है ध्यान से।

जैसे ज्ञान नॉलेज लाता है अध्ययन से, मनन से, शिक्षण से; उसी तरह बुद्धिमत्ता आती है ध्यान से। इस देश के युवक को ध्यान की प्रक्रिया में ले जाने का एक 'मूवमेंट फॉर मेडिटेशन'... सारे देश के कोने-कोने में बच्चे-बच्चे तक ध्यान की खबर पहुंचानी है और ध्यान की प्रक्रिया पहुंचानी है। वह क्रांति दल करना चाहता है।

ध्यान व्यक्ति को उपलब्ध हो तो व्यक्ति शांत हो जाता है और जितना शांत व्यक्ति होगा उतने सुंदर समाज के सृजन का घटक बन जाता है। जितना शांत व्यक्ति होगा, उतने सत्य, उतने साहस, उतने अकेले होने की हिम्मत, उतने अज्ञात की तरफ जाने की कामना और उतना जोखिम उठाने की व्यक्तित्व में मजबूती आ जाती है। जितना शांत

व्यक्ति होगा उतना कम भयभीत होता है। जितना शांत व्यक्ति होगा उतना स्वस्थ होता है। जितना शांत व्यक्ति होगा उतना जीवन को झेलने और जीवन का सामना करने की शक्ति उसके पास होगी।

हमारा युवक जीवन के सामने बैंकरप्ट, दिवालिया की तरह खड़ा हो जाता है। उसके पास कुछ भी नहीं है। कुछ सर्टिफिकेट हैं, कागज के कुछ ढेर हैं। उनका वह पुलिंदा बांधकर जिंदगी के सामने खड़ा हो जाता है। उसके पास भीतर और कुछ भी नहीं है। यह बड़ी दयनीय अवस्था है। यह बहुत दुखद है और फिर इस स्थिति में फ्रस्ट्रेशन पैदा होता है, विशाद पैदा होता है, तनाव पैदा होता है, क्रोध पैदा होता है। और इस क्रोध में वह समाज को तोड़ने में लग जाता है, चीजें नष्ट करने में लग जाता है।

आज सारे मुल्क का बच्चा-बच्चा क्रोध से भरा है। क्रोध में वह कुर्सियां तोड़ रहा है, फर्नीचर तोड़ रहा है, बसें जला रहा है। नेता हैं मुल्क के, वे कहते हैं कुर्सियां मत तोड़ो, बसें मत जलाओ, मकान मत मिटाओ, खिड़कियां मत तोड़ो। लेकिन नेता भी जानते हैं कि वे भी नेता कुर्सियां तोड़कर, बसें जलाकर और कांच फोड़कर हो गये हैं। उनकी सारी नेतागिरी इसी तरह की तोड़-फोड़ पर निर्भर, खड़ी हो गई है। यह बच्चे भी जानते हैं कि नेता होने की तरकीब यही है कि कुर्सियां तोड़ो, मकान तोड़ो, आग लगाओ।

इसलिए वे पुराने नेता जो कल यही करते रहे थे, आज यही दूसरे को समझायेंगे। वह समझ में आनेवाली बात नहीं है। फिर उन नेताओं को यह भी पता नहीं है कि कुर्सियां तोड़ी जा रही हैं। यह सिर्फ सिंबालिक है। कुर्सियों से बच्चों का क्या मतलब हो सकता है? किसी आदमी को कुर्सी तोड़ने से मतलब हो सकता है! बस जलाने से क्या मतलब हो सकता है? बस से किसी की दुश्मनी है ? ऐसा पागल आदमी खोजना मुश्किल है जिसकी बस से दुश्मनी हो, कि कांच तोड़ने में कुछ रस आता हो। नहीं, यह सवाल नहीं है। यह बिलकुल असंगत है। इससे कोई संबंध नहीं है। युवक है भीतर अशांत, पीड़ित और परेशान। आदमी कुछ भी चीज तोड़ सकता है तो थोड़ी-सी राहत मिल जाती है।

एक मनोवैज्ञानिक के पास एक बीमार को लाया गया था। वह एक दफ्तर में नौकर था। उस दफ्तर में उसका मालिक उसे कभी बुरा शब्द बोलता, कभी अपमानित कर देता। मालिक के खिलाफ वह कुछ कर नहीं सकता था। लेकिन भीतर क्रोध तो आता

था। क्रोध आता था तो घर जाकर पत्नी पर टूट पड़ता था। क्रोध आता था तो कभी गुस्से में अपनी चीजें तोड़ लेता था। लेकिन फिर खयाल में आता था, यह क्या पागलपन है! फिर क्रोध बढ़ता चला गया। फिर उसके मन में ऐसा होने लगा कि होगा, जो कुछ होगा, एक दिन जूता निकालकर मालिक की सेवा कर दी जाये। हाथ उसके जूते पर जाने लगे तो वह बहुत घबराया कि यह तो बहुत खतरनाक बात हुई जा रही है। अगर जूता मैंने मार दिया तो मुश्किल में पड़ जाऊंगा। फिर वह जूता घर छोड़कर आने लगा। क्योंकि किसी भी दिन खतरा हो सकता था। लेकिन जूता घर छोड़कर आने से क्या संबंध था! वह जूता तो केवल प्रतीक था। वह स्याही की दावात उठाकर फेंकने का खयाल करने लगा। तब उसे घबराहट आई और उसने घर जाकर मित्रों को कहा कि मैं बड़ी मुश्किल में पड़ गया हूं। बस कुछ भी मिल जाये, मैं मालिक को मारना चाहता हूं।

वह एक मनोवैज्ञानिक के पास उसे ले गया। मनोवैज्ञानिक ने कहा, कुछ मत करो। मालिक की एक तस्वीर घर में बना लो और रोज सुबह पांच जूते बिलकुल रिलीजसली तस्वीर को मारो। बिलकुल इसमें भूल-चूक न हो। पुजारी पूजा करता है और माला फेरनेवाले माला फेरते हैं, ऐसा रिलीजसली। उसको बिलकुल पांच जूता मारो फिर दफ्तर जाओ। दफ्तर से लौटकर पहला काम, उसको पांच जूता मारो आने पर फिर दूसरा काम करो।

वह आदमी हंसा। उसने कहा, इससे क्या होगा। यह सुनकर ही उसके चेहरे पर जो भाव आया वह एक रिलैक्सेशन का था, एक शांति का था। उस मनोवैज्ञानिक ने कहा, होगा। तुम फिक्र मत करो। कल से यह कार्य शुरू करो। उसको पांच जूता सुबह ही उठकर मारो। बड़ी जल्दी रही। रात में कई दफा नींद खुली कि जल्दी सुबह हो जाये। सुबह हुई। उसने पांच जूते मारे। पांच जूते मारकर वह बड़ा हैरान हुआ। मन उसका बड़ा हल्का सा लगा, और मालिक जो कि जूता खाये हुए सामने पड़े थे उन पर बड़ी दया महसूस हुई।

वह दफ्तर गया। उस दिन तो उसका व्यवहार बड़ा भिन्न था। पंद्रह दिन रोज जूता मारता रहा और दफ्तर में वह दूसरा आदमी हो गया। उसका मालिक उससे पूछने लगा, क्या हो गया है तुम्हें। तुम बिलकुल बदल गये। तुम कितने शांत हो गये हो, तुम इतनी कुशलता से काम करते हो। उसने कहा, मालिक वह पूछें ही मत कि क्या तरकीब से काम कर रहे हैं। इसमें नौकरी जाने का खतरा है।

इस आदमी को क्या हुआ? इसके भीतर तोड़ने-फोड़ने की, किसी को मिटाने की, किसी को नीचा दिखाने की तीव्र भावना काम कर रही थी। वह भावना किसी भी रूप में निकल सकती थी। वह टेबल तोड़ सकती थी, कांच तोड़ सकती थी। घर में पत्नियां जानती हैं भलीभांति, कि पति से झगड़ा होता है, बर्तन बेचारे टूट जाते हैं। माताएंजानती हैं भलीभांति, पिता से झगड़ा होता है, बच्चे पिट जाते हैं। क्रोध यहां-वहां से निकलना शुरू होता है।

युवक के पास क्रोध तो बहुत है, शांति बिलकुल नहीं है। इसलिए सारा उपद्रव हो रहा है। उपद्रव बढ़ेगा, उपद्रव गहरा होगा। अभी वह मकान तोड़ रहा है, कल वह मकान जलायेगा। अभी वह बसें जला रहे हैं, कल वह आदमियों को जलायेंगे। पचास साल के भीतर आदमी जलाया जायेगा, अगर युवक का क्रोध इसी तरह गति करता रहा, और उसे शांति की दिशा में ले जाने का कोई उपाय नहीं मिल सका।

मैंने सुना है, हॉलैण्ड में मेरे एक मित्र थे। उन्होंने मुझे वहां से लिखा कि यहां एक अजीब बात हो गई है। युवकों और विद्यार्थियों का एक नया आंदोलन है, जो... सैटर्डे नाइट मूवमेंट—शनिवार की रात को सड़कों पर... और लड़के लड़कियां पत्थर फेंकते हैं, शोरगुल करते हैं अकारण। कोई कारण नहीं है। सैटर्डे नाइट मूवमेंट ही है वह। सत्य से कोई संबंध नहीं है। सड़कों पर नाचते हैं, गालियां बकते हैं, शराब पीते हैं, मेसकलीन, लैसर्जिक एसिड, मारिजुआना का उपयोग करते हैं और फिर चौगड्डों पर इकट्ठे होकर विचार करते हैं कि हम आज ऐसा क्या करें कि पुलिस हमें जेल भेज सके। कोई कारण नहीं है, कोई झगड़ा नहीं है, कोई फीस कम नहीं करवानी है, कुछ और मामला नहीं है, लेकिन क्रोध इतना इकट्ठा है कि उसको रिलीज़ चाहिए। उसे कहीं से निकलना होगा।

नेता चिल्लाते रहेंगे, कुछ नहीं हो सकता है। क्योंकि नेता खुद अशांत और पीड़ित और परेशान हैं। राजनीतिज्ञों से ज्यादा अशांत आदमी पृथ्वी पर और कौन हो सकते हैं? तो वे बेचारे कहते हैं, शांति रखो, शांति रखो। लेकिन भीतर उनके भी अशांति चलती है, उनकी शांति का कोई अर्थ नहीं। उन्हें पता भी नहीं है कि क्या हो रहा है, मनुष्य की चेतना में। मनुष्य की चेतना ने ज्ञान तो अर्जित कर लिया है, बुद्धिमत्ता अर्जित नहीं की। मनुष्य की चेतना ने सूचनाएं तो इकट्ठी कर ली हैं, लेकिन चेतना ज्ञानवान नहीं हो पाई है। मनुष्य ने महत्त्वाकांक्षा तो सीख ली है और सारी शिक्षा का एक ही फल हुआ है कि आदमी को महत्त्वाकांक्षी बना दिया है, लेकिन शांति उसके पास बिलकुल

नहीं है।

तो युवक क्रांति दल ध्यान के माध्यम से शांति का एक आंदोलन चलाना चाहता है। व्यक्ति को चाहिए शांति और समाज को चाहिए क्रांति। ये बातें युवक क्रांति दल के बुनियादी आधार हैं—व्यक्ति को चाहिए शांति और समाज को चाहिए क्रांति। व्यक्ति हो इतना शांत कि उसके भीतर कोई पीड़ा, कोई दुख, कोई क्रोध न रह जाये। और समाज है गलत, समाज है रुग्ण, समाज है अग्ली, समाज है कुरूप। हजारों साल की बेवकूफियों के आधार पर समाज हमारा निर्मित है। उन सब बेवकूफियों को आग लगा देना है, उन सबको जिनके आधार पर हम खड़े हैं।

अभी आज हिंदुस्तान में शूद्र है। आज भी बीसवीं सदी में! मनु महाराज ने तीन हजार वर्ष पहले जिन शूद्रों को खड़ा किया था, वे अब भी खड़े हैं। करोड़ों-करोड़ों लोगों को आज भी मनुष्यों की जीवन-स्थिति उपलब्ध नहीं है। उसे तोड़ देना पड़ेगा। हजारों वर्षों से स्त्रियों को गुलाम की तरह खड़ा किया गया है। आज नामचारे को वे स्वतंत्र मालूम पड़ती हैं लेकिन आज भी वे स्वतंत्र नहीं हैं। आज भी शिष्ट से शिष्ट नगर में किसी लड़की का रात अकेले निकलना असंभव है। यह कोई स्वतंत्रता है? बूढ़ी से बूढ़ी स्त्री निकलती हो तो छोटे से छोटे बच्चे गाली बकेंगे, पत्थर फेंकेंगे, धक्का मार जायेंगे, यह कोई स्वतंत्रता है? स्त्री की यह कोई स्थिति है?

सोचना है फिर से कि इन तीन हजार वर्षों में जो हमने किया है उसमें हमारे जीवन के प्रति जो दृष्टिकोण हैं—वह गलत रहा होगा। अन्यथा स्त्री और पुरुष के बीच ऐसा दुर्भाव नहीं हो सकता था जैसा दुर्भाव है। स्त्री और पुरुष दो अलग जाति के प्राणी मालूम होते हैं, एक ही जाति के प्राणी नहीं मालूम होते। ऐसा मालूम होता है, यह स्पेसीज ही अलग है। यह अलग ही दो तरह की कौमें हैं। ये साथ-साथ किसी तरह जीते हैं, लेकिन साथ-साथ हैं नहीं।

इतनी लंबी दीवार खड़ी की है आदमी और औरत के बीच। उस आदमी और औरत के बीच जितनी बड़ी दीवार उठाई गई है उतनी ही मुश्किल होती चली गई है। क्योंकि जितनी बड़ी रुकावट डाली जाती है उतना ही आकर्षण तीव्र हो जाता है। स्त्री और पुरुषों के बीच जितना फासला पैदा करने की कोशिश की गई है, स्त्री और पुरुष लड़के को उतना ही सेक्सुअल, कामुक बनाया गया है। वे सारे फासले तोड़े जाने जरूरी हैं। स्त्री और पुरुष को निकट लाना जरूरी है ताकि यह संभव न रह जाये कि कोई स्त्री को धक्का दे। यह तभी तक संभव है जब तक स्त्री और पुरुष बहुत निकट नहीं

हैं। उन्हें साथ खेलना है बचपन से, साथ पढ़ना है।

आज यूनिवर्सिटी की क्लास में भी जाओ, लड़कियां अलग बैठी हैं, लड़के अलग बैठे हैं। क्या बेहूदगी है। यूनिवर्सिटी के तल पर लड़के अलग बैठे हैं एक कोने में, और शिक्षक का कुल काम एक पहरेदार का काम है कि वह देखता रहे कि लड़के-लड़कियां कहीं पास तो नहीं आ जाते हैं। ये पुलिसवाला बनाये हुए हैं प्रोफेसर को, उसको आदमी बनने दो। वह दूसरे काम से यहां आया हुआ है, इस बेवकूफी में पड़ने को नहीं। लेकिन एक ही भय है कि कहीं स्त्री पुरुष के पास न आ जाये। यह भय क्या है?

हमारी सेक्स के प्रति जो धारणाएं हैं, वह नासमझी की हैं, अवैज्ञानिक हैं। स्त्री और पुरुषों को निकट लाने की जरूरत है। जब हम उनको करीब नहीं ले आ पाते फिर करीब आने की पर्वर्टेड कोशिश करते हैं, फिर विकृत करने की कोशिश करते हैं। फिर बेचारे दूर से ही कंकड़ मारकर स्पर्श करने की कोशिश करते हैं। जब हाथ से स्पर्श नहीं करने दोगे तो कंकड़ से, फ्लाइंग-किस से... अजीब है बात! फ्लाइंग-किस भी हो सकता है ? लेकिन होता है, और होगा; निकट आने की सारी संभावना हमने क्षीण कर दी है। उसकी वजह से इतना परवर्सन है, इतनी सैक्सुअलिटी है, इतनी कामुकता है।

उसे मिटाना है। समाज को क्रांति चाहिए—एक सैक्सुअल रिवोल्यूशन ! काम के प्रति एक क्रांतिकारी दृष्टिकोण और परिवर्तन चाहिए तो हम स्वस्थ हो सकेंगे, नहीं तो ऊपर से ब्रह्मचर्य की बातें चलती रहेंगी और गीता में कोई गंदी किताब छिपाकर पढ़ता रहेगा। ये दोनों बातें एक साथ चलेंगी। जल्दी पिताजी आयेंगे तो गीता दिखायी पड़ने लगेगी, पिताजी गये तो भीतर से न मालूम क्या निकल आयेगा। गंदी तस्वीरें होंगी, नंगी तस्वीरें होंगी। सड़कों पर नंगी तस्वीरें किस बात की सबूत हैं ?

सड़कों पर नंगी तस्वीरें इस बात का सबूत हैं कि स्त्री और पुरुष को एक दूसरे को नग्न देखने की इच्छा पूरी नहीं हो पाती। बचपन से ही जिज्ञासा है। स्त्री का शरीर कैसा है, पुरुष का शरीर कैसा है। वह जिज्ञासा पूरी नहीं हो पाती। आदिवासी समाज में किसी को जिज्ञासा नहीं है। हमें क्यों जिज्ञासा है इतनी? हमने शरीर को भी इस तरह छिपाया है। इससे उसमें जिज्ञासा पैदा कर देते हैं। उसके चारों तरफ की, उसे देखने की आकांक्षा है। फिर उसके देखने की आकांक्षा से फिल्म बनती है। नंगी तस्वीर बनती है, नंगा उपन्यास बनता है। उस पर हम रोक लगाते हैं कि यह नहीं होना चाहिए। तब वह नंगा उपन्यास अण्डरग्राउण्ड चला जाता है, तब तक वह नीचे से बिकता है। तब वह हर दुकान पर मिलता है, उसके ज्यादा पैसे चुकाने पड़ते हैं, उसके ऊपर नाम कुछ होता

है, भीतर कुछ होता है। नंगी तस्वीरें बिकती हैं और आदमी रुग्ण होता जाता है।

नहीं, छोटे बच्चे नग्न होने चाहिए। जितनी देर संभव हो सके, पांच वर्ष, छह वर्ष, घर में जितनी देर तक वे नंगे खेल सकें, खेलने देना चाहिए ताकि वे जान लें कि शरीरों में कुछ नहीं है। शरीर में कुछ है नहीं जिसके लिए परेशान हैं जिंदगीभर। अगर थोड़े से बोधपूर्वक, पांच-सात वर्ष के बच्चे अगर बोधपूर्वक हों और नग्न रहें, कभी नग्न खेल सकें, कभी नग्न स्नान कर सकें तो उनकी जिज्ञासा हमेशा को समाप्त हो जायेगी।

अभी हालत यह है कि सत्तर वर्ष के बूढ़े की जिज्ञासा भी शांत नहीं होती। वह सत्तर वर्ष का बूढ़ा भी स्त्री को देखता है तो उसकी आंखें उसके कपड़ों के भीतर प्रवेश करने लगती हैं। उदाहरण के लिए हमने कहा कि हमें एक कामुक काम के प्रति एक क्रांति से गुजरने की जरूरत है, अर्थ के प्रति एक क्रांति से गुजरने की जरूरत है। यह क्या बात है, इतना बड़ा मुल्क गरीब होता चला जाये और थोड़े से लोगों के पास पैसे इकट्ठे होते चले जायें! यह वरदाश्त करने के बाहर है कि सारी संपदा एक तरफ इकट्ठी हो जाये और सारा मुल्क नंगा, दीन-हीन, दुखी और पीड़ित हो जाये। नहीं, मुल्क में इकोनॉमिक रिवोल्यूशन की जरूरत है। संपत्ति का समान वितरण जरूरी है। संपत्ति सब तक पहुंचनी चाहिए—सबकी है, जैसे आकाश सबका है, पृथ्वी सबकी है—संपत्ति भी सबकी है। सब उसे संयुक्त मिलकर पैदा करते हैं, सब उसके मालिक होने के हकदार हैं। संपत्ति राष्ट्र की हो; समाज की हो; व्यक्ति की नहीं। व्यक्तिगत संपत्ति से मुक्त हुए बिना इस देश के जीवन में कभी सुख का उदय नहीं हो सकता है।

कितना ही हम चिल्लायें कि भ्रष्टाचार न हो, चोरी न हो, बेईमानी न हो—वह होगी, क्योंकि जब तक संपदा एक तरफ इकट्ठी होगी, एक तरफ शोषक होंगे, दूसरी तरफ शोषितों का बड़ा समाज होगा। तब तक चोरी कैसे बंद होगी, बेईमानी कैसे बंद होगी, भ्रष्टाचार कैसे बंद होगा? नहीं बंद होगा। चाहे ऋषि-मुनि कितना ही समझायें, ऋषि-मुनि कितना ही कहें कि धैर्य रखो, संतोष रखो, चोरी मत करो, कितना ही समझायें, कोई सुनेगा नहीं। उनके चिल्लाने से कुछ भी नहीं होगा। वे चिल्लाते रहेंगे और कुछ भी नहीं होगा। उनके चिल्लाने से सिर्फ एक फर्क पड़ता है, वे सच्चा आदमी तो पैदा नहीं कर पाते, एक पाखण्डी जरूर पैदा कर देते हैं।

पाखण्डी आदमी का मतलब यह कि वह कहेगा कि मैं कहां चोरी करता हूं। मैं तो अणुव्रती हूं। मैं तो अणुव्रत का पालन करता हूं। मैं तो मानता हूं कि कम से कम में संतोष रखना चाहिए। मैं तो धार्मिक आदमी हूं। मैं कहां चोरी करता हूं। ऊपर से वह

एक चेहरा बनायेगा, जिस पर तिलक लगा हुआ है, चोटी बंधी हुई है, और पीछे एक दूसरा ही आदमी होगा जो दिखाई पड़ जाये तो आप पहचान नहीं सकेंगे कि क्या यह वही सज्जन हैं। वह भीतर जो आदमी छिपा हुआ है वह बिलकुल दूसरा है। रोशनी में वह बड़ा धार्मिक मालूम पड़ता है, मंदिर में पूजा करता दिखायी पड़ता है, अंधेरे में लोगों की जेबें काट रहा है, उनकी गर्दनें काट रहा है। पाखण्डी आदमी पैदा हो गया है, यह हिपोक्रेट ह्युमिनिटी पैदा हो गयी है।

यह कैसे पैदा हो गयी है? यह पैदा हो गयी है कि जहां जिंदगी का असली सवाल है उनको बदलना नहीं चाहता और झूठी बातें बदलने की बातें करते हैं। कहते हैं, भ्रष्टाचार मिटायेंगे। जब तक शोषण है तब तक कुछ भी नहीं मिट सकता। शोषण मिटेगा तो यह सब मिट जायेगा। शोषण के मिटते ही चोरी समाप्त हो जाती है। जब तक व्यक्तिगत संपत्ति है दुनिया में तब तक चोरी चोरी रहेगी। न तुम्हारी अदालतें रोक सकती हैं, न तुम्हारे जज रोक सकते हैं, न तुम्हारी पुलिस रोक सकती है। सिर्फ इतना ही होगा कि पुलिस भी चोरी करेगी, अदालत भी चोरी करेगी, जज भी चोरी करेगा, नेता भी चोरी करेंगे। कुछ भी नहीं रुकनेवाला है। व्यक्तिगत संपत्ति के जाते ही चोरी जायेगी क्योंकि व्यक्तिगत संपत्ति की बाई-प्रोडक्ट है चोरी। वह उससे पैदा हुई है, वह उसके साथ ही जा सकती है, उसके बिना नहीं जा सकती।

देश को एक आर्थिक क्रांति की जरूरत है। देश को और बहुत तलों पर क्रांति की जरूरत है—पारिवारिक क्रांति की जरूरत है, शैक्षणिक क्रांति की जरूरत है। उस सबके विस्तार में आज तो नहीं जा सकूंगा, इतना ही कहना चाहूंगा कि देश को आमूल क्रांति की जरूरत है, पूरी जड़ें बदलने की जरूरत है। युवक क्रांति दल समाज में एक क्रांति लाना चाहता है, खबर पहुंचाना चाहता है गांव-गांव, देहात तक, एक-एक व्यक्ति तक कि सोचो, विचार करो, जिंदगी कहां-कहां बदलने जैसी है, उसे बदलना है।

व्यक्ति को चाहिए शांति और समाज को चाहिए क्रांति, यह युवक दल का खयाल है और योजना है। जो युवक उससे संबंधित होंगे वे एक वैचारिक वातावरण, एक रिनेसां, एक पुनर्जागरण पैदा करने की कोशिश करेंगे। उनका कोई आज राजनीतिक सवाल नहीं है, न कोई लक्ष्य है। राजनीति से उन्हें कुछ सीधा लेना नहीं है।

इस मुल्क में अभी तो जरूरत है एक मानसिक परिवर्तन की, एक मेंटल चेंज की। तो युवक क्रांति दल का कोई राजनीतिक सवाल नहीं है। उसका सवाल है कि वह

मुल्क की आत्मा को क्रांति के लिए तैयार करने की हवा दे सके। उस हवा से अपने आप राजनीति भी बदल जायेगी, अपने आप उसे बदलना पड़ेगा। अभी तो देश की आत्मा को सब पहलुओं पर क्रांति की दृष्टि, सिर्फ दृष्टि काफी है...अभी तो एक थिंकिंग, एक विचार काफी है।

अभी युवक क्रांति दल की योजना एक सांस्कृतिक क्रांति की हवा, एक कल्चरल रिवोल्यूशन की हवा, वातावरण, एक साइकिक एटमास्फिअर पैदा करने का है। उसके बाद जो आज युवक हैं, विश्वविद्यालय में पढ़ते हैं, स्कूल में पढ़ते हैं, कल वे जिंदगी में जायेंगे, वे राजनीति में जायेंगे, वे अधिकार पद पर होंगे, तब आज जो उनके चित्त में हवा पैदा हो जायेगी तो कल जब उनके हाथ में सत्ता होगी, वे समाज को आमूल बदलने में समर्थ हो सकेंगे।

यह जो युवक क्रांति दल है, यह इस चेष्टा में संलग्न रहेगा कि युवक जब शक्ति में पहुंचे इससे उनके व्यक्तित्व का आमूल रूपांतरण हो जाये। भीतर वे शांत हो जायें और उनका मस्तिष्क जीवन को बदलने की तेज आग से भर जाये, जीवन को बदलने की तीव्र पीड़ा उन्हें पकड़ ले। तो कल जो आज युवक हैं, युवा हैं, उनके हाथ में होगा देश। हम चाहें तो बीस साल में इस देश की पूरी काया पलट कर सकते हैं क्योंकि बीस साल में एक पीढ़ी बदल जाती है। बीस साल में नयी पीढ़ी के हाथ में ताकत आ जाती है।

युवकों ने अगर इस पर नहीं सोचा तो यह देश रोज-रोज अंधेरे से अंधेरे में उतरता चला जायेगा। इस देश के पास बचाने का और कोई उपाय नहीं है। न कोई नेता बचा सकता है इसे, न कोई गुरु बचा सकता है इसे, और न परमात्मा से की गयी प्रार्थनाएं बचा सकती हैं। इसे बचाया जा सकता है तो एक ही हालत में, वह जो युवक-आत्मा है, वह जो यंग माइंड है, उसका जन्म हो सके तो इस देश को हम बचा सकते हैं।

ये थोड़ी-सी बातें मैंने कहीं, मेरी बात को इतने प्रेम और शांति से सुना, उससे बहुत अनुगृहीत हूं और अंत में सबके भीतर बैठे परमात्मा को प्रणाम करता हूं, मेरे प्रणाम स्वीकार करें।

7

नारी और क्रांति

मेरे प्रिय!

मनुष्य के इतिहास में नारी जाति के साथ जो अत्याचार और अनाचार हुआ है, उस संबंध में थोड़ी-सी बात प्रारंभ में कहना चाहता हूं और नारी के साथ जो हुआ है, उसके परिणाम से पूरी मनुष्य जाति के जो अहित हुए हैं, उस संबंध में थोड़ी बात कहना चाहता हूं।

मनुष्य की पूरी जाति, मनुष्य का पूरा जीवन, मनुष्य की पूरी सभ्यता और संस्कृति अधूरी है क्योंकि नारी ने उस संस्कृति के निर्माण में कोई भी दान, कोई भी कंट्रीब्यूशन नहीं किया। नारी कर भी नहीं सकती थी। पुरुष ने उसे करने का कोई मौका भी नहीं दिया। हजारों वर्षों तक स्त्री पुरुष से नीचे और छोटी और हीन समझी जाती रही है। कुछ तो देश ऐसे थे जैसे चीन में हजारों वर्ष तक यह माना जाता रहा कि स्त्रियों के भीतर कोई आत्मा नहीं होती। इतना ही नहीं, स्त्रियों की गिनती जड़ पदार्थों के साथ की जाती थी। आज से सौ बरस पहले चीन में अपनी पत्नी की हत्या पर किसी पुरुष को, किसी पति को कोई भी दंड नहीं दिया जाता था क्योंकि पत्नी उसकी संपदा थी। वह उसे जीवित रखे या मार डाले, इससे कानून का और राज्य का कोई संबंध नहीं।

भारत में भी स्त्री को पुरुषों के सम्मान में, पुरुषों की समानता में कोई अवसर और जीने का मौका नहीं मिला। पश्चिम में भी वही बात थी। चूंकि सारे शास्त्र और सारी सभ्यता और सारी शिक्षा पुरुषों ने निर्मित की है इसलिए पुरुषों ने अपने आप को बिना किसी से पूछे श्रेष्ठ मान लिया है, स्त्री को श्रेष्ठता देने का कोई कारण नहीं। स्वभावतः इसके घातक परिणाम हुए।

सबसे बड़ा घातक परिणाम तो यह हुआ कि स्त्रियों के जो भी गुण थे वे सभ्यता के विकास में सहयोगी न हो सके। सभ्यता अकेले पुरुषों ने विकसित की। अकेले पुरुष के हाथ से जो सभ्यता विकसित होगी उसका अंतिम परिणाम युद्ध के सिवाय और कुछ

भी नहीं हो सकता। अकेले पुरुष के गुणों पर जो जीवन निर्मित होगा वह जीवन हिंसा के अतिरिक्त और कहीं नहीं ले जा सकता। पुरुषों की प्रवृत्ति में, पुरुष के चित्त में ही हिंसा का, क्रोध का, युद्ध का कोई अनिवार्य हिस्सा है।

नीत्से ने आज से कुछ ही बीसी पहले यह घोषणा की कि बुद्ध और क्राइस्ट स्त्रैण रहे होंगे क्योंकि उन्होंने करुणा और प्रेम की इतनी बातें कही हैं, वे बातें पुरुषों के गुण नहीं हैं। नीत्से ने क्राइस्ट को और बुद्ध को स्त्रैण, स्त्रियों जैसा कहा है। एक अर्थ में शायद उसने ठीक ही बात कही है। वह इस अर्थ में कि जीवन में जो भी कोमल गुण हैं, जीवन के जो भी माधुर्य से भरे सौंदर्य, शिव की कल्पना और भावना है वह स्त्री का अनिवार्य स्वभाव है। मनुष्य की सभ्यता माधुर्य और प्रेम और सौंदर्य से नहीं भर सकी, क्रूर और पुरुष हो गयी, कठोर और हिंसक हो गयी और अंतिम परिणामों में केवल युद्ध लाती रही।

इसके पीछे दो बातों का ही हाथ है। एक तो स्त्री के गुणों को कोई सम्मान नहीं दिया गया और दूसरा स्त्री ने कभी अपने गुणों को विकसित करने की कोई चेष्टा और कोई सक्रिय उपाय नहीं किया। यह जानकर आपको हैरानी होगी, अगर कोई स्त्री पुरुषों के गुणों में आगे हो जाये तो उसे जोन ऑफ आर्क या रानी लक्ष्मी बाई...और सारे जगत में इस बात की प्रशंसा होती है कि रानी लक्ष्मी बाई बहुत बहादुर, बहुत सम्मान योग्य स्त्री है। लेकिन क्या कभी आपने यह सुना है कि कोई पुरुष स्त्रियों के गुणों में विकसित हो जाये तो उसका कभी कोई सम्मान हुआ था? अगर कोई पुरुष स्त्रियों जैसा प्रतीत हो तो उसका अपमान होगा और कोई स्त्री पुरुष के जैसा प्रतीत हो तो उसका सम्मान होगा और चौरस्तों के ऊपर उसकी मूर्तियां खड़ी की जायेंगी।

पुरुषों ने अपने गुणों को अनिवार्य रूप से स्वीकार कर लिया है और स्त्रियों ने भी इस पर स्वीकृति दे दी, यह बहुत आश्चर्य की बात है! स्त्रियों ने कभी सोचा भी नहीं कि उनके व्यक्तित्व की भी अपनी कोई गरिमा, अपना कोई स्थान, अपनी कोई प्रतिष्ठा है। इस तीन-चार हजार बरस की गुलामी के बाद एक विद्रोह, एक प्रतिक्रिया, एक रीएक्शन पैदा होना शुरू हुआ और स्त्रियों ने यह घोषणा करनी शुरू कर दी कि हम पुरुषों के समान हैं और बराबर हैसियत और बराबर अधिकार मांगती हैं लेकिन फिर दोबारा भूल हुई जा रही है, जिसका आपको शायद पता न हो। उस भूल के संबंध में भी समझ लेना जरूरी है।

मैं कहना चाहता हूं कि स्त्रियां न तो पुरुषों से हीन हैं और न समान हैं। स्त्रियां पुरुषों

से भिन्न हैं, वे बिलकुल भिन्न हैं। न उनके नीचे होने का सवाल है, न उनके समान होने का सवाल है, स्त्रियां पुरुषों से बिलकुल भिन्न हैं और जब तक स्त्रियां अपनी भिन्नता की भाषा में, अपने अलग व्यक्तित्व की भाषा में सोचना शुरू नहीं करेंगी तब तक या तो वे पुरुष की दास होंगी या पुरुष की अनुयायी होंगी, और दोनों स्थितिया खतरनाक हैं।

पश्चिम में स्त्रियों ने एक बगावत की है, एक विद्रोह किया है और परिणाम यह हुआ है कि स्त्रियां पुरुषों जैसे होने की दौड़ में, होड़ में पड़ गयीं। जो पुरुष करते हैं और जैसे पुरुष हैं वैसे ही स्त्रियों को भी हो जाना चाहिए। जो शिक्षा पुरुषों को मिलती है वही स्त्रियों को भी मिलनी चाहिए। अगर पुरुष युद्ध के मैदान में लड़ने जाते हैं तो स्त्रियों को भी युद्ध के ऊपर सैनिक बनकर उपस्थित होना चाहिए।

इस बात की कल्पना भी नहीं है आपको कि पुरुषों की नकल में स्त्रियां हमेशा द्वितीय कोटि की होंगी, प्रथम कोटि की कभी भी नहीं हो सकतीं। क्योंकि जिन गुणों में वे प्रतिस्पर्धा करने जा रही हैं वे पुरुषों के लिए सहज गुण हैं और स्त्रियों के लिए असहज धर्म। ऐसी स्थिति में स्त्रियां एकदम कुरूप, अपने स्वभाव से च्युत, जो हो सकती थीं उससे वंचित हो जायेंगी और परिणाम बड़े घातक होंगे, जिनका हमें कोई खयाल नहीं, कोई सपना भी नहीं।

जो शिक्षा पुरुषों को मिलती है वही शिक्षा स्त्रियों को देना अत्यंत खतरनाक है, एकदम गलत है। उचित है कि पुरुष गणित सीखे, उचित है कि पुरुष विज्ञान सीखे लेकिन बहुत उचित होगा कि स्त्री कुछ और सीखें जो पुरुष नहीं सीखता। उसे जीवन में कुछ और करना है। उसके ऊपर जीवन ने कोई और दायित्व दिया है, कोई दूसरी रिस्पोंसिबिलिटी है उसके ऊपर। उसके ऊपर प्रेम का, सृजन का कोई दूसरा भार है।

गणित सीख लेने से दुकानें चल सकती होंगी, बच्चे नहीं बड़े किये जा सकते। साइंस से फैक्टरी चलती होगी लेकिन परिवार नहीं चल सकते और परिणाम यह हुआ है कि स्त्री को पुरुष जैसी दीक्षा और शिक्षा और समानता के भाव ने स्त्रियों से जो भी उनका महत्वपूर्ण मातृत्व था वह सब छीन लिया है। उनके जीवन में जो भी गौरवपूर्ण पत्नीत्व था वह सब छीन लिया है। उनके भीतर जो भी स्त्रैण था वह सब नष्ट किया जा रहा है। वे करीब-करीब पुरुष की नकल में निर्मित की जा रही हैं और वे बहुत प्रसन्न भी मालूम होती हैं। इस प्रसन्नता के लिए हजार-हजार आंसू आज नहीं कल स्त्रियों को तो रोने ही पड़ेंगे।

शायद हमें इस बात का खयाल नहीं कि स्त्री और पुरुष के चित्त में बुनियादी भेद

और भिन्नता है और यह भिन्नता अर्थपूर्ण है। पुरुष और स्त्री का सारा आकर्षण उसी भिन्नता पर निर्भर है। वे जितनी भिन्न हों, वे जितनी दूर हों, उनके भीतर पोलैरिटी हो, उत्तर और दक्षिण ध्रुवों की तरह उनमें भिन्नता हो, उतना ही उनके बीच आकर्षण, ग्रेविटेशन होगा। उतना ही उनके बीच प्रेम का जन्म होगा—जितना उनका फासला हो, उनकी भिन्नता हो, जितने उनके व्यक्तित्व अनूठे और अलग हों, जितने वे एक दूसरे जैसे नहीं बल्कि एक दूसरे के परिपूरक, कम्प्लीमेंटरी हों।

अगर पुरुष गणित जानता हो और स्त्री भी गणित जानती हो तो ये दोनों बातें उन्हें निकट नहीं लातीं। ये बातें उन्हें दूर ले जायेंगी। अगर पुरुष गणित जानता हो और स्त्री काव्य जानती हो, संगीत जानती हो, नृत्य जानती हो तो वे ज्यादा निकट आयेंगे। वे जीवन में ज्यादा गहरे साथी बन सकते हैं और जब एक स्त्री पुरुषों जैसी दीक्षित हो जाती है तो ज्यादा से ज्यादा वह पुरुष को स्त्री होने का साथ भर दे सकती है लेकिन उसके हृदय के उस अभाव को जो स्त्री के लिए प्यासा और प्रेम से भरा होता है, उस अभाव को पूरा नहीं कर सकती।

पश्चिम में परिवार टूट रहा है, भारत में भी परिवार टूटेगा और परिवार के टूटने के पीछे आर्थिक कारण उतने नहीं हैं जितना स्त्रियों को पुरुषों जैसा शिक्षित किया जाना। पुरुष की भांति शिक्षित होकर स्त्री एक नकली पुरुष बन जाती है, असली स्त्री नहीं बन पाती। भिन्नता का लेकिन हमें कोई खयाल नहीं है और भिन्न शिक्षा और दीक्षा का हमें कोई विचार नहीं है।

यह बात सारी जगत की स्त्रियों को कह देने जैसी है—उन्हें अपनी स्त्री होने को बचाना है। कल तक पुरुषों ने उन्हें हीन समझा था, नीचा समझा था और इसलिए नुकसान पहुंचा था, आज अगर पुरुष राजी हो जायेगा कि तुम हमारे समान हो, तुम हमारी दौड़ में सम्मिलित हो जाओ—इस दौड़ में स्त्रियां कहां पहुंचेंगी और सवाल यही नहीं है कि स्त्रियों को नुकसान होगा, सवाल यह है कि पूरा जीवन नष्ट होगा।

सी.एम. जोड ने, पश्चिम के एक विचारक ने एक बड़ी अदभुत बात लिखी। उसने लिखा कि जब मैं पैदा हुआ था तो मेरे देश में घर थे, होम्स थे, लेकिन अब जब मैं बूढ़ा होकर मर रहा हूं तो मेरे देश में होम जैसी कोई चीज नहीं है, घर जैसी कोई चीज नहीं है, केवल मकान, केवल हाउसेस रह गये हैं। होम और हाउस में कुछ फर्क है ? घर और मकान में कोई भेद है? होटल में और घर में कोई फर्क है? अगर कोई भी फर्क है तो वह सारा फर्क स्त्री के ऊपर निर्भर है और किसी पर निर्भर नहीं है।

हाउस होम बन सकता है, एक मकान घर बन जाता है अगर उसके बीच में केंद्र पर कोई स्त्री हो। लेकिन स्त्री अगर पुरुष जैसी हो जाती है तो घर में मकान रह जाता है, घर निर्मित नहीं हो पाता। दो साथ रहनेवाले लोग होते हैं लेकिन पति और पत्नी नहीं होते। बच्चे पैदा होते हैं लेकिन नर्स और बच्चे का संबंध होता है, मां का और बेटे का संबंध स्त्री का नहीं होता। क्योंकि वह जो स्त्री थी, जो मां बन सकती थी उसके विकास के लिए हमने कुछ भी नहीं किया है।

हमारे स्कूल और कालेज क्या सिखा रहे हैं ? स्त्रियों के लिए क्या दे रहे हैं ? वे ही उपाधियां दे रहे हैं जो बरसों से दी जा रही हैं। वे उन्हीं परीक्षाओं में से उन्हें निकाल रहे हैं जिनमें से पुरुषों को निकाला जा रहा है। वे उसी भांति की कवायद, उसी भांति के खेल खिला रहे हैं स्त्रियों को जो पुरुष खेल रहे हैं।

और बड़े आश्चर्य की बात है, इस सदी में जब कि मनुष्य के शरीर और फिजियोलोजी के संबंध में बहुत कुछ जानते हैं, हमें इतना भी पता नहीं है कि वही कवायद, वही एक्सरसाइज पुरुष और स्त्री को नहीं करवायी जा सकती है। स्त्री के शरीर के नियम, स्त्री के शरीर की बनावट बहुत भिन्न है। उसे अगर वही कवायद करवायी जाती है और उसे भी एन.सी.सी. में वही लेफ्ट-राइट करवाया जाता है जो पुरुष सैनिक सीख रहे हैं तो हम स्त्री के भीतर किसी बुनियादी तत्व को तोड़ देंगे जिसका हमें कोई पता ही नहीं, जिसका हमें खयाल ही नहीं है।

अतीत के लोग नासमझ नहीं थे। पुरुषों के लिए उन्होंने व्यायाम खोजे, स्त्रियों के लिए नृत्य खोजा। कोई अर्थ था, कोई कारण था। नृत्य में एक रिदम है, नृत्य में एक लययुक्तता है जो स्त्रियों के शरीर के हार्मोन्स को, उसके शरीर के रासायनिक तत्त्वों को एक और तरह की गतिमयता और संगीत से भरते हैं। कवायद बात दूसरी है। कवायद के अर्थ और प्रयोजन भिन्न हैं। कवायद मनुष्य के भीतर जो क्रोध है उसे सजग करती है, मनुष्य के भीतर जो लड़ने की प्रवृत्ति है उसे तीव्र करती है। मनुष्य के भीतर जो दूसरे के साथ हिंसा होने का भाव है उसे मजबूत करती है, बलवान करती है।

कवायद अगर स्त्रियों को सिखायी गयी तो घर नष्ट हो जानेवाले हैं, इसका हमें कोई खयाल ही नहीं। हम उनके पूरे शरीर को नुकसान पहुंचा रहे हैं। यहां तक आप हैरान होंगी, जिन मुल्कों में स्त्रियों को पुरुषों जैसी सौंदर्य-शिक्षा दी जा रही है वहां जवान लड़कियों को भी होठों पर मूंछ आनी शुरू हो जाती हैं। यह बहुत आसान है, कठिन नहीं है।

अगर ठीक पुरुषों जैसी कवायद करवायी जाये बच्चियों को तो उनके होठों पर मूंछों के बाल आने शुरू हो जायेंगे। शरीर के हार्मोन्स अलग तरह से काम करना शुरू करते हैं और शरीर की जो व्यवस्था है वह अलग तरह से काम करती है। छोटी-छोटी बात से फर्क पड़ता है। शरीर को भी हम पुरुषों के जैसे स्त्रियों को ढालने की कोशिश कर रहे हैं और अब तो हम पुरुषों जैसे कपड़े पहनाने की भी सारी दुनिया में व्यवस्था कर रहे हैं। शायद हमें इस बात का कोई भी विचार नहीं है कि जीवन की छोटी-छोटी बात सारे जीवन को प्रभावित करती है।

पूरब के लोग ढीले कपड़े पहनते रहे हैं, पश्चिम के लोग चुस्त कपड़े पहनते रहे हैं। चुस्त कपड़े आदमी को लड़ने को तत्पर बनाते हैं, ढीले कपड़े आदमी को शांत करते हैं, मौन करते हैं। आज तक दुनिया में किन्हीं साधुओं की किसी भी परंपरा ने चुस्त कपड़े नहीं पहने। यह ऐसे ही व्यर्थ नहीं था। ढीला कपड़ा व्यक्तित्व को एक शिथिलता और शांति देता है, कसे हुए कपड़े व्यक्तित्व को एक तेजी और चुस्ती देते हैं इसलिए हम सैनिकों और नौकरों को चुस्त कपड़े पहनाते हैं, लेकिन मालिक दुनिया में कभी चुस्त कपड़े नहीं पहनते हैं।

अगर आप चुस्त कपड़े पहनी हुई सीढ़ियां चढ़ती हों तो आप दो सीढ़ियां एक साथ छलांग लगा जायेंगे। आपको पता भी नहीं चलेगा कि कपड़े आपको दो सीढ़ी इकट्ठे चढ़वा रहे हैं। अगर आप ढीले कपड़े पहनी हुई हैं तो आप एक गरिमा से, एक डिग्निटी से सीढ़ियों को पार करेंगी और चढ़ेंगी। स्त्रियों के कपड़े पुरुषों जैसे कभी भी नहीं होने चाहिए। स्त्रियों के जीवन में हम कुछ और अपेक्षा किये हुए हैं। उनसे घर में भी एक शांत वातावरण की अपेक्षा है। उनसे घर में एक प्रेमपूर्ण झरने की, एक शांत झील बन जाने की अपेक्षा है। उन्हें चुस्त कपड़े नहीं पहनाये जा सकते और अगर वे पहनती हों तो वे भूल में पड़ गयी हैं और इस भूल के लिए बहुत मंहगी कीमत चुकानी पड़ेगी।

कपड़े तक प्रभावित करते हैं तो शिक्षा तो प्रभावित करेगी ही। मन की ट्रेनिंग हम जो सीखते हैं वह हमारे सारे व्यक्तित्व को निर्मित करता है। हम जो सोचते हैं वह हमारे पूरे जीवन को प्रभावित करता है, हम जो विचारते हैं, हम वैसे हो जाते हैं। हमें क्या सिखाया जा रहा है और क्या विचार करने के लिए हमें सामग्री दी जा रही है ? स्त्रियों को कौन-सी बातें सिखायी जा रही हैं—वे सारी बातें, गणित में जो आदमी दीक्षित होता है, विज्ञान में जो आदमी दीक्षित होता है उसकी जीवन के प्रति पकड़ दूसरी होती है। संगीत में और काव्य में जो आदमी दीक्षित होता है उसकी जीवन के प्रति पकड़

दूसरी होती है। संगीत में और काव्य में जो आदमी दीक्षित होता है उसकी जीवन के प्रति पकड़ दूसरी होती है। और छोटी-सी पकड़ से सब कुछ भिन्न हो जाता है।

गांधीजी के आश्रम में एक आदमी आना शुरू हुआ है। कुछ लोगों ने शिकायत की गांधीजी से कि यह आदमी अच्छा नहीं है। इस आदमी को आश्रम आने देना उचित नहीं है, इस आदमी का चरित्र ठीक नहीं है। इसके गलत जीवन के बाबत बहुत गलत खबरें आश्रम में सुनी जा चुकी हैं। गांधी ने कहा, अगर आश्रम में बुरे आदमी नहीं आ सकेंगे तो आश्रम किसके लिए निर्मित किया गया है ? बुरे आदमी आते हैं, हम उनका स्वागत करेंगे। लेकिन एक दिन तो बात बहुत आगे बढ़ गयी और कुछ लोगों ने आकर गांधी को कहा कि अब तो सीमा के बाहर बात चली गयी। जिस व्यक्ति को हम रोकने को कहते थे वह आज शराबघर में बैठा हुआ शराब पी रहा है, हम आंखों से देखकर आये हैं और आप चलकर देख सकते हैं। खादी पहने हुए वह आदमी शराबखाने में बैठा हो तो बड़ा अपमानजनक है यह आश्रम के लिए। गांधी की आंखों में खुशी के आंसू आ गये और गांधी ने कहा कि अगर मैं उस आदमी को वहां शराबखाने में देखता तो हृदय आनंद से भर जाता। मैं इसलिए आनंदित हो उठता कि अच्छे दिन मालूम होता है आने शुरू हो गये। शराब पीनेवाले लोगों ने भी खादी पहननी शुरू कर दी। वे लोग जो खबरें लाये थे, वे खबर लाये थे कि खादी पहने हुए आदमी शराब पी रहा है, यह बहुत बुरी खबर है लेकिन गांधी ने कहा, मेरा हृदय खुशी से भर जायेगा अगर हमें यह पता चल जाये कि शराब पीनेवाले लोगों ने भी खादी पहननी शुरू कर दी है।

यह जीवन को दो तरफ से देखना है। जिन मित्रों ने गांधी को आकर कहा था उनकी जीवन को देखने की जो दृष्टि है वह एक अदालत की दृष्टि है, वह एक वकील की दृष्टि है। गांधी ने जिस तरफ से देखा वह एक मां की दृष्टि है, वह एक स्त्री की दृष्टि है—वह एक वकील की, वह एक अदालत की, एक कानून की दृष्टि नहीं है। क्या फर्क है दोनों दृष्टियों में ? पहली दृष्टि में कंडमनेशन है उस आदमी का, उस आदमी की निंदा है, उस आदमी को छोड़ देने का आग्रह है, उस आदमी से अलग हट जाने की बात है। दूसरी दृष्टि में उस आदमी के भीतर किसी शुभ के दर्शन की कोशिश, उस आदमी के भीतर भी सुंदर को खोजने का खयाल है, उस आदमी के संबंध में भी आशा है अभी। दूसरे विचार में वह आदमी समाप्त नहीं हो गया है, उसके बदल जाने की गुंजाइश हो सकती है। मां का एक बेटा बिगड़ता चला जाये, सारी दुनिया आकर उसको कहे कि लड़का छोड़ देने जैसा हो गया है, यह लडका बिगड़ गया है, यह घर में घुसने जैसा नहीं है।

लेकिन मां कहेगी अभी बहुत आशा है।

मैं एक छोटे से स्टेशन पर रुका हुआ था। मेरी गाड़ी आने में देर थी, वह एक छोटे से देहात का स्टेशन था और एक बूढ़ी स्त्री को कुछ लोग ले जा रहे थे, उसके सिर पर पट्टियां बंधी थी। शायद किसी ने उसको लकड़ियों से चोट की थी। दो-तीन स्त्रियां भी उसके साथ थीं। वे बाहर बड़े नगर में अस्पताल में उसे ले जाने को लाये हैं। मैंने पूछा, इस स्त्री को किसने मार दिया है? उसके साथ की स्त्रियों ने कहा कि इसका एक ही लड़का है और उसी लड़के ने इसको लकड़ी से चोट पहुंचाई है, इसके सिर में लहूलुहान कर दिया, यह बेहोश हो गयी थी, अभी-अभी होश में आयी है। हम इसे अस्पताल ले जा रहे हैं। दूसरी स्त्री ने जो उसी के साथ थी, कहा कि ऐसे लड़के तो पैदा ही न हों तो अच्छा है। लेकिन उस बूढ़ी ने, जिसके सिर से खून बह रहा था, उस दूसरी स्त्री के मुंह पर हाथ रख दिया और कहा, ऐसा मत कहो, अगर लड़का न होता तो आज मुझे मारता भी कौन! लड़का है तो उसने मार भी दिया लेकिन लड़का नहीं होता तो मुझे मारता कौन? लड़के का होना ही बहुत है। उसने मारा यह तो बहुत छोटी सी बात है और फिर वह बूढ़ी कहने लगी, लड़के ही हैं, अभी समझ कितनी है। मार दिया, कल समझ वापस आ जायेगी।

यह एक मां का हृदय है जो गणित में नहीं सोचता, जो कानून में नहीं सोचता। जो किसी प्रेम और आशा से सोचता है।

स्त्रियों को शिक्षा एकदम भिन्न होनी चाहिए ताकि उनकी दृष्टि भिन्न हो। वे जीवन को किन्हीं और ढंगों से सोचने में समर्थ हो सकें। लेकिन नहीं, यह नहीं हो रहा है। हम उन्हें उन्हीं दृष्टियों में, उन्हीं दर्शनों में, उन्हीं विचारों में दीक्षित कर रहे हैं जिनमें पुरुष दीक्षित हैं और पुरुष ने जो दुनिया बनायी है वह गलत सिद्ध हो चुकी है। इसे कुछ कहने की जरूरत नहीं है। पिछले तीन हजार वर्षों में पुरुषों की दुनिया में पंद्रह हजार युद्ध हुए हैं। शायद ही कोई दिन ऐसा हो जब जमीन पर युद्ध नहीं हो रहे हों। प्रति दिन युद्ध हो रहे हैं। यह अकेले पुरुषों की बनायी हुई दुनिया है, यह हार चुकी है, असफल हो चुकी है, यह प्रयोग हो चुका है।

क्या हम एक प्रयोग नहीं करेंगे कि स्त्रियां भी इस दुनिया के बनने में कोई महत्वपूर्ण हिस्सा बटाएं? एक नयी दुनिया को बनाने के लिए कोई आधार रखें या कि वे भी पुरुष की नकल करेंगी और आज नहीं कल सैनिकों के वस्त्र पहनकर नगरों पर एटम बम गिरायेंगी ? पुरुष बहुत प्रशंसा करेंगे आपकी जिस दिन आप एटम बम गिराने में समर्थ

हो जायेंगी और तब पुरुष कहेंगे कि बहुत अच्छी स्त्री है। अब ठीक हो गया है सब। जब आप युद्ध के मैदान पर बंदूकें लेकर खड़ी हो जायेंगी तो पुरुष आपको बहुत तमगे बाटेंगे, पद्मश्री और भारत-भूषण की उपाधियां देंगे, महावीर चक्र देंगे और कहेंगे कि अब स्त्रियां ठीक हो गई हैं।

पुरुष अपनी ही भाषा में सोचता है, अपनी ही भाषा में स्त्रियों को भी निर्मित कर लेना चाहता है, बिना इस बात को जाने कि पुरुष खुद बहुत गलत है। उस गलत पुरुष की और संख्या बढ़ाने की कोशिश मत करिये। अकेले पुरुष ही काफी हैं दुनिया को नष्ट करने के लिए और अगर आप भी पुरुषों जैसा व्यवहार करती हैं तो कल मनुष्य जाति का अंत और निकट आ सकता है और कुछ भी नहीं हो सकता। लेकिन अगर स्त्रियां चाहें तो सारे जगत में एक बड़ी क्रांति ला सकती हैं। अगर स्त्रियां चाहें तो पृथ्वी से युद्ध बंद हो सकते हैं, अगर स्त्रियां चाहें तो सारी बेवकूफियां बंद की जा सकती हैं, सारी हिंसा बंद की जा सकती हैं, सारा क्रोध बंद किया जा सकता है। लेकिन उसके लिए बिलकुल और तरह की स्त्री को जन्म देना जरूरी है। पुरुष की नकल नहीं, स्त्री अपने ही गुणों में परिपूर्ण गरिमा को उपलब्ध हो, इसकी दिशा में कुछ काम करना जरूरी है। पुरुष ने जो स्थिति बना ली है, मैं एक छोटी सी कहानी से आपको समझाने की कोशिश करूंगा।

ईश्वर बहुत घबरा गया है पुरुष की इस दुनिया को देखकर, बहुत परेशान हो गया है। आदमी ने जो किया है आदमी के साथ, उसकी कथा इतनी दर्दपूर्ण, इतनी दुःखभरी है कि जिसका कोई हिसाब नहीं। कितनी हत्याएं हुई हैं। हमारी तो स्मृति बहुत कमजोर है इसलिए हम हिसाब भूल जाते हैं। तैमूरलंग ने, नादिरशाह ने, चंगेज खां ने और अभी-अभी स्टैलिन ने रूस में साठ लाख लोगों की हत्या करवा दी है। अकेले हिटलर ने पांच सौ लोग, जब तक वह हुकूमत में रहा, रोज के हिसाब से मारे प्रति दिन पांच सौ की संख्या पूरी की और अब तो इन पुरुषों ने बहुत बड़ी ईजाद कर ली है, एटम और हाइड्रोजन बम बना लिया है और आज नहीं कल वे सारी दुनिया को नष्ट करने के आयोजन में संलग्न हैं। उनकी तैयारी पूरी है कि आदमी को नहीं बचने देंगे।

तो ईश्वर बहुत घबरा गया होगा।.उसने दुनिया के तीन बड़े राष्ट्रों के प्रतिनिधियों को अपने पास बुलाया, रूस और ब्रिटेन और अमरीका। और उन प्रतिनिधियों से कहा ईश्वर ने कि मैं बहुत चिंतित हो गया हूं, ऐसे तो जब से मैंने आदमी को बनाया तब से नींद मुझे नहीं आ सकी। रात्रि मेरी बेचैनी से गुजरती है कि यह आदमी पता नहीं कब,

क्या कर दे और जब से मैंने आदमी को बनाया, तुम्हें पता होगा, उसके बाद मैंने फिर कुछ भी नहीं बनाया; क्योंकि आदमी को बनाकर मैं इतना घबरा गया कि तबसे सृष्टि का सारा काम ही मैंने बंद कर दिया और तबसे मैंने सृष्टि बंद कर दी है, तबसे आदमी ने चीजें बनानी शुरू कर दीं और आदमी ने आखिर में एटम और हाइड्रोजन बम बनाये। अब तो बहुत घबड़ाहट हो गयी है। मैं पूछता हूं, तुम चाहते क्या हो, तुम्हारी मंशा क्या है, तुम्हारे इरादे क्या हैं?

इतनी हत्या का आयोजन किसलिए, इतना श्रम किसलिए? अरबों डालर रोज खर्च किया जा रहा है। सारी जमीन पर आदमी भूखों मर रहे हैं, बिना वस्त्रों के हैं, बिना दवाइयों के हैं और दूसरी तरफ हम आदमी के मिटने की...सारी संपत्ति नष्ट कर रहे हैं! पृथ्वी की आधी संपत्ति हमेशा युद्धों में लगती रही है। अगर युद्ध नहीं होते तो आदमी आज कितना खुशहाल होता? कहना बहुत कठिन है।

ईश्वर ने पूछा उनसे, तुम चाहते क्या हो? मैं तुम्हें वरदान दे दूं और तुम्हारी इच्छा पूरी कर दूं। तुम एक-एक वरदान मांग लो। अमरीका के प्रतिनिधि ने कहा, हे प्रभु, हमारी एक ही आकांक्षा है और फिर कभी कोई युद्ध न होंगे। फिर हमारे प्रति कोई शिकायत न होगी। पृथ्वी तो रहे, पृथ्वी पर रूस का कोई निशान न रहे तो हमारी आकांक्षा पूरी हो जायेगी। ईश्वर ने बहुत वरदान दिये हैं लेकिन कभी कल्पना भी नहीं की थी, कोई ऐसा वरदान मांगेगा। उसने बहुत भय से रूस की तरफ देखा। जब अमरीका ही यह कहता है तो रूस क्या कहेगा इसकी तो कल्पना की ही जा सकती है।

रूस के प्रतिनिधि ने कहा, महानुभाव, हमें तो विश्वास ही नहीं कि ईश्वर कहीं होता भी है। मुझे तो डर लगता है कि शायद मैं ज्यादा शराब पी गया हूं और आप दिखाई पड़ रहे हैं, या हो सकता है मैं कोई सपना देख रहा हूं और आप दिखायी पड़ रहे हैं। क्योंकि रूस में आपको पता है, पचास साल से तय कर लिया है कि ईश्वर है ही नहीं और सारे मुल्क ने तय कर लिया है एक मत से, ईश्वर नहीं है, फिर आप हो कैसे सकते हैं? और यह तो लोकतंत्र का जमाना है, जनता जो तय कर लेती है वही होता है। हमने तय कर लिया कि ईश्वर नहीं है, आप हो कैसे सकते हो? जरूर मैं कोई सपना देख रहा हूं या आज ज्यादा शराब पी ली है, लेकिन फिर भी कोई हर्जा नहीं।

हो सकता है कि हम आपकी पूजा फिर से शुरू कर दें और अपने चर्चों में आपकी मूर्तियां फिर बिठा दें, लेकिन एक इच्छा हमारी पूरी हो जाये। जमीन का नक्शा तो हो पृथ्वी का भूगोल तो हो, लेकिन उस नक्शे में हम अमरीका के लिए कोई रंग, कोई रेख

नहीं देखना चाहते हैं। बस इतना हो जाये फिर सब ठीक है, फिर हमारा कोई विरोध आपसे भी नहीं। हम आपकी भी पूजा करेंगे। हमने, पहले आपके मंदिर थे वहां कम्युनिस्ट पार्टी के दफ्तर खोल दिये हैं। अब जहां-जहां कम्युनिस्ट पार्टी के दफ्तर हैं, हम फिर से मंदिर बना देंगे। हमें कोई कठिनाई नहीं है, लेकिन इतनी हमारी इच्छा पूरी हो जानी चाहिए!

भगवान ने बहुत घबराकर ब्रिटेन की तरफ देखा और ब्रिटेन ने जो कहा वह खयाल में रख लेने जैसी चीज है। ब्रिटेन के प्रतिनिधि ने भगवान के चरणों पर सिर रखकर कहा कि हे महाप्रभु, हमारी अपनी कोई आकांक्षा नहीं। इन दोनों की आकांक्षा एक साथ पूरी हो जाये तो हमारी आकांक्षा पूरी हो जाये। हम और कुछ नहीं मांगते हैं, इन दोनों ने जो मांगा वह पूरी कर दें, फिर हमें कुछ भी नहीं चाहिए।

यह आदमी ने जो दुनिया बनायी है, पुरुष ने जो दुनिया बनायी है वह यहां ले आयी है। स्त्रियों का इस दुनिया की बनावट में अब तक कोई हाथ नहीं है। क्या स्त्रियां चुपचाप देखती रहेंगी पुरुषों की इस दुनिया को? या कि वे कोई भाग लेंगी? कुछ कंट्रीब्यूट करेंगी?

मैं सोचता हूं, स्त्रियों के पास एक महान शक्ति सोई हुई पड़ी है। दुनिया की आधी से बड़ी ताकत उनके पास है। आधी से बड़ी ताकत कहता हूं। आधी तो इसलिए कहता हूं कि स्त्रियां आधी तो हैं ही दुनिया में, आधी से बड़ी इसलिए कि बच्चे-बच्चियां उनकी छाया में पलते हैं और वे जैसा चाहें उन बच्चे और बच्चियों को परिवर्तित कर सकती हैं। पुरुषों के हाथ में कितनी ही ताकत हो, लेकिन पुरुष एक दिन स्त्री की गोद में होता है, वहीं से वह अपनी यात्रा शुरू करता है और चाहे वह कितना ही बड़ा हो जाये और चाहे वह वृद्ध ही क्यों न हो जाये, वह अपनी पत्नी के सान्निध्य में, अपनी पत्नी की निकटता में निरंतर अपनी मां का अनुभव करता ही है, निरंतर अपनी मां की छाया देखता ही है। मां की छायां में बड़ा होता है। मां बचपन से उसके जीवन में छाया बनी रहती है।

एक बार स्त्री की पूरी शक्ति जाग्रत हो जाये और वे निर्णय कर लें कि किसी प्रेम की दुनिया को निर्मित करेंगी जहां युद्ध नहीं होंगे, जहां हिंसा नहीं होगी, जहां राजनीति नहीं होगी, जहा पालीटिशियंस नहीं होंगे, जहां जीवन में कोई बीमारियां नहीं होंगी।

अगर एक ऐसी दुनिया तय कर लें स्त्रियां, बनानी तो बहुत कठिन नहीं है कि वे एक नयी दुनिया बनाकर खड़ी कर दें और वह दुनिया पुरुषों की बनायी दुनिया से बहुत

बेहतर होगी। आज भी जगत में जिन लोगों ने कुछ महत्वपूर्ण योग दिया है उन सारे लोगों में स्त्रियों के गुण अदभुत थे। गांधी के ऊपर तो एक स्त्री ने किताब भी लिखी है, 'बापू माई मदर'---'गांधी मेरी मां'। गांधी के पास बहुत लोगों को लगा कि उनके मन में मां जैसे बहुत कुछ गुण हैं। बुद्ध के पास जाकर लोगों को लगता था, क्राइस्ट के पास जाकर लोगों को लगता था कि शायद इन आदमियों के भीतर, इन पुरुषों के भीतर भी स्त्रियों की अदभुत क्षमता है।

जहां भी प्रेम है, जहां भी करुणा है, जहां भी दया है वहां स्त्री मौजूद है। इसलिए मैं कहता हूं कि स्त्री के पास आधी से भी ज्यादा बड़ी ताकत है और वह पांच हजार वर्षों से बिलकुल सोयी हुई पड़ी है, बिलकुल सुप्त पड़ी है। नारी की शक्ति का कोई उपयोग नहीं हो सका है। भविष्य में यह उपयोग हो सकता है। उपयोग होने का एक सूत्र यही है कि स्त्री यह तय कर ले कि उन्हें पुरुषों जैसा नहीं हो जाना है।

दूसरी बात : वे पुरुषों से भिन्न हैं, इस बात को अनुभव कर लें। उनका व्यक्तित्व, उनका शरीर, उनका मन, उनकी चेतना किन्हीं अलग रास्तों से जीवन में गति करती है, किन्हीं अलग मार्गों से जीवन की खोज करती है। उनकी चेतना, उनकी कान्शसनेस पुरुषों की चेतना से भिन्न है। इस भिन्नता का बोध स्पष्ट होना चाहिए।

और तीसरी बात : उनकी शिक्षा, उनके वस्त्र, उनके चिंतन, उनकी दीक्षा, उनके विचार सब भिन्न होने चाहिए, पुरुषों जैसे नहीं, तो हम नारी की शक्ति का मनुष्य की संस्कृति में उपयोग कर सकते हैं और वह उपयोग अत्यंत मंगलदायी सिद्ध हो सकता है।

यह कौन करेगा? यह बात पुरुषों पर नहीं छोड़ी जा सकती, स्त्रियों को अपने ही हाथ में ले लेनी होगी। उन्हें खुद ही सोचना होगा, खुद ही विचार करना होगा, खुद ही रास्ते खोजने होंगे। उन्होंने विचार करना शुरू किया है लेकिन यह विचार बिलकुल पुरुषों का अनुकरण है और नकल है। उनका कोई अपना चिंतन, कोई अपनी दृष्टि नहीं है। उसमें कोई उनकी अपनी समझ नहीं है।

ये थोड़ी-सी बातें मैंने आपसे कहीं। आप सोचें, विचारें! नारी की शक्ति का अपव्यय हुआ है या उपयोग ही नहीं हुआ है। या उपयोग हुआ है तो गलत दिशाओं में हुआ है। और अब इतने जोर से नारी दीक्षित की जा रही है पुरुषों की नकल में, पुरुषों के कालेजों में, पुरुषों के स्कूलों में—इतने जोर से उसे ढांचे में ढाला जा रहा है कि यह हो सकता है, सौ वर्ष बाद दो तरह के पुरुष पृथ्वी पर हों, लेकिन स्त्रियां नहीं रह जायेंगी।

उससे बड़ा कोई दुर्भाग्य नहीं हो सकेगा।

मनुष्य ने बहुत दुर्भाग्य जाने हैं लेकिन अगर सारी स्त्रियां पुरुषों जैसी हो जायें तो इससे बड़ा दुर्भाग्य नहीं हो सकता। जीवन का सारा आनंद और जीवन का सारा आकर्षण नष्ट होगा और जीवन मरेगा विषाद से और पीड़ा से। और विषाद और पीड़ा में सिवाय आत्मघात के कोई विकल्प नहीं रह जायेगा...या आदमी अपने को नष्ट कर दे और समाप्त कर दे!

ये थोड़ी सी बातें मैंने कहीं इस आशा में कि हो सकता है मेरी बात आपके हृदय की वीणा का कहीं कोई तार छू दे, कोई चिंतन का वहां जन्म हो जाये, कोई चीज आपको दिखायी पड़ने लगे, कोई चीज आपके जीवन में सक्रिय हो जाये! और आपके जीवन में अगर कोई चीज सक्रिय हो जाती है, एक स्त्री के जीवन में अगर कोई चीज सक्रिय हो जाती है तो एक पूरे परिवार के प्राणों में परिवर्तन होना शुरू हो जाता है। एक स्त्री को बदल लेना पचास पुरुषों के बदलने के बराबर है। इतनी बड़ी शक्ति जिनके हाथ में हो, इतनी बड़ी सामर्थ्य जिनके हाथ में हो, इतने जीवन को बदलने का जिनके लिए अवसर हो वे अगर जीवन के लिए कुछ भी नहीं करती हों तो निश्चित अपराधी हैं।

स्त्री अपराधी है, उसने जीवन को कुछ भी नहीं दिया है। उसने जीवन को बनाने के लिए कोई बुनियाद ही नहीं रखी। लेकिन ये बुनियादें रखी जा सकती हैं। जो गाड़ी है सभ्यता की, यह बिलकुल एक चाक से भागी जा रही है। इससे बड़े एक्सीडेंट होते रहे हैं, बड़े एक्सीडेंट होने की आगे संभावना है। दूसरा चाक बिलकुल जाम है। यह गाड़ी से निकलकर अलग पड़ा हुआ है।

परमात्मा करे कि मनुष्य की इस संस्कृति को पूर्णता दे दे। स्त्री भी अपना दान, अपने प्रेम, अपने आनंद, अपने काव्य, अपने संगीत को जोड़ दे। इस दुनिया में जो अकेले गणित ने, फिजिक्स और कैमिस्ट्री ने खड़ी की है, स्त्री भी जोड़ दे अपनी प्रार्थना को—उस राजनीति में जो अकेले पुरुषों ने केवल महत्वाकांक्षा के आधार पर खड़ी की है! स्त्री भी जोड़ दे अपनी थोड़ी सी पंक्तियों को उस गीत में जो पुरुष अब तक अपने क्रोध और युद्ध के आवेश में अकेला ही गाता रहा है तो शायद एक ज्यादा सर्वांगीण, ज्यादा इंटीग्रेटेड, ज्यादा अखंड सभ्यता का जन्म हो सकता है और अगर वह सभ्यता नहीं जन्मी तो यह सभ्यता मरने के करीब है।

8

अज्ञात के नये आयाम

नयी कला (माडर्न आर्ट) बिलकुल ही अजूबा हो गई है। इसमें कलाकार क्या अभिव्यक्त करना चाहता है?

असल में अगर ठीक से हम देखें तो सारी कलाएं जैसे-जैसे सत्य को बताने की दिशा में आगे बढ़ेंगी, वैसे-वैसे सत्य को बताने में तो समर्थ न होंगी; जो कुछ बता पा रही थीं उसको भी बताने में असमर्थ हो जायेंगी। वैसे हुआ है, हो रहा है। नयी मूर्ति है या नयी पेंटिंग है या नयी कविता या नया संगीत है, चेष्टा है इस बात की कि वह जो फार्म बाधा डालता है, वह जो आकार और वह आकृति और वह जो मीडियम बाधा डालता है, उससे हम मुक्त होकर इतना 'ट्रांसपेरेंट' हो सकें कि वह बाधा न डाले, बल्कि मार्ग बन जाये। लेकिन परिणाम क्या होता है ?

परिणाम यह होता है कि वह बाधा डालता है। अगर उससे हम मुक्त होने की कोशिश करते हैं तो हम मुक्त तो हो जाते हैं, लेकिन तब वह 'ट्रांसपेरेंसी' ही रह जाती है, उससे कुछ आगे आरपार कुछ दिखायी नहीं पड़ता; क्योंकि वह जो दिखायी पड़ता था वह आकार ही था। मैं इस तरह के शब्दों का उपयोग कर सकता हूं जो बाधा न डालें। मगर वे सब शब्द अर्थहीन होंगे, 'ओम्' जैसे शब्द होंगे, उनका कोई मतलब नहीं है। हमने बहुत पहले इसका प्रयोग किया था इसीलिए कि यह अर्थहीन है। इसका उपयोग करो, क्योंकि जितने अर्थहीन शब्द हैं सब उपयोग में आकर झंझट में डाल देते हैं और फिर उनसे झंझट नहीं सुलझती। अब यह 'ओम्' है, इसका उच्चारण कर दो, इसका कोई अर्थ नहीं है, इससे कुछ इंगित नहीं होता और इससे हम यह इंगित कर रहे हैं कि कुछ है, जो शब्दों के बाहर है। उसके लिए हमने यह शब्द चुना, लेकिन उससे भी क्या फर्क पड़ता है, कितने ही 'ओम्' कहते रहो उससे भी कुछ फर्क नहीं पड़ता, उसका भी इंगित कहीं नहीं हो पाता।

लेकिन वह मंत्रशास्त्री कहेंगे कि इसका कोई और कारण है उपयोग का?

वह मंत्रशास्त्री से बात करनी चाहिए। मैं तो यहां यह कह रहा हूं कि नयी कलाएं इस तरह के उपयोग कर रही हैं जो 'एब्सर्ड' हैं। इस तरह की मूर्तियां बन रही हैं जिनको आप किसी की मूर्ति नहीं कह सकते। अगर आदमी की मूर्ति बनानी है तो ऐसी ही बनानी पड़ेगी कि उसमें किसी का चेहरा न आये, क्योंकि किसी का भी आ जायेगा तो वह किसी का हो जायेगा। आदमी का नहीं रह जायेगा।

अब आदमी की अगर मूर्ति बनानी है तो उसमें मेरा चेहरा नहीं होना चाहिए, आपका चेहरा नहीं होना चाहिए, उसमें किसी का चेहरा नहीं होना चाहिए। उसमें कोई 'पर्टीकुलर' चेहरा हुआ कि वह किसी आदमी का हो जायेगा, आदमियत का न रह जायेगा। तो हम एक ऐसी मूर्ति बनायें, जिसमें किसी का चेहरा न हो—बन जायेगी ऐसी मूर्ति, लेकिन हम सोचते थे कि वह आदमियत की बन जायेगी, लेकिन वह एक आदमी की भी न रह जायेगी। जो मैं कह रहा हूं वह यह कह रहा हूं कि आदमियत की तो बनेगी नहीं, वह जो एक आदमी की बन सकती थी, वह भी नहीं बनेगी अब, अब वहां से भी विदा हो जायेगी, वह 'फेसलेस' हो जायेगी। आदमियत की बनाने में सिर्फ चेहरा खो जायेगा और ऐसे ही हुआ है।

इसलिए नयी कला के सारे के सारे प्रयोग 'फेसलेसनेस' की तरफ हैं। सब चेहरे खो गये हैं वहां और सब हमारी समझ के बाहर हो गया है। और जो लोग कहते हैं कि हमारी समझ में आ रहा है, वे या तो फैशन की वजह से कहते हैं या इस वजह से कहते हैं कि वे नहीं तो बुद्धिहीन मालूम पड़ेंगे। बाकी नयी कला के सारे आयाम, सारे 'डाइमेंशंस' ऐसे हैं कि वे आपको समझ में नहीं आ रहे हैं, न आना चाहिए। कोशिश यह है कि समझ में आ गये, तो अर्थ पकड़ में आ गया आपके और अर्थ अगर पकड़ में आ गया आपके, तो आकार पकड़ में आ गया, फार्म हो गया, बात खत्म हो गयी। नहीं, जो समझ में नहीं आ रहा है, यही तो सारी चेष्टा है कि समझ में आपके न आ जाये, लेकिन समझ में आनेवाले शब्द से भी नहीं बता पाते थे, नासमझ में आनेवाले शब्द से क्या बता पायेंगे? यानी मैं यह कह रहा हूं कि जब समझ में आनेवाला शब्द ही नहीं बता पाता तो समझ में न आनेवाला शब्द भी नहीं बता पायेगा। इसका मेरा मतलब क्या है?

मेरा मतलब यह है कि यदि हमें बुद्धि की पूरी की पूरी असमर्थता का बोध हो जाये,

उसमें जरा भी आशा नहीं रह जाये! 'होपिंग अगेंस्ट होप' चल रही है, बहुत दिनों से वह चलती जाती है। कुछ लोग छिटक जाते हैं रास्ते के किनारे और वे कह देते हैं होपलेस हो गया मामला, उनकी बात अलग है। लेकिन आमतौर से हम आशा बांधे चले जाते हैं कि कोई रास्ता खोज लेंगे। अगर कालिदास नहीं खोज पाये तो इजरा खोज लेंगे। अगर हमारे मूर्तिकार पुराने नहीं खोज पाये, तो पिकासो खोज लेगा। हम कोशिश में लगे हैं कि कोई न कोई रास्ता खोज लेंगे कि जो न कहे जाने जैसा वह है, वह हम कह देंगे।

मैं यह कह रहा हूं कि जिस दिन किसी व्यक्ति को यह समझ में आ जाता है कि यह मामला 'एज़ सच एब्सर्ड' है, यानी यह सवाल नहीं है कि हम और किसी तरकीब से कह देंगे, सवाल यह है कि कहा ही नहीं जा सकता। यह सवाल नहीं है कि हम कोई और अच्छे शब्द खोज लेंगे—अच्छी आकृति, अच्छी कविता, अच्छी पेंटिंग—नहीं, यह सवाल नहीं है। जो है, वह कहा जाने-योग्य भी नहीं है। ऐसा नहीं है कि आज तक नहीं कहा गया, आगे कहा जा सकेगा। नहीं, वह कहा ही नहीं जा सकता। वह जो 'रियेलिटी' जिसको आप कह रहे हैं वह कही नहीं जा सकती। तब इसका मतलब यह है कि वह सिर्फ जानी जा सकती है और तब जानने और कहने के फर्क और फासले को समझ लेना उपयोगी होगा। वह जो नहीं कहा जा सकता वह भी माना जा सकता है।

हमारी क्या तकलीफ है कि हम यह कोशिश में लगे हैं कि जा जाना जा सकता है वह कहा भी जाना चाहिए। हमारी जो सारी तकलीफ है वह इसी वजह से है। जैसे बुद्ध कहते हैं, मैंने जाना निर्वाण। तो हम यह पूछते हैं कि कहो, क्या है निर्वाण ? एक आदमी कहता है मैंने ईश्वर को जाना, तो हम यह पूछते हैं कि बोलो, फिर क्या है ईश्वर ? अगर वह नहीं बोल पाता तो हम हंसते हैं, हम कहते हैं, फिर जाना ही नहीं होगा, क्योंकि अगर जाना हो तो बोलो और अगर नहीं बोल सकते हो तो स्वीकार कर लो कि नहीं जाना, क्योंकि जो जाना गया है वह बोला क्यों नहीं जा सकता है।

मैं यह कह रहा हूं, यह बात जरूर सच है। एक मानवीय जरूरत है, एक बुनियादी जरूरत है कि जो हमने जाना है वह हम कहना चाहते हैं, क्योंकि जो हमने जाना है उसमें हम दूसरे को साझीदार बनाना चाहते हैं। अगर मैं घर के पीछे गया और वहां एक फूल खिला देखा है, जिससे मैं नाचने लगा और आनंदित हो गया, तो मैं लौटकर मित्रों से कह देना चाहता हूं कि पीछे एक फूल खिला है, वह बहुत आनंदकर है यानी आनंद

का एक हिस्सा बांटना भी है। दुख का एक हिस्सा न बांटना भी है। अगर मैं दुखी हूं तो चाहूंगा कोई न आये। दुख सिकोड़ देता है और अगर मैं आनंदित हुआ हूं तो मैं बांट देना चाहता हूं, फैल जाना चाहता हूं और दस लोगों को खबर कर देना चाहता हूं। बिलकुल स्वाभाविक है कि जो आदमी जाने वह उसे कहने जाये, वह उसकी एक 'बेसिक' जरूरत है, लेकिन हमारी सब जरूरतें जरूरी नहीं हैं कि पूरी हों। हमारी बुनियादी जरूरतें भी पूरी हों यह भी जरूरी नहीं है।

हम जानते हैं और हम कहना भी चाहते हैं और कहने की कोशिश में हम 'सिम्बल्स' भी खोजते हैं, क्योंकि बिना उसके तो कोई उपाय नहीं कहने का। हम सिम्बल्स खोजते हैं। प्रतीक जो है वह हमारी चेष्टा है उसको बताने की, जो हमने जाना, लेकिन हमारी चेष्टा सफल नहीं हो पाती। कला असफल है, काव्य असफल है, मूर्ति असफल है, सब असफल है और जितना बड़ा मूर्तिकार होगा उतनी बड़ी असफलता अनुभव करेगा और जितना बड़ा कवि होगा उतनी असफलता अनुभव करेगा और जितना बड़ा संत होगा उतनी असफलता अनुभव करेगा। छोटा होगा तो उतनी असफलता अनुभव नहीं करेगा। अगर उधार अनुभव को दोहराना है तो बराबर शब्द कह सकते हैं; लेकिन आपका ही अगर अनुभव हुआ है तो आप पहली दफा पायेंगे कि कोई शब्द ही नहीं है, क्योंकि वह अनुभव आपका है और आप पहली दफा हुए हैं जमीन पर और कोई शब्द नहीं है, क्योंकि आप जैसा अनुभव किसी को कभी नहीं हुआ है। हां, अगर कोई उधार अनुभव हुआ है कि अगर स्त्री के चेहरे में आपको भी चांद दिखा है, तो कालिदास से लेकर सब उसको कहते रहे हैं चांद देखने को। आप भी एक कविता बना सकते हैं, जिसमें स्त्री के चेहरे में चांद दिख जाये, लेकिन वह अनुभव बहुत अधूरा, बासा और 'सेकेण्ड हैण्ड' है। हजार हाथ से गुजरा हुआ अनुभव है। आप कह पाते हैं और दूसरा भी समझ पाता है, क्योंकि वह सबका अनुभव है।

लेकिन जितना अनुभव निजी होता जायेगा और जितना गहरा होगा उतना निजी होगा। और परमात्मा का अनुभव चूंकि आत्यंतिक चरम अनुभव है, उससे गहरा कोई अनुभव नहीं है। यह नितांत निजी है, यानी वह पहली दफा आपको ही हो रहा है आपके जैसा, वैसे पहले कभी किसी को नहीं हुआ। उस गहराई में आप कोई शब्द नहीं पाते हैं और कोई सिम्बल नहीं पाते हैं, बनाने की कोशिश करते हैं। जब आप बनाने की कोशिश करते हैं तभी उपद्रव शुरू होता है, क्योंकि आप कहते हैं, समझा कुछ और जाता है, आप बताते कुछ हैं और सुना कुछ जाता है और तब एक उपद्रव

शुरू हो जाता है जो हजारों साल तक चलता है। जैसे कृष्ण की गीता है। अभी टीका चल रही है। उसका मतलब यह है कि जो उन्होंने कहा था वह अभी तक नहीं समझा गया। टीका की अब कोई जरूरत नहीं है। सैकड़ों-हजारों टीकाएं लिखी गयी हैं और अभी टीकाएं लोग लिखे चले जा रहे हैं, यानी मामला यह है कि बेचारे महापुरुष जो बोले थे वह अभी तक उपद्रव में पड़ा है कि वे क्या बोले थे! इस पर टीका चल रही है कि वे यह बोले थे।

गांधी कहते थे, वे यह बोले; तिलक कहते, वे यह बोले; विनोबा यह कहते हैं...! हजारों लोग बता रहे हैं कि वे क्या बोले थे। और मजा यह है कि जब वे बोले और हम नहीं समझ पाये, तो विनोबा या गांधी या तिलक के कहने से हम क्या समझेंगे ? और उन पर टीकाएं चलेंगी कि तिलक बोले, उसका क्या मतलब है; और इसका कोई अंत नहीं है। फिर भी शब्द से ज्यादा गहराई में दूसरे 'सिम्बल' पहुंचते हैं। जैसे, हो सकता है कि मैं आपसे एक बात न कह पाऊं, लेकिन मैं उठूं और आपको गले से लगा लूं। और कोई बात कह नहीं सकता क्योंकि शरीर जो है, स्पर्श जो है वह शब्द से बहुत पुराना है।

शब्द बहुत बाद की चीज है और मेरे शब्द आपके शब्द अलग हो सकते हैं; लेकिन मेरे शरीर का स्पर्श और आपके शरीर का स्पर्श अलग नहीं हो सकता है। यह हो सकता है कि जो मैं शब्द में न कह सकूं और उठाऊं एक तंबूरा और नाचने लगूं और यह कहना चाहूं कि मैं बहुत खुश हूं और न कह पाऊं, क्योंकि आप पूछें कि खुशी यानी क्या ? खुशी कैसी है आपको ? तो शायद मैं नाचूं और मेरे नाचने से आपको खुशी की एक झलक मिल जाये, लेकिन फिर भी ये 'सिम्बल्स' ही हैं, फिर भी वह नहीं कह पाता हूं जो मैं कहना चाह रहा हूं। मैं जब थक जाऊंगा और आपकी तरफ देखूंगा और आपकी ताली सुनूंगा, तो मैं समझूंगा कि आप कुछ समझे। मेरे बाह्य आयाम का थोड़ा-सा फल हुआ। लेकिन, जो मैं कहता था वह नहीं पहुंचा। मैं शायद उदास चला जाऊंगा, वह नहीं पहुंचाया जा सका, वह जो कहना था। नाच से भी, कला से भी, चित्र से भी कुछ कहने की कोशिश की गयी है, सब तरफ कोशिश की गयी है।

मैं यह कह रहा हूं कि 'सिम्बल्स' से कहने की तो कोशिश की गयी है, लेकिन 'सिम्बल' असफल हो गये हैं। यह हमें अब तक पूरा बोध नहीं हो पाया और अब 'सिम्बल' असफल हो गये हैं और मैं यह नहीं कह रहा हूं कि सिर्फ असफल ये सिम्बल हो गये हैं। मैं यह कहता हूं, सिम्बल असफल होने को बाध्य हैं। उसका कारण यह

है कि सिम्बल रियेलिटी तो नहीं है, कुछ और है।

मैंने एक सूरज को उगते देखा सुबह और एक आनंद से भर गया। फिर मैंने एक चित्र बनाया, कुछ रेखाएं खींची और एक सूरज बनाया। एक पेंटिंग बनाकर लाकर आपको दिखायी और आपसे कहा कि बड़ा ही आनन्द आया। आपने देखा, आपने कहा ठीक है और रख दी। क्योंकि आखिर रेखाएं, रेखाएं हैं; सूरज नहीं है! और रंग, रंग हैं, सूरज के रंग नहीं हैं! और मैंने कितनी ही कोशिश की, तब भी एक छोटे से कागज पर मैंने जो खींच लिया है वह हजार मील दूर की ध्वनि है। वह, वह बात नहीं है जो वहां थी।

कितना ही सफल हो जाये सिम्बल वह रियेलिटी तो नहीं बनता। वह सूरज नहीं बन जायेगा। यानी सिम्बल इसलिए असफल होने को बाध्य है कि उसकी पेंटिंग कभी भी सूरज नहीं बन पायेगी, वह सूरज नहीं बन सकती। हां, लेकिन एक खतरा है सिम्बल के साथ और वह खतरा भी काफी काम का है। वह खतरा यह है कि हो सकता है आप कभी घर के बाहर ही न निकलें, क्योंकि आप समझें कि पेंटिंग घर में लटकी है, तो सूरज घर में लटका है, बाहर जाने की जरूरत क्या है! घर में तो सूरज लटका हुआ है और आप उसी पेंटिंग से उलझे रह जायें और सूरज को कभी न जान पायें।

सिम्बल ने अब तक तो 'कम्युनिकेट' किया नहीं, लेकिन "हेंड्रेंस' डाल ली। गीता पकड़े बैठे हैं। वह सूरज घर का किताब वाला सूरज है। वह घर बैठा, कुरान पकड़े बैठा है। कोई महावीर को, कोई बुद्ध को पकड़े बैठा है। यह सब लोग थे, क्योंकि महावीर हमारे लिए क्या हैं, सिर्फ सिम्बल! जो वह बोले, वही रह गया हमारे पास। कृष्ण हमारे लिए क्या हैं, वह जो बोले, अगर कृष्ण का बोला हुआ खो जाये तो कृष्ण खो जायेंगे। न मालूम कितने महापुरुष खो गये जो कि नहीं बोले, या बोले और फिर नहीं पकड़ा जा सका, तो खो गये! सिम्बल पकड़ जाता है, यानी जिन्होंने कोशिश की थी उन्होंने तो चाहा था कि इस प्रतीक के द्वारा आपको कुछ कह देंगे और कठिनाई ऐसी हो गयी कि अगर...आज वह मुर्दा हैं, कहीं वापस लौट सकें तो पहला काम यह करेंगे कि आपसे धार्मिक ग्रंथ-शास्त्र कैसे छुड़ा लें ! क्योंकि सोचा तो, कुछ कह देंगे और कुछ कह तो नहीं पाये और ये लोग जा सकते थे खुद भी खोजने, तो यह भी नहीं गये, क्योंकि उन्होंने समझा कि हमारे पास तो उपलब्ध हो गयी है किताब।

कला असफल हो गयी है, दर्शन असफल हो गया है, शास्त्र असफल हो गये हैं, गुरु असफल हो गये हैं और असफलता का कारण यह है कि सत्य को प्रतीक कभी

बनाया ही नहीं जा सकता। सत्य , सत्य है और आपको जानना है, तो आपको आमने-सामने खड़ा होना पड़ेगा। बीच में प्रतीक लाने का कोई उपाय नहीं है। लेकिन कम्युनिकेशन में प्रतीक आ जाते हैं, इसलिए 'कम्युनिकेशन' और 'रियलाइजेशन' अलग-अलग बातें हैं।

कम्युनिकेशन एक काम भर अगर कर दे...जो मेरी समझ है—आप मुझसे पूछ सकते हैं कि फिर मैं क्यों मेहनत कर रहा हूं, जब मैं मानता हूं कि बोलकर कुछ कहा नहीं जा सकता, तो फिर मैं क्यों बोल रहा हूं! तो मेरा कुल कहना इतना है कि बोलने से केवल इतनी हालत पैदा की जा सकती है कि आपको एक दिन लगे कि बोलना 'एब्सर्ड' है, बेकार है! कुछ नहीं हुआ, न बोलने से कुछ हुआ, न सुनने से कुछ हुआ। इतने 'निगेटिव' अर्थ में ही कम्युनिकेशन का उपयोग है कि हम सिर खपाते रहें, खपाते रहें, फिर आपका भी सिर पक जायेगा और मैं कहूं, बकवास बंद और आप कहें कि चुप हो जाइए, अब मुझे कुछ नहीं सुनना है। एक घड़ी ऐसी आ जाये और घबरा जायें और आप कहें कि नहीं जाना जा सकता है, तो शायद आप घर के बाहर निकल जायें, पेंटिंग को यहीं छोड़ जायें। वहां सूरज है! हमारे संवाद करने, न करने का कोई सवाल ही नहीं है।

रवींद्रनाथ के जीवन में एक बहुत अच्छा उल्लेख है। एक रात सौंदर्य पर एक किताब पढ़ रहे हैं। रात दो बज गये हैं, पढ़ते-पढ़ते थक गये हैं। फिर क्रोध से किताब पटक दी है, दीया बुझा दिया है और फिर खड़े होकर नाचने लगे हैं, क्योंकि जब तक वे किताब पढ़ रहे थे, तब तक उन्हें पता ही नहीं था कि बाहर पूर्णिमा की रात है और जैसे ही किताब पटकी है और दीया बुझाया है, चांद की सब किरणें भीतर भर गयी हैं। बजरे के अंदर जहां नाव पर वे थे और चांद बाहर था, जब तक दीया भीतर जल रहा था। वह भीतर आ गये तो नाचने लग गये हैं और उन्होंने कहा, मैं भी कैसा पागल था, आधी रात गंवा दी, किताब पढ़ता रहा जानने को कि सौंदर्य क्या है और सौंदर्य बाहर खड़ा ही था और वह पूरे वक्त दरवाजे पर ठोकर दे रहा था कि तुम दीया तो बुझाओ, तुम किताब बंद करो, तो मैं आ जाऊं; लेकिन अब मुझे मिलने का उपाय नहीं!

अगर मैं रवींद्रनाथ को मिल सकता, तो उनसे कहता कि हो सकता था कि सांझ आप सो गये होते और चांद फिर भी बाहर खड़ा रहता। आधी रात तक किताब पढ़ने में कम से कम एक विपरीत हालत पैदा की कि सब बेकार है, इससे कुछ समझ में नहीं आता। किताब पटक सके आप, तो ही देख सके चांद। किताब तो नहीं बता सकी कि

सौंदर्य क्या है; लेकिन किताब का पटकना एक स्थिति है मन की, जिसके बिना हो सकता है सौंदर्य न जाना जा सकता।

यानी मैं यह कह रहा हूं कि दर्शन का एक ही उपयोग है कि वह इतना परेशान कर डाले कि एक दिन आप किताब पटक सकें। उस थकी-मांदी, सर्वहारा दशा में जब कोई मार्ग नहीं, कोई दिशा नहीं, कोई आशा नहीं तब शायद आपकी आंख उसको देख ले, जो है! वह तो है ही, उससे कोई सवाल नहीं। अगर मेरे कम्युनिकेट करने पर उसका होना निर्भर होता तो कोई खतरा था, यानी मेरे संवादित करने पर उसके होने में कोई फर्क नहीं पड़ता, वह है ही। खतरा तब है, जब कि हम ऐसा समझ कर चलें कि संवाद हो जाये। संवाद एक अर्थ में असंभव है, बौद्धिक संवाद तो असंभव है, यानी वह असंभावना का ही नाम है। फिर क्या और कोई संवाद हो सकता है?—और कोई संवाद नहीं तो और क्या संवाद करियेगा ? हम चुप बैठ सकते हैं, लेकिन जब हम चुप बैठेंगे तो मेरे और आपके बीच बात नहीं होगी। जब हम चुप बैठेंगे तो मेरी भी जो रियेलिटी है उससे बात होगी और आपकी भी रियेलिटी से बात होगी।

अगर इसको मैं ऐसा कहूं कि शब्द जो हैं वह हमें एक दूसरे की तरफ अभिमुख कर देते हैं, मौन जो है वह हमें सत्याभिमुख कर देता है। जब हम बातचीत करते होते हैं तो आप मेरी तरफ देखते हैं और मैं आपकी तरफ देखता हूं कि दोनों आपस में उलझे हुए हैं। जब शब्द बीच में खो जाते हैं तो न मैं आपकी तरफ देखता हूं और न आप मेरी तरफ देखते हैं, तब मजबूरी जो है उसको हमें देखना पड़ता है। एक घड़ी आनी चाहिए जिंदगी में जब सब व्यर्थ हो जाये। मगर यह आयेगी नहीं जब तक शब्द के साथ श्रम न चले, व्यायाम न चले।

सत्य का स्वभाव है सच्चिदानंद। ऐसा विवेकानंद जी ने भी कहा है। वह सत्य नहीं है जिसमें सत् चित् आनंद न हो!

सत्य की कोई परिभाषा नहीं हो सकती। यह हमारी आकांक्षा की परिभाषा है; सत्य की नहीं। हमारी आकांक्षा है कि सत्य ऐसा हो, सच्चिदानंद हो—सत् भी हो, चित् भी हो, आनंद भी हो—यह हमारी आकांक्षा है। यह आदमी की आकांक्षा है कि सत् दुख न हो, नहीं तो मर गये। यहां संसार दुख है और सत्य भी दुख है, मोक्ष भी दुख है तो फिर हम कहां जायेंगे। तो मोक्ष ऐसा हो जहां दुख बिलकुल न हो, मोक्ष ऐसा हो कि

जहां अज्ञान बिलकुल न हो, ज्ञान ही ज्ञान हो। मोक्ष ऐसा हो जहां अंधेरा बिलकुल न हो, प्रकाश ही प्रकाश हो।

यह सच्चिदानंद जो है यह सत्य की परिभाषा नहीं है, यह हमारी आकांक्षा और है और हमारी आकांक्षाएं हमें बड़ी प्रीतिकर लगती हैं इसलिए जिस शास्त्र में यह लिखा है उस शास्त्र को भी हम बड़ा प्रेम करेंगे और अगर विवेकानंद यह कहेंगे तो वह भी बड़े गुरु हो जायेंगे। उसका कुल कारण इतना है कि हमारी आकांक्षाओं को तृप्ति मिल रही है। अगर कोई गुरु आये और कहे कि सत्य बड़ा दुखद है और एकदम अंधकारपूर्ण है और अज्ञान ही अज्ञान है तो आप कहेंगे कि आपकी क्या जरूरत है। आप यहां कैसे ? हम तो काफी अज्ञान झेल रहे हैं, काफी दुख झेल रहे हैं और मोक्ष में भी यही होगा, तो फिर तो कोई उपाय नहीं। हमारी आकांक्षाएं हैं ऐसी कि आत्मा अमर है, कभी न मरें, हमें सुख ही सुख हो, दुख न हो।

लेकिन सत्य की यह परिभाषा नहीं है। मेरी तो अपनी समझ यह है कि जहां आनंद होगा वहां दुख के भी बड़े नये आयाम होंगे, होने ही चाहिए। अभी जिस दुख को हम जानते हैं वह बहुत छिछला है क्योंकि जिस सुख को जानते हैं वह भी बड़ा छिछला है। असल में इनकी मात्रा बराबर होती है। जिस दिन आनंद इतना गहरा होगा कि रोयां-रोयां कंप जायेगा, इस भूल में मत पड़ना कि उस दिन दुख भी उतना गहरा नहीं होगा, उस दिन दुख भी उतना गहरा होगा कि रोयां-रोयां कंप जायेगा। हमारी संवेदनशीलता बराबर बढ़ती है। एक आदमी को अगर सौंदर्य का बहुत बोध हो तो उसे कुरूपता का भी उतना ही बोध हो जाता है। यह असंभव है कि एक आदमी को सौंदर्य का ही सिर्फ बोध हो जाये और कुरूपता का बोध न हो। एक साथ ही बढ़ेगा। अगर एक आदमी को स्वच्छ रहने का बड़ा आनंद है तो उसे अस्वच्छ होने की पीड़ा बढ़ जायेगी उसी मात्रा में।

लेकिन हमारी आकांक्षा चाहती है कि ऐसी दुनिया हो जहां अंधेरा न हो, रोशनी ही रोशनी हो। हालांकि भगवान हमारी आकांक्षाएं पूरी नहीं करता, नहीं तो हम बड़ी मुश्किल में पड़ जायें। अगर रोशनी ही रोशनी हो तो रोशनी बहुत घबराने वाली हो जाये। रोशनी में भी सुबह जो हमें सुख मालूम पड़ता है उस सुख को पाने का अर्जन भी रात के अंधेरे में ही हमने किया है। और सुबह जब किसी के प्रेम में आनंद आता है तो वह किसी की घृणा में झेले गये दुख का भी उसमें हाथ है। यह अकेला नहीं है।

सत्य तो इतना बड़ा होगा कि उसमें दुख भी होगा, आनंद भी होगा, अंधेरा भी होगा

और प्रकाश भी होगा और उसमें परमात्मा भी होगा और शैतान भी होगा। चूंकि सत्य तो पूरे को घेरेगा, उसमें अमरता भी होगी तो उसमें मृत्यु भी होगी, उसमें पूर्ण मृत्यु भी होगी। सत्य तो सब घेर लेगा जो है और हम जो हैं, पूरे को नहीं देखना चाहते हैं क्योंकि हम खुद ही घबराते हैं कि पूरा दिखाई न पड़े, क्योंकि पूरा दिखाई पड़ने का बड़ा एक और ही मतलब होगा।

अभी मैं बात कर रहा था। कोई आया तो मैंने उससे कहा कि आ जाओ। किसी ने पूछा कि आप दोनों बातें एक साथ कर रहे हैं—आओ भी और जाओ भी। तो मैंने उसको कहा कि जिंदगी में तो दोनों साथ ही हैं, जहां आना है, वहां जाना जुड़ा हुआ है। आने का मतलब ही है, जाने की शुरुआत। और जवान होने का मतलब है, बूढ़ा होना। और जन्म लेने का मतलब है, मरने की तैयारी। पूरे सत्य को अगर हम देखने जायेंगे तो उसमें सब है अपनी पूर्णता में लेकिन हमारी न तो उतनी हिम्मत है कि हम उतनी पूर्णता को देख सकें, हम तो काटकर च्वाइस करेंगे। तो वह जो परिभाषाएं हैं वे सब हमारे चुनाव हैं, हमारी आकांक्षाएं हैं।

अब ऋषि कहते हैं कि हमें अंधकार से प्रकाश की ओर ले चलो। अब इसमें ऋषि भगवान के खिलाफ बड़ी शिकायत कर रहा है। वह यह कह रहा है कि अंधकार क्यों? प्रकाश ही चाहिए। यानी वह कह रहा है कि तुमने बड़ी भूल की जो अंधकार दिया। सिर्फ प्रकाश चाहिए, मुझे तो प्रकाश की ओर ले चलो। सत्य तो अंधकार भी है और प्रकाश भी। वह जीवन भी है और मृत्यु भी, ये दोनों जो हमें विरोधी लगते हैं, जब हमें एक ही चीज के छोर दिखाई पड़ेंगे तभी हम जान पायेंगे कि क्या है! जब हम ऐसे विरोध को एक साथ जान पायेंगे तो हमारे चित्त के सब खंड विदा हो जायेंगे, फिर हमारी कोई आकांक्षा न रह जायेगी क्योंकि आकांक्षा का कोई मतलब नहीं। फिर अंधेरा होगा तो हम जानेंगे कि यह प्रकाश के आने की तैयारी है और प्रकाश होगा तो हम जानेंगे कि यह अंधेरे की तैयारी है और दुख होगा तो हम जानेंगे कि आस-पास कहीं सुख है और सुख होगा तो हम जानेंगे कि तैयार रहो, दुख आता है। वह हमारी तैयारी होगी और हम जानेंगे कि यह जीवन है, लेकिन अभिलाषाएं सुख देती हैं बहुत और धर्म के नाम पर बहुत कुछ तो हमारी मनोवांछनाएं हैं, इच्छाएं हैं जो चलती हैं और दुखी हम हैं, पीड़ित हम हैं!

बर्ट्रेंड रसल ने एक बहुत बढ़िया बात कही है। उसने कहा है कि अगर दुनिया सच में सुख हो जाये तो धर्मगुरुओं का क्या होगा? क्योंकि दुखी लोग सुख की तलाश में

निकलते हैं। अगर सच में दुनिया सुखी हो जाये तो कौन...कभी आपने भी खयाल किया है कि जब आप किसी क्षण में आनंद में होते हैं तो न तो 'क्यों' उठता है कि दुनिया क्यों है, मैं क्यों पैदा हुआ, यह भगवान ने क्यों बनाया है इसको ? नर्क है कि स्वर्ग है, कि नहीं! कुछ क्यों नहीं उठता? जब आप आनंद में होते हैं तो सब स्वीकार होता है—जो है, वह है! उसके होने में जरा भी कोई, कहीं जरा सा प्रश्न भी नहीं लगाता। लेकिन जब आप दुख में होते हैं तब सब प्रश्न उठने शुरू हो जाते हैं। जब प्रश्न उठने शुरू हो जाते हैं तो उत्तर चाहिए। तो जो उत्तर हमारे मन में अनुकूल होते हैं, उनको हम धर्म बना लेते हैं।

सच्चे उत्तर का धर्म नहीं बन पाता, मनोनुकूल उत्तर का धर्म बन जाता है। और सच्चा उत्तर जरूरी नहीं कि मनोनुकूल हो क्योंकि आवश्यक नहीं है कि आपके मन के अनुकूल सत्य चलता हो। हां, सत्य के अनुकूल आप चाहें तो चल सकते हैं लेकिन सत्य को कोई बंधन आपके अनुकूल चलने का नहीं है। लेकिन मनोनुकूल उत्तर धर्म बन जाता है। जो उत्तर हमारे मन को भा जाता है और लगता है कि ठीक है, हमारी तृप्ति कर दी! हमारा प्रश्न, हमसे हल होता है।

मैं नहीं कहता कि इन बातों में कुछ रस है और विवेकानंद की बात आपको अच्छी लगती है वह इसलिए नहीं कि सच है, वह इसलिए कि आपके मन के अनुकूल है। अनुकूल नहीं है तो अच्छी नहीं लगती है।

क्या जीवन में केवल सुख ही सुख नहीं चाहा जा सकता ?

यह हमने कल्पना कर ली है। लेकिन हमारी कल्पनाओं से कुछ हल नहीं होता है और हम कितने ही चाहें कि हम सुख-सुख को ही वरण कर लें और दुख को इंकार कर दें, हम यह समझ ही नहीं पा रहे हैं कि सुख को वरण करने में दुख हुआ जा रहा है और ऐसे जैसे एक सिक्का है और मैं उसका एक पहलू फेंक देना चाहता हूं। अब मैं पागल हो जाऊंगा, क्योंकि मैंने एक ऐसा काम शुरू किया है जो पूरा हो नहीं सकता है। एक हिस्सा फेंक देना चाहता हूं एक सिक्के का और एक हिस्सा बचा लेना चाहता हूं। अब ज्यादा से ज्यादा इतना ही हो सकता है कि जिस हिस्से को मैं बचा लेना चाहता हूं उसे ऊपर कर लूं और जिसे फेंक देना चाहता हूं उसे नीचे कर लूं। बस इससे ज्यादा कोई सफलता नहीं मिल सकती लेकिन कितनी देर ऊपर नीचे करूंगा। जिसको मैंने नीचे

किया है उससे थोड़ी देर में मैं ऊब जाऊंगा क्योंकि तब तक उसे देखता रहूंगा और बड़े मजे की बात है कि दुख उतना उबाने वाला नहीं होता है जितना सुख उबाने वाला हो जाता है।

असल में दुखी आदमी कभी बोर नहीं होता। सिर्फ सुखी आदमी बोर होते हैं। बोरडम जो है वह सुखी आदमी का गुणधर्म है। इसलिए आप हैरान होंगे कि जितना जो दुखी होता है उतनी आत्महत्या कम होती है। लेकिन कम परेशान नजर आते हैं, कम चिंता घेरती है, क्योंकि दुखी आदमी को बोर होने की फुर्सत नहीं है। वह अपने काम में लगा हुआ है। बदलने में लगा हुआ है कि सिक्का उल्टा कर ले। लेकिन जब सिक्का उल्टा हो जायेगा तब क्या करियेगा। एक दफा दुख को नीचे दबा दिया और सुख को ऊपर कर लिया फिर क्या करियेगा और अब अगर सिक्के को उल्टाया तो नीचे दुख है। तो जैसे ही एक आदमी सुखी हुआ कि उसकी मुसीबत शुरू हो गई।

देवताओं को अगर दुनिया में कोई दुख होगा तो बोरड़म का होगा। मोक्ष में भी अगर कोई दुख होगा तो बोरडम का तो होगा और बोरडम इतनी हो गयी होगी कि मैं नहीं समझता कि मोक्ष में अब कोई एक भी बचा होगा, सब भाग गये होंगे। उनकी बोरडम की तो हम कल्पना भी नहीं कर सकते क्योंकि जहां सुख बिलकुल उपलब्ध हो वहां करियेगा क्या ? वह तो दुख से लड़ने में रस है, सुख मिलता नहीं, उसके पाने की आकांक्षा में सारा मजा है और जब मिल जाता है तो थोड़ी देर बाद हम पाते हैं कि अब क्या करें! तब आप हैरान होंगे कि सुखी आदमी अपने हाथ से दुख भी खोजने लगता है। तो वह ऐसी तरकीबें करता है जिनसे अब दुख आये।

एक फकीर हुआ नसरुद्दीन। उसकी कहानी कहता रहता हूं। वह एक गांव के बाहर बैठा हुआ है। सांझ का वक्त है, अंधेरी रात है और एक आदमी आकर घोड़े से उतरा है। उस आदमी ने नसरुद्दीन के सामने एक बहुत बड़ी थैली रख दी और कहा कि इसमें करोड़ों के हीरे-जवाहरात हैं और मैं इसे किसी को भी देने को तैयार हूं, मुझे जरा सा सुख मिल जाये। मैं गांव-गांव खोज रहा हूं, मुझे सुख नहीं मिल रहा है। मैं एकदम परेशान हो गया हूं, मैं मर जाऊं या क्या करूं ? सब है मेरे पास, एक सुख नहीं है। तो किसी ने मुझसे कहा, एक फकीर है नसरुद्दीन उसके पास चले जाओ। तुम्हीं हो ? मैं तुम्हारे पास आया हूं ? फकीर खड़ा हो गया और उसने कहा कि मैं ही हूं। उसने कहा, तू सुख चाहता है ? उस आदमी ने कहा, सुख चाहिए, सब खोने को तैयार हूं, एक क्षण के लिए भी सुख मिल जाये।

उस फकीर ने इतनी बात पूछी और वह थैली लेकर फकीर भाग गया। वह आदमी चिल्लाया कि यह क्या कर रहे हो ? मैं तो सोचता था तुम ब्रह्मज्ञानी हो, लेकिन जब वह नहीं रुका तो वह आदमी उसके पीछे भागा। गांव फकीर का तो जाना माना था। वह गली कूचे चक्कर देने लगा। गांव इकट्ठा हो गया है। वह चिल्ला रहा है कि मुझे लूट लिया, मैं मर गया, मेरी जिंदगी खराब हो गयी। मेरी जिंदगीभर की कमाई है उस थैली में और यह आदमी चोर निकला। यह ब्रह्मवादी नहीं है, इसे पकड़ो और मुझे बचाओ, मैं मरा! सारे गांव के चक्कर लगाकर फकीर उस जगह वापस आ गया और उसने थैली पटक दी और झाड़ के पास खड़ा हो गया। वह अमीर आदमी आया, उसने थैली छाती से लगायी और कहा, हे भगवान, धन्यवाद! उस फकीर ने कहा, कुछ सुख मिला ? यह भी एक रास्ता है सुख पाने का। अब तुम्हारे लिए यही रास्ता बचा है। तुम्हारे लिए दूसरा रास्ता नहीं है, क्योंकि तुम क्या करोगे!

हम जो चाहते हैं, सुख ही सुख बच जाये, वह संभव नहीं है। अगर बच भी गया तो सुख भी दुख देने लगेगा। तब जिसको मैं कहता हूं, जो जीवन को उसकी सच्चाई में देखता है, आकांक्षाओं में नहीं। दो रास्ते हैं—एक तो मैं आकांक्षाओं से जीवन को देखने जाऊं। जब मैं कहता हूं, सुख ही सुख चाहिए तब मैं जीवन की फिक्र नहीं कर रहा हूं। मैं यह कह रहा हूं, मुझे चाहिए, लेकिन मैं यह नहीं पूछता कि जीवन में मेरी फिक्र है कुछ। मैं नहीं था और जीवन था और मैं रहूंगा, जीवन रहेगा और रत्ती भर कहीं कोई पत्ता नहीं हिलेगा, कोई लहर नहीं कंपेगी। कहीं कुछ भी नहीं होगा। मेरे होने, न होने से जीवन को क्या फिक्र है! मैं इधर दो क्षण के लिए हूं तो कहता हूं, ऐसा चाहिए, ऐसा चाहिए। जब मैं यह देखता हूं कि मैं नहीं था और सब था और मैं नहीं रहूंगा, सब होगा तब उचित है कि मैं कहूं कि क्या होना चाहिए।

तो जब मैं देखूंगा कि क्या है तब मुझे पता चलेगा कि दुख और सुख एक ही सिक्के के दो पहलू हैं और जब दोनों एक ही सिक्के के दो पहलू हैं तो किसको बचाना और किसको छोड़ना। जब मैं राजी हूं, सुख आया तो सुख के लिए, दुख आये तो दुख के लिए। और यह जो राजी होना है, यह जो ऐक्सेप्टेबिलिटी है, यह एक ऐसे आनंद में उतार देती है जिसका हमें कुछ भी पता नहीं है। वह आनंद दुख विरोधी नहीं है, वह आनंद दुख में भी रहेगा, वह आनंद सुख का पर्यायवाची नहीं है क्योंकि सुख चला जायेगा तब भी वह रहेगा। उसको आनंद शब्द कहने से भी थोड़ी भूल हो जाती है इसलिए जो और थोड़ी समझपूर्वक बुद्धि का प्रयोग किया तो बुद्ध ने आनंद का

उपयोग नहीं किया, शांति का उपयोग किया क्योंकि आनंद में कहीं न कहीं सुख का खयाल है। हम कितने ही उसको बचाने की कोशिश करें, आनंद में कहीं न कहीं सुख का भाव है। एक शांत मन रह जाता है—सुख हो या दुख हो, और वह तभी रह सकता है जब दोनों एक से स्वीकार हो गये हैं क्योंकि दोनों हैं और स्वीकार करने की चेष्टा हमें नहीं करनी है। मतलब अस्वीकार करने का कोई अर्थ ही नहीं है, यह हमें दिखायी पड़ जाये तो बात खत्म हो गयी!

लेकिन हम आकांक्षाएं आरोपित कर रहे हैं, इसलिए हमने इस तरह के धर्म खड़े कर लिए हैं, गुरु भी खड़े कर लिए हैं जो हमारी आकांक्षाओं की तृप्ति के रास्ते बता रहे हैं। वे हमसे कहते हैं कि हम परम आनंद में पहुंचा देंगे, हम पहुंचाने की कोशिश करते हैं। हम कभी पूछते भी नहीं कि होने की आकांक्षा ही दुखी आदमी का लक्षण है और दुखी आदमी कैसे परम आनंदित हो सकता है?—मंत्र पढ़ने से? इतनी सस्ती तरकीब काम कर सकती है कि परम आनंद मिल जाये, कि हम सोचते हैं कि परम आनंद मिल जायेगा उपवास करने से, कि रात खाना न खाने से, सिगरेट न पीने, कि चाय न पीने से परम आनंद मिल जायेगा। अगर इतना ही फासला है तो दुखी और परम आनंदित आदमी में कोई फर्क नहीं है। सिगरेट, पान आदि का फर्क है, ऐसा कमजोरी का फर्क है कि कोई हिम्मत का आदमी जाना नहीं चाहेगा। वह सस्ता सा फर्क मोक्ष में और पृथ्वी पर अगर है कि मोक्ष में लोग सिगरेट नहीं पीते, चाय नहीं पीते और सिनेमा नहीं देखते—इतना ही अगर फर्क है तो कौन मोक्ष जाना चाहेगा? इसका कोई मतलब नहीं रह गया। फर्क कुछ ज्यादा रेडिकल होना चाहिए। यह कोई फर्क ही नहीं होगा।

फर्क का मतलब है कि हम जहां हैं उसमें हमारी दो तरह की जिंदगी हो सकती है। आकांक्षाओं को आरोपित करने वाली और यथार्थ को स्वीकार करने वाली। बस दो तरह की जिंदगी होती है। आकांक्षाओं को आरोपित करने वाला आदमी है और यथार्थ को स्वीकार करने वाला है। आकांक्षाओं को आरोपित करने वाला, चाहे कुछ भी करे, दुख में रहेगा। ऐसा नहीं है कि जो आकांक्षाओं को आरोपित नहीं करता उसको दुख नहीं आयेगा। यह मैं नहीं कह रहा हूं। दुख तो आयेंगे लेकिन वह दुख में नहीं रहेगा।

आकांक्षा है ही! हम क्या कर रहे हैं? हम उनको भी नहीं देख रहे हैं। उनके अनुकूल जगत को देखने की कोशिश में लगे हैं। आकांक्षाएं तो रियलिटी का हिस्सा हैं। वह तो यथार्थ है कि मुझमें है और मुझमें है और मुझमें इच्छा है कि मैं अमर रहूं,

यह मुझे जानना चाहिए लेकिन बजाय इसके जानने के मैं वह शास्त्र पकड़ लूंगा जिसमें लिखा है कि हां—अमर रहना है, पक्का है, और जो हमारे पक्ष में हैं वे अमर रह जायेंगे, जो हमारे पक्ष में नहीं हैं वे मर जायेंगे!

मैं यह कह रहा हूं कि आदमी दुखी है, इसलिए सुख खोजना चाहता है और चूंकि सुख खोजता ही रहेगा और कभी यह न देखेगा कि सुख और दुख एक ही सिक्के के दो पहलू हैं इसलिए कितना ही सुख खोजें दुखी रहेंगे और सुख खोजते रहेंगे। जो कह रहा हूं वह यह कह रहा हूं कि मूलतः उसको दिखायी नहीं पड़ रहा है कि सुख की खोज नहीं है। एक बुनियादी भूल हो रही है। वह भूल यह हो रही है कि वह दुख को अस्वीकार करके सुख को खोज रहा है, जबकि सुख दुख का ही हिस्सा है—यानी मैं जन्म खोज रहा हूं और मरना नहीं चाहता, जवानी खोज रहा हूं और बूढ़ा नहीं होना चाहता, तो बड़ी मुश्किल बात है। जवान होना चाह रहा हूं तो बूढ़ा होना उसका हिस्सा ही होगा, वह उतरती हुई जवानी का नाम है। पूर आ गया तो उतरेगा ही, सुबह हो गयी तो सांझ होगी। अब सुबह तो मैं खोज रहा हूं और सांझ से बचना चाहता हूं और जब मैंने सुबह खोजी तभी मैंने सांझ का इंतजाम कर दिया, अब सांझ होगी। अब अगर मैं सिर्फ सुबह को ही खोजूं तो फिर शाम को दुख होगा और रातभर फिर सुबह की खोज करूंगा, फिर सुबह आयेगी और फिर सांझ की तैयारी शुरू होगी, मैं फिर दुखी होऊंगा।

और मजा यह है कि न तो आपकी खोज से सुबह आ रही है, न सांझ हो रही है। सुबह अपने आप आ रही है, सांझ अपने से आ रही है। आपकी जो परेशानी है वह यह है कि एक पर आप आरोप लगा रहे हैं कि बस यही रह जाये और एक को आप कह रहे हैं कि यह न हो और उनको दोनों से, आपसे कोई मतलब नहीं है कि आप हो या नहीं हो, वह होते रहेंगे!

जिंदगी में सुख और दुख घूम रहे हैं, सब घूम रहा है। आप उसमें जब चुनाव करने लगते हैं कि हम यह चुनकर रहेंगे तब आपने दुख शुरू कर दिया, वह दुख का रास्ता हो गया। जब दुखी हो गये तब और जोर से सुख खोजेंगे और जितने जोर से सुख खोजेंगे उतने जोर से दुखी होंगे। तब एक व्हीसियश सर्किल है जिससे बचाव मुश्किल हो जायेगा, इसको देखना पड़ेगा और हमारी क्या तकलीफ है कि अगर हम पूछते भी हैं कि हम दुखी क्यों हैं तो हम कुछ कारण खोज लेना चाहते हैं दुख के। हमने कोई बुरा काम किया होगा इसलिए दुखी हैं, कि हमने कुछ पाप किया होगा इसलिए दुखी हैं।

दूसरा आदमी सुखी है, उसने कोई पुण्य किया होगा।

सुखी और दुखी होना, न तो पुण्य और पाप से संबंधित है, सुखी और दुखी होना हमारी आकांक्षाओं के आरोपण से संबंधित है, कितने जोर से आरोपित करने की आकांक्षा में रहे! लेकिन किसी दिन डिसइल्यूज़नमेंट आता है। पता चलता है कि कुछ आरोपण से नहीं होता है—सुबह आती है और आती है, सांझ आती है और आती है। तब भी सुबह आयेगी, कुछ ऐसा नहीं है कि नहीं आयेगी, तब भी सांझ आयेगी लेकिन दंश चला जायेगा, पीड़ा चली जायेगी और तब जितनी सुबह ठीक से जी ली है, कोई कारण नहीं कि सांझ ठीक से क्यों न जी लें! मामला यह है कि ठीक से जिसने सुबह को पूरी तरह जी लिया है, वह तो खुद ही दोपहर होते-होते कहेंगे कि अब सांझ हो जाये। जो आदमी ठीक से जवान रह लिया है, उसके भीतर बुढ़ापे की आकांक्षा आ जायेगी। जो आदमी ठीक से जी लिया है वह मरना भी चाहता है।

नीत्से ने बहुत अच्छी बात कही है। उसने कहा है कि जब फल पक जाता है तो गिरना चाहता है। एक दफे पक भर जाये और जब फल पक जाता है तो गिरना ही चाहता है। सिर्फ कच्चे फल घबराते हैं कि कहीं गिर न जायें और चूंकि हम जिंदगीभर कच्चे रह जाते हैं इसलिए मरने से डरते हैं। अब इस तरह चक्कर पर चक्कर पैदा होते चले जाते हैं। मरने से डरते हैं तो उस सिद्धांत को पकड़ते हैं जो कह दे कि मरोगे नहीं। मैं नहीं कह रहा हूं कि मर जायेंगे आप। मैं यह कह रहा हूं कि हम अपनी आकांक्षाएं आरोपित न करके, जो है उसे जानने की फिक्र कर लें तो बात पूरी हो जायेगी, नहीं तो नहीं पूरी होगी।

व्यक्ति के तल पर तो यह ठीक है कि हम स्वीकार कर लें, लेकिन समाज के तल पर कैसे स्वीकार लें ?

गरीबी है, बीमारी है, दुख है, शोषण है, उस सब में भी स्वीकार कर लें। यह बहुत बढ़िया बात है और मैं इधर जितना सोचता हूं, बहुत अजीब अनुभव करता हूं। पहली बात तो यह है कि यह कंट्राडिक्टरी दिखायी पड़ेगा, लेकिन ऐसा है! जो व्यक्ति स्वयं के तल पर सुख-दुख को स्वीकार नहीं करता वह समाज के तल पर सब बीमारियों को स्वीकार करने वाला होता है। जैसे हमारा मुल्क है। हमने व्यक्ति के तल पर सुख-दुख कभी स्वीकार नहीं किया है। हम मोक्ष की खोज निरंतर कर रहे हैं, जहां सुख-दुख से

छुटकारा हो जाये। लेकिन समाज के तल पर हमने सब स्वीकार कर लिया है। अगर यह बात दिखायी पड़े तो इससे उल्टा भी सत्य है कि जो व्यक्ति स्वयं के तल पर सब स्वीकार कर लेगा वह समाज के तल पर तो कुछ स्वीकार नहीं करेगा। जो स्वयं के तल पर सब स्वीकार कर लेगा वही क्रांतिकारी हो सकता है, क्योंकि क्रांतिकारी होने में भी दुख झेलने की संभावना है निरंतर, क्योंकि क्रांति का सुख तो किसी और को मिलेगा। क्रांति का सुख क्रांतिकारी को तो मिलता नहीं। तो क्रांति सिर्फ वही कर सकता है जो दुख को स्वीकार कर सकता है।

जब एक व्यक्ति सब तरह के सुख-दुख में जैसा है वैसा स्वीकार कर लेता है तो चेष्टा नहीं करनी पड़ती है उसे कि वह समाज के तल पर अस्वीकार करे। न, उस व्यक्ति का सहज वर्तन यह हो जाता है कि समाज के तल पर यह स्वीकार नहीं कर सकता है। यानी मैं यह नहीं कह रहा हूं कि वह स्वीकार नहीं करेगा या नहीं करना चाहिए। न, ऐसा वर्तन हो जाता है।

जो व्यक्ति स्वयं के तल पर टोटल एक्सेप्टेबिलिटी में जीता है वह समाज के तल पर टोटल रिजेक्शन में जीता है और जो व्यक्ति समाज के तल पर स्वीकार में जीता है वह अपने तल पर रिजेक्शन में जीता है, और अपने तल पर कहता है, मैं यह दुख में हूं, यह नहीं सुनूंगा, यह नहीं करूंगा, वह समाज के तल पर सब स्वीकार कर लेता है। उसका कारण है कि जो व्यक्ति, व्यक्ति के लिए सब कुछ करने की चिंता में रत है उसके लिए समाज का बोध ही पैदा नहीं होता है—यानी समाज की जो धारणा है, कांशसनेस जो है वह उसको पैदा होती है जो व्यक्ति के तल पर लिपट गया—यानी अब इधर कुछ करने का मामला बचा नहीं, इधर बात खत्म हो गयी, इधर मैंने मान लिया है कि जो है, है! तब मैं क्या करूंगा, आखिर मैं कुछ तो करूंगा। व्यक्ति के तल पर तो करने से मुक्त हो गये। तो वह जो सृजन की, निर्माण की, विध्वंस की ऊर्जा जो भी है मेरे पास वह जायेगी कहां! वह कहीं सक्रिय हो जायेगी।

व्यक्ति के केंद्र पर जहां ऊर्जा का काम समाप्त हो गया है वहां वह समाज के चारों तरफ फैलकर काम में लग जाती है। ऐसा नहीं है कि वह लगाता है, यह मैं नहीं कह रहा हूं। हां, इट हैपन्स! और अगर सारी ऊर्जा इसी में लगी हुई हो कि मेरा अगला जन्म कैसे शुद्ध रहे और मैं स्वर्ग कैसे जाऊं, मैं पुण्य कैसे करूं और मैं पाप से कैसे बचूं और यह खाऊं कि न खाऊं, यह पिऊं कि न पिऊं। अगर सारी चेतना यहां उलझी है तो समाज की तो धारणा ही पैदा नहीं होगी। तो हमें पता भी नहीं चलता है कि हमारे

अलावा भी कोई है।

जो कौम, जो व्यक्ति, जो समाज ऐसा व्यक्तिवादी होगा, वह तो यहां तक कहेगा कि न तो तुम्हारी कोई पत्नी है, न तुम्हारी कोई मां है, न तुम्हारा कोई पिता है, न कोई भाई है, न कोई बेटा है, यह सब भ्रम है। हो तो तुम्हीं सब सत्य, बाकी सब भ्रम है, सब माया है। इससे तुम बचो, इसके तुम चक्कर में मत पड़ जाना। न कोई मौत में साथ देंगे, न कोई पुण्य में साथ देंगे, न पाप में साथ देंगे। तुम अकेले हो निपट, अपनी फिक्र करो। इसकी भी फिक्र मत करना कि औरत अगर भूखी मर रही हो तो मर रही है, वह अपने पिछले जन्म का पाप का फल भोग रही है। तुम्हारा क्या लेना-देना है। तुम्हारा बच्चा अगर सड़क पर भीख मांग रहा हो तो मांग रहा होगा क्योंकि उसको मांगनी पड़ेगी, उसके अपने कर्म फल हैं, तुम अपनी फिक्र करो।

यह जो व्यक्तिवादी दृष्टि थी, अगर कोई सब स्वीकार कर ले तो व्यक्ति रह ही नहीं जाता। अगर गौर करें, वह जो इगो है व्यक्ति की, वह पैदा होती है रेजिस्टेंस से। वह जितना 'मैं' लड़ता है, यह नहीं चाहिए और यह चाहिए— इसी के संघर्ष में मेरा 'मैं' पैदा होता है कि 'मैं हूं'। च्वाइस 'मैं' पैदा करती है, च्वाइसलेस इगो नहीं हो सकती है। फिर वह बचने का उपाय नहीं रह जाती है। 'मैं हूं', इसका क्या मतलब है? सुबह सूरज निकलता है, सांझ ढलता है—मैं कहां हूं? यानी मैं कहता हूं, सुबह ही होनी चाहिए और सांझ नहीं! आठ-दस घंटे तो सूरज को ढलने में लगेंगे। आठ-दस घंटे मैं अपने मैं को मजबूत करूंगा कि अभी तक नहीं ढलने दिया, अभी तक सूरज को रोके हुए हूं, अभी तक सुबह है। जब ढल जायेगा तब मैं सोचूंगा जरूर कि पिछले जन्मों का कर्मों का फल बाधा डाल रहा है—और सूरज अपने आप ढल रहा है और अपने आप उग रहा है। उससे कुछ लेना-देना नहीं है। इधर मेरी इगो मजबूत होती चली जायेगी, लेकिन जब मैंने मान लिया कि ऐसा हो रहा है, तब अचानक मेरी सारी ऊर्जा और सारी शक्ति चारों तरफ फैलकर काम करने में लग जाती है।

यानी मेरी दृष्टि में क्रांतिकारी पैदा होता है सर्व स्वीकार से। उल्टा लगता है क्योंकि क्रांतिकारी निषेध करता है। और जिंदगी के दो हिस्से जिसको हम विधायक और निषेध, निगेटिव और पाज़िटिव कहें— अगर मैं अपने तईं पाज़िटिव हूं तो समाज की तरफ निगेटिव रहूंगा क्योंकि वह दूसरा हिस्सा है—क्योंकि अगर मैं अपनी तरफ निगेटिव हो गया तो समाज की तरफ पाज़िटिव हो जाऊंगा। वह मेरा दूसरा हिस्सा है, मैं कहीं एक हिस्सा रहूंगा। अगर समाज को अच्छा करना हो तो व्यक्ति के तल पर

स्वीकृति होनी चाहिए और समाज को अगर सड़ाना हो तो व्यक्ति के तल पर अस्वीकृति होनी चाहिए। इसलिए मेरी बात में निरंतर विरोध रहता है।

मुझे कई लोग आकर कहते हैं कि आप सुबह के ध्यान में सिखाते हैं, सब स्वीकार कर लो और सांझ की सभा में कहते हैं कि सब अस्वीकार कर लो— अब मैं क्या करूं ? सुबह सूरज उगता है, सांझ ढलता है, इसमें मैं क्या कर सकता हूं! अब सूरज से हम नहीं कहते कभी जाकर कि सुबह उगते हो, सांझ ही ढलते हो—विरोध है दोनों में। सुबह उगते हो तो सांझ ढलते क्यों हो ? नहीं, सुबह मैं यही कहता हूं कि स्वीकार कर लो, सांझ यही कहता हूं कि अस्वीकार कर लो। वह दोनों ही जिंदगी के हिस्से हैं। एक और सवाल किसी ने पूछा है, इसको आखिरी मान लें।

पूछा है, मानव आज रुग्ण है और मैं यह मानता हूं कि जब मनुष्य पैदा हुआ था करोड़ों वर्ष पहले तब आदमी अवश्य ही स्वस्थ रहा होगा। तब फिर मनुष्य का वह कौन-सा अचेतन मन है जिसने बीमारी के जंतुओं को आने दिया और वह जंतु और वह बीज कौन से हैं जिसने मनुष्य को अमानवीयता की शुरुआत होने दी ?

ऐसी सब कल्पनाएं हैं। असल में कई करोड़ों वर्ष पहले आदमी सुखी था, ऐसे खयाल में पड़ने की कोई जरूरत नहीं है। और कोई आदमी को दुखी होना अनिवार्य है ऐसी भी कोई बात नहीं है। कुछ लोग समझ लेते हैं, वे सदा सुखी हैं इस अर्थ में कि वे दुख को भी स्वीकार कर लेते हैं। जो नहीं समझते हैं वे सदा दुखी हैं इस अर्थ में कि वे दुख के अस्वीकार में ही दुखी होते चले जाते हैं। और ऐसा नहीं है कभी कि सारी मनुष्यता सुखी थी और सारी मनुष्यता कभी दुखी हो गयी है। और ऐसा भी नहीं है कि कभी स्वीकार था और अब सब अस्वीकार हो गया है। ऐसा कभी नहीं था। हर युग की अपनी बीमारियां होती हैं, अपने दुख होते हैं—बदल जाते हैं।

नये युग नयी बीमारियां पैदा कर लेते हैं, नये दुख पैदा कर लेते हैं लेकिन सदा दुःख है, सदा बीमारी है, सदा परेशानी है और सदा रहेगी। हम लड़ते रहेंगे और एक तरफ से बचायेंगे और दूसरी तरफ से पैदा हो जायेगा। अभी लुइचसा व वैज्ञानिकों ने इतनी मेहनत की, अब अगर लुइचसा लौट आये तो शायद घबरा जायेगा, क्योंकि उसने आदमी को बचाने की कोशिश की कि बच्चे मर न जायें। अब बच्चे ज्यादा हो गये हैं,

अब उन्हें पैदा न होने दें और पैदा हो जायें तो उनको मारने का उपाय करें। तो भ्रूण हत्या के लिए और गर्भपात के लिए विचार करना पड़ता है। और कोई आश्चर्य नहीं है कि अगर संख्या बढ़ती चली जाये तो जिस तरह हम जन्म निरोध की बात कर रहे हैं उस तरह हम एक उम्र के बाद बूढ़े आदमी को मारने के लिए मजबूर करेंगे, यह दूसरा हिस्सा है उसका—यह होगा!

अगर यह रुकता है मामला, अगर हम बच्चों को नहीं रोक पाते हैं, नहीं रोक पा रहे हैं तो दूसरा उपाय एक ही है कि जैसे हम अट्ठावन में, पचपन की आयु में रिटायर करते हैं, हम सत्तर साल में कहेंगे कि जीवन से सब रिटायर हो जायें, क्योंकि बच्चे आये चले जा रहे हैं और अब कोई बचाव का उपाय नहीं है। अब वैज्ञानिक, जिसने कि बीमारियां बचायीं और दस बच्चों में से आठ बच्चे मर जाते थे उनको बचा लिया, अब बड़ी झंझट की बात हो गयी। अब कौन कहे कि वह ठीक हुआ!—क्योंकि अब हमको आठ मारने पड़ेंगे या रोकने पड़ेंगे या कुछ करना पड़ेगा।

इधर से हम इंतजाम करते हैं, उधर से कुछ बिखर जाता है, यानी मेरा मानना यह है कि पूर्ण इंतजाम कभी नहीं हो सकता क्योंकि पूर्ण इंतजाम का कोई मतलब नहीं हो सकता। हम हमेशा ही एक तरफ इंतजाम करते हैं, दूसरी तरफ ठीक उसके विपरीत चीज खड़ी हो जाती है। क्योंकि जीवन जो है वह सदा विपरीत को पैदा कर लेता है इसलिए संतुलन में, अगर तौल हम कभी खोज सकें तो बराबर इतना ही रहेगी जितनी कभी थी। उसमें कोई फर्क नहीं पड़ेगा। यानी यह हो सकता है कि एक आदमी के पास आज फिएट कार है और आज से हजार साल पहले उसके बाप के पास बैलगाड़ी थी। बगल वाले के पास एक रथ था, अभी बगल वाले के पास एक इम्पाला है। दोनों का फासला उतना ही है जितना बैलगाड़ी और रथ का था, जितना फिएट और इम्पाला का है। वह जो अनुपात है वह उतना का उतना ही खड़ा है। रथ वाले को देखकर जितना बैलगाड़ी वाला दुखी होता था उतना इम्पाला वाले को देखकर फिएट वाला दुखी होता है। इम्पाला आ गयी, बैलगाड़ी हट गयी है, रथ हट गया है, लेकिन वह जो मामला है वह अपनी जगह खड़ा है।

अनुपात वही है और अनुपात में बड़ी भूल हो जाती है। आपके पास दस रुपये हैं और मेरे पास सौ रुपये हैं तो आप गरीब हैं और मैं अमीर हूं। कल आपके पास सौ हो जाते हैं, मेरे पास हजार हो जाता है, फासला उतना ही होता चला जाता है, उसमें कोई फर्क नहीं पड़ता।

मेरी अपनी समझ यह है कि जिंदगी जैसी सदा थी वैसी ही है, उसके रूप बदलते हैं, आकार बदलते हैं। सब मामला वैसे ही है। उस सारे मामले में इतना ही फर्क पड़ सकता है कि कोई व्यक्ति इसको स्वीकार करे या अस्वीकार करे—और उस दिन भी वही था और आज भी वही है। उस दिन जो बैलगाड़ी वाला था, अगर उसने स्वीकार कर लिया होता कि अच्छा है कि तुम्हारे पास रथ है, हमारे पास बैलगाड़ी और चल पड़ा होता अपनी बैलगाड़ी में तो जितना सुखी हो जाता, उतना ही आज फिएट वाला इम्पाला वाले को देखकर...कि अच्छा, तुम्हारे पास इम्पाला है, हमारे पास फिएट है, चल पड़ता है, उतना ही वही रस उपलब्ध हो जायेगा जो उसको हुआ था, वह उसको उपलब्ध हो जायेगा।

जिंदगी वैसी ही है, सदा वैसी ही है...रुख क्या हम लेते हैं, इस पर निर्भर करता है और दो तरह के रुख हैं जैसा मैंने कहा—एक तो है कि हम निरंतर आकांक्षाओं को आरोपित करते चले जायें और एक है कि जो है उसे हम जान लें, उसे हम पहचान लें, हम देख लें। और जैसे ही हम उसको देखते हैं, अनिवार्यरूपेण उसकी स्वीकृति हो जाती है क्योंकि सवाल ही नहीं इसको अस्वीकार करने का।

ऐसे स्वीकृति-उपलब्ध व्यक्ति को ही मैं धार्मिक कहता हूं और जब इतनी स्वीकृति होती है तो शांति अपने आप भर जाती है और उस शांति में हम बहुत कुछ देख पाते हैं जो हमने अशांति में कभी भी नहीं देखा था।

और पहली बात आपको दोहरा दूं अंत में कि उस शांति में जो हमें दिखायी पड़ता है वह कम्युनिकेबल नहीं है, उसको कहा नहीं जा सकता। उस शांति में हम कुछ जानते हैं जो कि शब्द में नहीं बंधता है। तो तड़प सकते हैं, परेशान हो सकते हैं, चिल्ला सकते हैं मगर उससे कुछ होता नहीं। हां, इतना ही हो सकता है, शायद हमारी तड़प को, पीड़ा को, समझाने की कोशिश को कोई पकड़कर सोचे...जरूर इस आदमी ने कुछ देखा है! जैसे एक गूंगा आदमी आ जाये और हमारे में चिल्लाने लगे, जोर से हाथ पैर पटकने लगे और बताने लगे तो हमें कुछ समझ में तो न आये लेकिन इतना समझ में आ जाये कि इस आदमी को कुछ हुआ है। और अगर हाथ पकड़कर बताने लगे बाहर या कहीं ले जाने लगे तो वह नहीं कर पाये लेकिन इतना कम्युनिकेट कर दे कि कम्युनिकेट नहीं कर पा रहा हूं और कुछ है...बस इतना अगर हो जाये तो शायद हम चले जायें, इतनी ही मेरी चेष्टा है! उससे ज्यादा मेरा भरोसा नहीं है। यानी मैं शब्द का विश्वासी नहीं हूं, संवाद का विश्वासी नहीं हूं, बुद्धि का विश्वासी नहीं हूं।

लेकिन मेरे साथ दिक्कत इसलिए होती है कि मैं दिन-रात तो समझाता हूं कि विचार करो, बिना विचार के मत मानो, विश्वास मत करो और फिर मैं कहता हूं कि मैं बुद्धिवादी नहीं हूं और मैं यह सब इसलिए कहता हूं कि इसको थका डालो बुद्धि को, खूब सोच लो, खूब तर्क कर लो, आरगू कर लो और यह थक जाये! एक दफे यह थक जाये और गिर जाये, तुम इसके बाहर हो जाओ, सांप की केंचुल की तरह पड़ी रह जाये और सांप बाहर निकल जाये। और यह निकलेगी नहीं, अगर विश्वास कर लिया क्योंकि वह फटेगी नहीं। यह निकलेगी नहीं अगर किसी को आस्था कर लें तो। क्योंकि यह थकेगी नहीं, यह निकलेगी नहीं, अगर आस्था कर लिया तो...क्योंकि इसका थकना जरूरी है इसके निकल जाने के लिए।

एक तो वह विश्वास है जो हम बुद्धि का बिना उपयोग किये ही पकड़ लेते हैं। वह बिलो इंटलेक्ट है और एक वह श्रद्धा है जो बुद्धि के थकान पर उपलब्ध होती है, बियॉन्ड इंटलेक्ट है और दोनों बिलकुल अलग बातें हैं, मगर दोनों एक सी मालूम पड़ सकती हैं।

इसलिए कभी-कभी महाज्ञानी महामूढ़ मालूम पड़ सकता है. इसमें कोई ऐसी कठिनाई नहीं। क्योंकि वह दोनों छोर हैं, एक बुद्धि के नीचे है, एक बुद्धि के पार है।

क्या विचारों के पार अस्तित्व के जगत में, शून्य में होने की कोई व्यावहारिक प्रक्रिया है ?

इसमें कोई संदेह नहीं कि विचारों का क्रम सदा चलता रहता है लेकिन विचार अपने में तब तक शक्तिहीन हैं, जब तक कि मेरा उन्हें सहयोग न मिले, जब तक कि मैं उनको शक्ति न दूं। इसलिए अभ्यास केवल इतना ही करना है कि विचार को मैं अपनी तरफ से शक्ति न दूं, वे आयें तो आने दें; जायें तो जाने दें। आप विचार के साथ किसी तरह का तादात्म्य, किसी तरह की मैत्री कायम न करें। इतना ही होश रखें कि मैं केवल देखने वाला भर हूं। ये आयें और जायें। आप धीरे-धीरे पायेंगे कि जो विचार आयेगा, उसे आपने कोई भी सहयोग नहीं दिया, वह बिलकुल निष्प्राण होकर मर जायेगा। और इस तरह सतत प्रयोग करने पर अचानक आप पायेंगे कि उसका आना भी बंद हो गया है।

इसी साक्षी के माध्यम से हमारे भीतर जो विचार संगृहीत हैं, उनका भी निर्जरा हो जायेगी। वे आयेंगे, उठेंगे, पूरे रूप से खड़े होंगे लेकिन हम अगर चुप रहें और कोई

सहयोग न दें तो सिवाय इसके कि वे विसर्जित हो जायें, उनका और कोई रास्ता नहीं है। कितनी ही चिंता पकड़ती हुई मालूम हो, चुपचाप देखते रहें। यह भाव मत करिये कि मैं चिंतित हो रहा हूं। क्योंकि तब सहयोग शुरू हो जायेगा। केवल इतना ही भाव करिये कि मैं देख रहा हूं कि चिंता है। मैं चिंतित हूं, यह तो खयाल ही मत करिये। यह विचार तो...फिर सहयोग हो गया। असहयोग का अर्थ है कि मैं एक भेद मानकर चल रहा हूं चिंता में और अपने में, विचार में और अपने में जो हो रहा है उसमें, और मैं जो देख रहा हूं उसमें, एक भेद मान रहा हूं। इसी भेद को साधते चले जाना है कि जो भी मेरे भीतर हो रहा है उससे मैं भिन्न हूं।

जो भी मुझसे बाहर हो रहा है उससे मैं भिन्न हूं। इस बोध को साधते चले जाना है। एक सीमा आयेगी कि जो-जो, जिस-जिस से मैं भिन्न हूं वह विलीन हो जायेगा और अंततः केवल वही शेष रह जायेगा जिससे मैं अभिन्न हूं। भिन्न के विलीन हो जाने से जो अभिन्न है वह शेष रह जायेगा। उसी शेष सत्ता का जो अनुभव है वही स्व-अनुभव है। तो उससे किसी तरह का तादात्म्य न करें, किसी तरह का संबंध न जोड़ें।

वस्तुतः दो ही स्थितियां हैं—पहली तो यह है कि हम देख रहे हैं और कुछ दीख रहा है और दूसरी है कि हम देख रहे हैं और कुछ नहीं दीख रहा है। अभी हम जब भी देखेंगे भीतर तो कुछ दिखाई पड़ेगा। कुछ दिखायी पड़ेगा—वही विचार है। किंतु एक सीमा आयेगी देखते-देखते कि हम देखते रहेंगे और कुछ दिखायी नहीं पड़ेगा। जब कुछ नहीं दिखाई पड़ेगा तब जो अनुभूति होगी, वह विचार की न होकर चैतन्य की होगी क्योंकि अब तो वहां कुछ भी दिखायी नहीं पड़ रहा। जब कुछ दिखायी नहीं पड़ रहा—तो देखने की जो क्षमता है, वह जो ज्ञान की शक्ति है, वह जो अभी तक किसी-किसी को देखती रही थी, अब चूंकि वहां कोई भी नहीं है कि जिसको देखें, इसलिए सिवाय अपने को देखने के इसके पास और कोई मार्ग नहीं रह जायेगा।

हमारे पास जो ज्ञान है उस ज्ञान से उसके ऑब्जेक्ट छीन लेने हैं, ताकि उसके पास देखने को कुछ न रह जाये। जब उसके पास देखने को कुछ न रह जायेगा तब भी देखने की क्षमता तो रहेगी। और जब कुछ देखने को नहीं रहेगा तो वह देखने की क्षमता किसे देखेगी ? उस अंतिम क्षण में, जब चैतन्य देखने को कुछ नहीं पाता है तो अपने को देखता है। इसी अपने को देखने को आत्मज्ञान कहते हैं।

अतः एक ही साधना है कि हम किसी तरह से अपनी चेतना के जो लक्ष्य, जो कंटेंट हैं, कांशसनेस से उनको छीनते चले जायें, उनको विरल करते चले जायें, उन्हें विलीन

करते चले जायें। एक सीमा आयेगी कि कंटेंट कुछ है, तब कांशसनेस दूसरे की है। मगर जब कंटेंट कुछ नहीं होगा, तब कांशसनेस—सेल्फ कांशसनेस हो जायेगी। जब तक हम किसी को देख रहे हैं तब तक अपने को नहीं देख रहे हैं। जब हमें कुछ भी देखने को शेष नहीं रह जायेगा तब किसको हम देखेंगे, वह हम स्वयं हैं। इतनी साधना है कि हम चेतना के सामने से उसके सारे विषय, जिन-जिन पर चेतना रुकती और ठहर जाती है—और जिनकी वजह से अपने पर नहीं लौट पाती है, इनको धीरे-धीरे क्षीण कर दें।

क्षीण करने का रास्ता है कि हम असहयोग करें। अभी हम उनके बनाने वाले हैं, यानी हम ही उनको बनाये हुए हैं। जब खाली बैठते हैं तो कुछ न कुछ विचार चल रहे हैं। क्योंकि हमारे बिना सहयोग के वे चल नहीं सकते हैं। जो-जो विचार चल रहे हैं, उनसे सहयोग को खींच लें और कुछ न करें, बस इसी को सामायिक, इसी को ध्यान समझें। अगर सारे विचार विलीन हो जायें तो आप में कोई इगो, और कोई व्यक्ति नहीं मालूम होगा। आपको मालूम होगा केवल होना। केवल बीइंग मालूम होगा, जिसमें यह भेद मालूम नहीं होगा कि मैं व्यक्ति हूं या समष्टि हूं। केवल होना मात्र रह जायेगा। प्योर एक्जिस्टेंस मात्र होगा। वास्तव में उस प्योर एक्जिस्टेंस में जो विचार हमारे इकट्ठे हैं उन विचारों के कारण हम एक व्यक्ति मालूम होते हैं।

यह जो हमें लगता है कि मैं 'अ' हूं, आप 'ब' हैं, आप 'स' हैं। यह जो 'अ' 'ब' 'स' हमने चिपकाया हुआ है, यह हमारी विचार-शक्ति है। प्रायः हम कहते हैं कि 'मैं मुक्त हो जाऊंगा'—यह बात बहुत ठीक नहीं है। 'मैं मुक्त हो जाऊंगा', इससे तो यह धारणा है कि मुक्त होकर भी 'मैं' रहूंगा, यानी 'मैं' की तरह—यह बात नहीं है। मैं, की मुक्ति 'मैं' से भी मुक्ति है। जो शेष रह जायेगा उसमें इस 'मैं' जैसी चीज को खोज पाना संभव नहीं है। क्योंकि यह 'मैं', जो था, यह जो अहंकार था, यह जो बोध था व्यक्ति होने का, वह उन्हीं विचारों के इकट्ठे गूंज होने की वजह से था। उन्हीं विचारों का इकट्ठा रूप का नाम मैं था। जब विचार खिसक जायेंगे तो मैं भी खिसक जायेगा।

एक बौद्ध भिक्षु हुआ है, नागसेन। वह बड़ा अदभुत भिक्षु हुआ और बड़ी मीठी कथा है। नीनांगन नाम के यूनानी सेनापति ने, जिसको सिकंदर भारत छोड़ गया था, नागसेन को आमंत्रण दिया राज-दरबार में, चर्चा करने को। वह बड़ा उत्सुक था धार्मिक चर्चा में। स्वागत के लिए लोग पहुंचे गांव के बाहर और नागसेन भिक्षु को रथ पर लेकर आये। पांच सौ भिक्षु और साथ थे। महल के बाहर आकर नीनांगन ने

नमस्कार किया नागसेन को। नागसेन रथ से उतरा। नीनांगन ने कहा, नागसेन भिक्षु का हम स्वागत करते हैं। उस नागसेन ने कहा, हम स्वागत को स्वीकार करते हैं, यद्यपि भिक्षु नागसेन जैसा कोई है नहीं। नीनांगन बोला, यह क्या कहते हैं ? फिर स्वीकार कौन करता है ? नागसेन ने कहा, काम चलाऊ है, ताकि आपको बुरा न लगे, लेकिन सच ही भिक्षु नागसेन जैसा कोई नहीं है। नीनांगन ने कहा, फिर यह कौन आया ? आप आये, आप मेरे सामने खड़े हैं, आप कौन हैं ? तो उसने एक बहुत अदभुत बात कही। उसने कहा, यह जो रथ है, यह रथ है न ? नीनांगन ने कहा, निश्चित ही रथ है तो उसने कहा, इसके पहियों को निकालकर अगर तुमसे पूछें कि यह रथ है? तो तुम क्या कहोगे ! तुम कहोगे, यह रथ नहीं है, ये पहिये हैं। हम एक-एक हिस्सा इसका निकालकर तुम से पूछें कि यह क्या है, तो तुम क्या कहोगे ? तुम कहोगे कि ये पहिये हैं, यह आगे का डंडा है, यह पीछे का डंडा है, फलां है, ढिकां है। सारे रथ के अंग हम निकाल लेंगे, तो किसी को भी रथ नहीं कहते, तो फिर रथ कहां है ?—रथ केवल जोड़ है! अगर सारे अंग खींच लिए जायें तो जोड़ नहीं बच रहेगा। रथ केवल जोड़ है—नागसेन ने कहा कि जैसे रथ जोड़ है वैसे ही नागसेन नाम का जो व्यक्ति है, यह केवल जोड़ है। इसके हट जाने पर नागसेन नहीं रह जायेगा। जो रह जायेगा उसको नागसेन कहना कठिन है।

जैनों ने इसको अहंकार विसर्जन कहा, अहंकार विसर्जन और आत्म-उपलब्धि कहा। वह आत्मा जो है वह व्यक्ति नहीं है, अहंकार नहीं है। बौद्धों ने इसे अनात्म भी कह दिया। उन्होंने कहा, वह आत्मा ही नहीं है। कुछ फर्क नहीं है दोनों में। जो शेष रह जाता है उसको मैं की सत्ता का संस्कार देना नासमझी है।

जैसे-जैसे मैं अपने भीतर चलता हूं वैसे-वैसे 'मैं' विलीन होता चला जाता है। यह समझने जैसी बात है। जैसे जैसे मैं बाहर चलता हूं, 'मैं' सघन होता चला जाता है। वह जो 'मैं' है, एक्सटेंशन होता चला है। जैसे-जैसे भीतर चलियेगा—'मैं' जो है, विरल होता चलेगा। जो आदमी अपने से जितना बाहर चला गया है उतना उसका मैं मजबूत पाइयेगा और जो आदमी अपने जितने भीतर चला गया है उतना ही उसमें 'मैं' नहीं पाइयेगा। और हम जो बाहर चलते हैं, अगर बहुत गौर से देखें तो उसको 'मैं' को ही मजबूत होने का सुख है, और कोई सुख नहीं है। वे जो बड़ा भवन खड़ा कर लेते हैं उसमें सुख लेते हैं, वे जो बड़े पंडित या बड़े साधु बन जाते हैं उसमें भी सुख लेते हैं। वह सब 'मैं' का सुख है। जितना हम इस तरह की चीजें इकट्ठी करते हैं उतना 'मैं' जो

है, भर जाता है, और वजनी हो जाता है। कुछ मालूम होने लगता है। क्योंकि फिर हम कह पाते है कि 'मैं' ! मैं कोई साधारण आदमी नहीं हूं। 'मैं' उतना ही ज्यादा ठोस और वजनी हो जाता है।

दुनिया में दो ही दौड़ें हैं और दो ही तरह के आदमी हैं—एक दौड़ है कि 'मैं' को मजबूत करो, और एक दौड़ है कि 'मैं' को विसर्जित करो। एक तरह का आदमी है जो उस दिशा में चल रहा है जहां और घना 'मैं' होता चला जायेगा। जितना घना 'मैं' होगा, आत्मा से उतनी ही दूरी हो जायेगी। जितना प्रगाढ़ 'मैं' का बोध होगा उतने ही हम आत्मा से फासले पर चले जायेंगे। यानी अगर ठीक से समझें तो 'मैं' की प्रगाढ़ता आत्मा से दूरी नापने का यंत्र है। और जितना 'मैं' विरल होता चला जायेगा उतना ही वह अपने करीब आने लगेगा। और जिस क्षण हम बिलकुल अपने में आयेंगे, हम पायेंगे 'मैं' नहीं है।

यानी वास्तविक 'मैं' को पाते ही, जिसको हम 'मैं' करके जानते रहे हैं वह नहीं रह जायेगा।

सारे लोग चित्त-शांति की दिशा में जाने लगेंगे, तो कर्मठता नहीं खो जावेगी ?

दुनिया में जो तकलीफ है वह अगर सारे लोग चित्त शांति को उपलब्ध हो जायें तो समस्या विलीन हो जायेगी और कर्म बेहतर ही होगा। क्योंकि चित्त शांत व्यक्ति जितना बेहतर कर्म कर सकता है, एक अशांत और विक्षिप्त आदमी नहीं कर सकता। शांति का कर्म से विरोध नहीं है। अशांति का कर्म से विरोध है। अशांत आदमी जो भी कर्म करेगा, वह अकुशल होगा। क्योंकि अशांति उसके कर्म में बाधक होगी।

शांत आदमी जो भी कर्म करेगा वह उसमें कुशल हो जायेगा क्योंकि शांति कर्म में सहयोगी है। तो मेरी दृष्टि में अगर दुनिया में शांत लोग बढ़ते हैं तो दुनिया की कुशलता बढ़ेगी। जैसे कबीर था, कपड़े बुनता रहा। तो कबीर के बाबत कहा जाता रहा कि वैसे कपड़े कभी किसी बुनकर ने नहीं बुने और जब वह अपने कपड़े को लेकर बाजार में बेचने जाता था तो लोग पागल की तरह टूट पड़ते थे। कबीर का कपड़ा खरीदना ही सुख की बात है। कबीर से लोग कहते हैं कि ऐसे कपड़े कभी किसी ने बुने नहीं, तो कबीर कहता, इतनी शांति से भगवान के लिए कपड़े किसी ने नहीं बुने, मैं क्यां करूं ? मैं तुम्हारे लिए नहीं बुनता, भगवान के लिए बुनता हूं। क्योंकि तुम्हारे भीतर जो भगवान

है मैं उसको जानता हूं, वह पहनेगा और उसके लिए तो कोई गलत चीज बुनी नहीं जा सकती और जब बुनता हूं तो भगवान में भरा हुआ बुनता हूं। तो भूल-चूक की तो गुंजाइश नहीं है। तो कबीर ने जो कपड़े बुने थे वे कपड़े अर्थ रखते हैं और ही तरह का।

एक गोरा कुम्हार हुआ, वह भी एक फकीर था। उसने जो घड़े बनाये, अदभुत थे। दुनिया में अब तक जो भी काम श्रेयस्कर हुआ है वह शांत लोगों ने किया है, अशांत लोगों ने नहीं। अशांत लोगों की वजह से परेशानियां हैं, उनकी वजह से श्रेष्ठ कर्म नहीं होता। शांत लोगों की वजह से होगा।

इतना ही स्मरण रखिये कि यह जो हमारे चित्त में धारणा घर कर गयी है, शांत लोग छोड़कर भाग खड़े होते हैं, यह गलत है। अशांत लोग भाग खड़े होते हैं, अशांति में, घबड़ाहट में। शांत लोग तो फिर वापस लौट आते हैं। महावीर और बुद्ध जंगल में भाग गये थे, तब वे अशांत थे। जब वे शांत हुए तो वापस लौट आये। अभी तक ऐसे किसी आदमी के बाबत सुना है जो शांत होकर वापस बस्ती में नहीं लौट आया है। अशांत आदमी बस्ती से बाहर गया जंगल में। लेकिन जब वह शांत हुआ तो वापस बस्ती में लौट आया। और उसके बाद की जिंदगी...कोई खाली हाथ बैठे थोड़े ही रहे! महावीर अपनी उपलब्धि के बाद चालीस वर्ष तक सतत सक्रिय हैं। बुद्ध मरते क्षण तक सक्रिय हैं, मर रहे हैं जिस घड़ी बुद्ध, अंतिम घड़ी है और उन्होंने अपने शिष्यों से कहा कि अब तो मैं छोड़ता हूं देह। तो आनंद ने कहा, अब हम किसी को आने नहीं देंगे। अब हम बाहर रुकते हैं, अब कोई आये नहीं। वह समाधि में लीन हो रहे हैं और तभी दूर से भागता हुआ एक युवक आया। और उसने आकर आनंद से कहा कि फिर तथागत मुझे कहां मिलेंगे, अगर यह घड़ी मैं चूकता हूं। मुझे अंदर जाने दें। मुझे तो उनसे वचन सुन लेना है जो मेरे जीवन को बदल दें। लेकिन आनंद ने कहा, अब तो बहुत देर हो गयी। उसका नाम था सुभद्र, उससे कहा, सुभद्र, अब बहुत देर हो गयी। अब तो वे लीन हो रहे हैं। अब तो वे एक चरण नीचे उतर गये। अब तो वे देह को छोड़ रहे हैं, घड़ी भर में देह छूट जायेगी। लेकिन सुभद्र बोला, तुम तो ठीक कह रहे हो, लेकिन फिर मुझे कब, किस जन्म में ऐसा आदमी मिलेगा? तो बुद्ध ने अंदर से कहा, सुभद्र को रोको मत, उसे अंदर आने दो, कोई यह न कहे कि तथागत पर एक पाप कलंक रह गया। कलंक रह जाये कि सुभद्र खड़ा कहता था कि मैं प्यासा हूं, मुझे दो और उन्होंने नहीं दिया। थोड़ी घड़ी भर रुक सकता हूं। सुभद्र को अंदर आने दो। मरते समय भी बुद्ध सुभद्र को समझा रहे हैं कि शांति और आनंद कैसे पाये जा सकते

हैं।

बुद्ध की मृत्यु का कारण था एक गरीब लोहार। उसने बुद्ध को भोजन के लिए आमंत्रित किया अपने घर। बिहार में कुकुरमुत्ते जो वर्षा में उग आते हैं, उनको सुखाकर रख लेते हैं गरीब लोग सब्जी बनाने के लिए। तो उस गरीब लोहार ने कुकुरमुत्ते की सब्जी बनायी और बुद्ध को खिला दी। उसमें कभी-कभी जहर होता है। उस जहर से बुद्ध को शरीर में पीड़ा व्याप्त हुई। जब वे अपने आवास पर लौटे तो उन्होंने देखा कि शरीर में विष व्याप्त हो रहा है। तो उन्होंने कहा कि जाओ, उस लोहार को कहना, कि तू अत्यंत धन्यभागी है कि तथागत ने अंतिम अन्न तेरा ग्रहण किया। ऐसा सौभाग्य बहुत मुश्किल से उपलब्ध होता है। इसलिए जाकर कहो कि कहीं लोग मेरे मरने के बाद उसे जाकर परेशान न करें कि इसका भोजन खाने के कारण मेरी मृत्यु हो गई। उसको जाकर कहो और सारे गांव में यह ढिंढोरा पीट दो कि वह आदमी अत्यंत धन्यभागी है कि तथागत ने अंतिम अन्न उसका ग्रहण किया। ऐसा सौभाग्य कल्पों में कभी किसी को मिलता है।

यह शांत आदमी का लक्षण है जो अपने मरने के बाद भी किसी को परेशान नहीं करना चाहता। इसको अपनी मौत की परेशानी नहीं है। यह आदमी मर रहा है उसकी चीज खाकर किंतु इसको परेशानी इसकी है कि मेरे मरने के बाद कहीं लोग उसको परेशान न करें कि तुम्हारे भोजन से उसकी मौत हो गयी। अशांत आदमी दूसरी तरह की व्यवस्था करता है।

मैंने एक कहानी पढ़ी है कि एक वृद्ध आदमी मर रहा है। उसके सात जवान लड़के थे, उसने उन सबको बुलाया। और उनसे कहा कि मुझे एक खास बात कहनी है। अगर तुम वायदा करो तो मैं कहूं। बड़े लड़के तो कोई उठे नहीं, छोटा लड़का नासमझ था, वह उठकर उसके पास गया। बाप ने उसके कान में कहा कि मेरी एक ही प्रार्थना है, इतना तू कर देना, मैं तो मर ही रहा हूं। मर जाऊं तो मेरी लाश के टुकड़े बगल वाले के घर में डाल देना। तो जब मैं पकड़े हुए पड़ोसी को राजा के कर्मचारी द्वारा जेल में ले जाते देखूंगा, तब मेरी आत्मा उसको देखेगी तो मैं बड़ा परितृप्त हो जाऊंगा। मैं तो मर ही रहा हूं, उसको सजा हो जायेगी!

अशांति चारों ओर अशांति को पैदा करती है। शांति चारों तरफ शांति को पैदा करती है। शांत मनुष्य से इस जगत का कोई अहित असंभव है। हित ही हो सकता है। अशांत आदमी से इस जगत का कोई हित असंभव है। अहित ही हो सकता है।

तो मुझे धार्मिक साधना जगत की विरोधी नहीं दिखायी पड़ती। धार्मिक साधना में ही जगत का हित और साध्य दिखायी पड़ता है। कर्मठता कम हुई है, अशांति से शायद। शायद शांति हो तो कर्म श्रेष्ठ हो जायें। शांत लोग सब कुछ व्यवस्थित कर सकेंगे।

ओशो
का हिन्दी साहित्य

ओशो हमारे युग के संबुद्ध रहस्यदर्शी हैं। 21 वर्ष की उम्र में वे बुद्धत्व को उपलब्ध हुए। सागर विश्वविद्यालय से दर्शनशास्त्र में एम. ए. की उपाधि प्रथम श्रेणी में प्रथम रहकर प्राप्त करने के बाद वे जबलपुर विश्वविद्यालय में प्राध्यापक रहे। उन्हीं दिनों ओशो देश भर में घूम-घूम कर प्रवचन देते रहे। उन्हें हजारों-लाखों लोग सुनने आते। उन्होंने अपने प्रवचनों में रूढ़िवादी धार्मिक नेताओं को चुनौती दी तथा परंपरागत धारणाओं पर प्रहार किया। जिसके कारण वे विवादास्पाद बने रहे।

ओशो ने अपने प्रवचनों में मानव चेतना के विकास के हर संभव पहलू पर बोला है। हिंदी व अंगरेजी भाषाओं में दिये गये ये मूल प्रवचन 650 पुस्तकों में प्रकाशित हुए हैं जिनका विश्व की 35 भाषाओं में अनुवाद हुआ है। ये प्रवचन आडियो और वीडियो टेप पर भी उपलब्ध हैं। ओशो के सान्निध्य में पूना में सत्य के खोजियों का जो कम्यून खड़ा हुआ वह आज भी फल-फूल रहा है। विश्व भर से हजारों-हजारों शिष्य एवं साधक समूचे वर्ष यहां ध्यान तथा अन्य कार्यक्रमों में भाग लेने के लिए आते रहते हैं।

उपनिषद
सर्वसार उपनिषद
कैवल्य उपनिषद
अध्यात्म उपनिषद
कठोपनिषद
आत्म-पूजा उपनिषद
केनोपनिषद
असतो मा सद्गमय
मेरा स्वर्णिम भारत
(विविध उपनिषद-सूत्र)

कृष्ण
गीता-दर्शन अध्याय 1-2
गीता-दर्शन अध्याय 3
गीता-दर्शन अध्याय 4-5
गीता-दर्शन अध्याय 6
गीता-दर्शन अध्याय 7-8
गीता-दर्शन अध्याय 9-10
गीता-दर्शन अध्याय 11
गीता-दर्शन अध्याय 12
गीता-दर्शन अध्याय 13-14

गीता-दर्शन अध्याय 15-16
गीता-दर्शन अध्याय 17
गीता-दर्शन अध्याय 18
कृष्ण-स्मृति

महावीर

महावीर-वाणी भाग 1
महावीर-वाणी भाग 2
महावीर-वाणी (पुस्तिका)
जिन-सूत्र भाग 1
जिन-सूत्र भाग 2
जिन-सूत्र भाग 3
जिन-सूत्र भाग 4
महावीर या महाविनाश
महावीर : मेरी दृष्टि में
ज्यों की त्यों धरि दीन्हीं चदरिया

बुद्ध

एस धम्मो सनंतनो भाग 1
एस धम्मो सनंतनो भाग 2
एस धम्मो सनंतनो भाग 3
एस धम्मो सनंतनो भाग 4
एस धम्मो सनंतनो भाग 5
एस धम्मो सनंतनो भाग 6

लाओत्से

ताओ उपनिषद भाग 1
ताओ उपनिषद भाग 2
ताओ उपनिषद भाग 3
ताओ उपनिषद भाग 4
ताओ उपनिषद भाग 5
ताओ उपनिषद भाग 6

कबीर

सुनो भई साधो
कहै कबीर दीवाना
कहै कबीर मैं पूरा पाया
मगन भया रसि लागा
घूंघट के पट खोल
न कानों सुना न आंखों देखा
(कबीर व फरीद)

अष्टावक्र

महागीता भाग 1
महागीता भाग 2
महागीता भाग 3
महागीता भाग 4
महागीता भाग 5
महागीता भाग 6

शांडिल्य

अथातो भक्ति जिज्ञासा भाग 1
अथातो भक्ति जिज्ञासा भाग 2

मीरा

पद घुंघरू बांध
झुक आई बदरिया सावन की

दादू

सबै सयाने एक मत
पिव पिव लागी प्यास

जगजीवन
नाम सुमिर मन बावरे
अरी, मैं तो नाम के रंग छकी

सुंदरदास
हरि बोलौ हरि बोल
ज्योति से ज्योति जले

धरमदास
जस पनिहार धरे सिर गागर
का सोवै दिन रैन

मलूकदास
कन थोरे कांकर घने
रामदुवारे जो मरे

दरिया
कानों सुनी सो झूठ सब
अमी झरत बिगसत कंवल

पलटू
अजहूं चेत गंवार
सपना यह संसार
काहे होत अधीर

अन्य रहस्यवादी
भक्ति-सूत्र (नारद)
शिव-सूत्र (शिव)
भजगोविन्दम् मूढ़मते
(आदिशंकराचार्य)
एक ओंकार सतनाम (नानक)
जगत तरैया भोर की (दयाबाई)
बिन घन परत फुहार (सहजोबाई)
नहीं सांझ नहिं भोर (चरणदास)
संतो, मगन भया मन मेरा (रज्जब)
कहै वाजिद पुकार (वाजिद)
मरौ हे जोगी मरौ (गोरख)
सहज-योग (सरहपा-तिलोपा)
बिरहिनी मंदिर दियना बार (यारी)
दरिया कहै सबद निरवाना
(दरियादास बिहारवाले)
प्रेम-रंग-रस ओढ़ चदरिया (दूलन)
हंसा तो मोती चुगैं (लाल)
गुर-परताप साध की संगति (भीखा)
मन ही पूजा मन ही धूप (रैदास)
झरत दसहुं दिस मोती (गुलाल)
जरथुस्त्र: नाचता-गाता मसीहा
(जरथुस्त्र)
समाधि के सप्त द्वार (ब्लावट्स्की)
साधना-सूत्र (मेबिल कॉलिन्स)

झेन, सूफी और
उपनिषद की कहानियां
बिन बाती बिन तेल
सहज समाधि भली
दीया तले अंधेरा

प्रश्नोत्तर
नहीं राम बिन ठांव
प्रेम-पंथ ऐसो कठिन

उत्सव आमार जाति, आनंद आमार गोत्र
मृत्योर्मा अमृतं गमय
प्रीतम छबि नैनन बसी
रहिमन धागा प्रेम का
उड़ियो पंख पसार
सुमिरन मेरा हरि करैं
पिय को खोजन मैं चली
साहेब मिल साहेब भये
जो बोलैं तो हरिकथा
बहुरि न ऐसा दांव
ज्यूं था त्यूं ठहराया
ज्यूं मछली बिन नीर
दीपक बारा नाम का
अनहद में बिसराम
लगन महूरत झूठ सब
सहज आसिकी नाहिं
पीवत रामरस लगी खुमारी
रामनाम जान्यो नहीं
सांच सांच सो सांच
आपुई गई हिराय
बहुतेरे हैं घाट
कोंपलें फिर फूट आईं
फिर पत्तों की पांजेब बजी
फिर अमरित की बूंद पड़ी
मूलभूत मानवीय अधिकार
नया मनुष्य : भविष्य की एकमात्र आशा
चेति सकै तो चेति
क्या सोवै तू बावरी
सत्यम् शिवम् सुंदरम्

रसो वै सः
सच्चिदानंद
पंडित-पुरोहित और राजनेता : मानव आत्मा के शोषक
ॐ मणि पद्मे हुम्
हरि ॐ तत्सत्
ॐ शांतिः शांतिः शांतिः
एक महान चुनौती : मनुष्य का स्वर्णिम भविष्य
मैं धार्मिकता सिखाता हूं, धर्म नहीं
एक एक कदम
चल हंसा उस देस
कहा कहूं उस देस की
पंथ प्रेम को अटपटो

ध्यान, साधना, योग
ध्यानयोग : प्रथम और अंतिम मुक्ति
रजनीश ध्यान योग
हसिबा, खेलिबा, धरिबा ध्यानम्
नेति-नेति
मैं कहता आंखन देखी
पतंजलि : योग-सूत्र भाग 1
पतंजलि : योग-सूत्र भाग 2

साधना-शिविर
साधना-पथ
ध्यान-सूत्र
जीवन ही है प्रभु
माटी कहै कुम्हार सूं
मैं मृत्यु सिखाता हूं
जिन खोजा तिन पाइयां

संभोग से समाधि की ओर
तंत्र-सूत्र भाग 1
तंत्र-सूत्र भाग 2
तंत्र-सूत्र भाग 3
तंत्र-सूत्र भाग 4
तंत्र-सूत्र भाग 5
तंत्र-सूत्र भाग 6
तंत्र-सूत्र भाग 7
तंत्र-सूत्र भाग 8

बोध-कथा
मिट्टी के दीये
पत्र-संकलन
क्रांतिबीज
पथ के प्रदीप
अंतर्वीणा
प्रेम की झील में अनुग्रह के फूल

राष्ट्रीय और सामाजिक समस्याएं
देख कबीरा रोया
स्वर्ण पाखी था जो कभी और अब है भिखारी जगत का
शिक्षा में क्रांति
नये समाज की खोज

ओशो के संबंध में
भगवान श्री रजनीश : ईसा मसीह के पश्चात सर्वाधिक विद्रोही व्यक्ति

पुस्तक समीक्षा

□ सद्गुरु एक दर्पण □ प्रकाशक : डायमंड पॉकेट बुक्स, 2715, दरिया गंज, नई दिल्ली; मूल्य : 12 रुपये।

'सद्गुरु एक दर्पण' ओशो के सत्य की खोज का व्यापक प्रयास है। ओशो का विचार है कि समस्त की खोज अनुभव के लिए है और समस्त दर्शन-शास्त्रों की खोज सिद्धांतों के लिए है। जितने सिद्धांत होंगे, उतनी ही सिद्धावस्था कठिन हो जायेगी।

सत्य एक अनुभव है, वस्तु नहीं। इसलिए कोई दूसरा तो उसे दे नहीं सकता। वस्तुएं दी जा सकती हैं, अनुभव दिये नहीं जा सकते।

सत्य की खोज में अनुभव के द्वार तक पहुंचने का मार्ग बताते हैं इस पुस्तक में संग्रहीत ये ५ प्रवचन: धर्म का मूल रहस्य स्वभाव में जीना है, अतिथियों से बचकर मध्य में जीना प्रज्ञा है, समर्पित हृदय में ही सत्य का अवतरण, परिधि के विसर्जन से केन्द्र में प्रवेश, मैं की मुक्ति नहीं मैं से मुक्ति।

□ अनहद बाजे बांसुरी □ प्रकाशक : डायमंड पॉकेट बुक्स, 2715, दरिया गंज, नई दिल्ली; मूल्य : 12 रुपये।

'अनहद बाजे बांसुरी' में ओशो के पांच महत्वपूर्ण प्रवचन संकलित हैं :--बुद्धि के अतिक्रमण से अद्वैत में प्रवेश, मन से मुक्त होना ही मुक्ति है, मृत्यु है जीवन का केन्द्रीय तथ्य, प्रकृत और सहज लेना ही परमात्मा के निकट होना, सतत्व का लक्षण सर्वत्र परमात्मा की प्रतीति।

ओशो कहते हैं कि मन पदार्थ का हिस्सा है। मन चेतना का हिस्सा नहीं है। मन शरीर का ही सूक्ष्मतम अंग है। मन शरीर का ही विकास है, लेकिन चेतना के बिल्कुल निकट है। और इतना सूक्ष्म है मन और चेतना के इतने निकट है कि यह भ्रांति बड़ी स्वाभाविक है हो जाना मन को कि मैं ही सबकुछ हूं। इसी से अहंकार बढ़ता है। और इससे मुक्त होना ही मुक्ति है।

डा. गिरिराज शरण अग्रवाल

पुस्तक समीक्षा

गीता, ज्ञान का सागर

□ **प्रकाशक : डायमंड पाकेट बुक्स, 2715, दरिया गंज, नई दिल्ली : प्रकाशन वर्ष : 1990; पृष्ठ सं. 123, 115, 125, 114; मूल्य : प्रत्येक खण्ड : 10.00 रुपये।**

गीता योग का विज्ञान है, मनोविज्ञान का परम शास्त्र है, निष्ठा की संहिता है, अध्यात्म का सार है, कर्तव्य-कर्म की प्रेरणा है त्याग का संदेह है, कर्मयोग का महामंत्र है, भक्ति का बीज है, पलायन के विरुद्ध विद्रोह है, जीवन की समस्याओं का समाधान है, ज्ञान का सागर है। गीता के ज्ञान, योग, दर्शन, धर्मतत्व, विज्ञान, मनोविज्ञान को समझने के लिए शंकर, रामानुज, मध्व, निंबार्क, वल्लभ, तिलक, गांधी, अरविंद, राधाकृष्णन, विनोबा भावे आदि ने गीता के विस्तृत भाष्य लिखे और उनमें गीता के सिद्धांतों की महत्ता का प्रतिपादन किया। विश्व के अनेक विद्वानों ने भी मुक्त कंठ से इसकी प्रशंसा की।

इस प्रयास में आचार्य रजनीश (ओशो) ने एक कड़ी और जोड़ी है। अपने 16 महत्वपूर्ण प्रवचनों के द्वारा उन्होंने गीता की व्यावहारिक समीक्षा करते हुए विज्ञान और मनोविज्ञान की पृष्ठभूमि में गीता के सदेश को व्याख्यायित किया है।

एक स्थल पर उन्होंने कहा है—"गीता मनुष्य जाति का पहला मनोविज्ञान है, वह पहली 'साइकोलॉजी' है। इसलिए उसके मूल्य की बात ही और है। अगर मेरा वश चले तो कृष्ण को मनोविज्ञान का पिता मैं कहना चाहूंगा। वे पहले व्यक्ति हैं जो दुविधाग्रस्त चित्त, संताप-ग्रस्त मन, खंड-खंड टूटे हुए संकल्प को अखंड और 'इण्टिग्रेट' करने की कोशिश करते हैं।"

गीता का यह सार्थक चिंतन चार भागों में प्रकाशित हुआ है—'गीता : मनोविज्ञान का परम शास्त्र', गीता : कृष्ण का योग-विज्ञान, कला, अध्यात्म', 'गीता : समस्त योगों का सार'। ये चारों पुस्तकें गीता-दर्शन को समझने और मनन करने में विशेष रूप से सहयोगी सिद्ध होंगी।

डा. गिरिराज शरण अग्रवाल